浙江省普通高校“十三五”新形态教材

21世纪高职高专规划教材 · 会计系列

基础会计

（第2版）

Basic Accounting

主 编 李阳霄 胡苗忠

中国人民大学出版社

· 北京 ·

前言
（第2版）
Preface

《基础会计》一书出版后，一些学校的教师和读者提出了不少好的建议，为此，我们综合多方面的意见和建议，进行了修订。

与第 1 版相比，《基础会计》（第 2 版）对会计核算入门和单项能力项目部分进行了重写，并对其他项目进行了修订。同时将数字化教学资源以二维码的形式直接加入书中，这样更有利于教学和学生使用。

按修改后的项目，本教材由浙江农业商贸职业学院李阳霄、胡苗忠担任主编，浙江农业商贸职业学院邵佳佳、褚玲仙、刘颖参加了编写，最后由李阳霄负责统稿。在此也感谢对本书第 1 版作出贡献的编写者。

本教材配套的“基础会计”线上课程采用了超星开放课程平台和学习通手机软件，以满足线上教学的需要。本教材对应的开放课程教学平台为：http://mooc1.chaoxing.com/course/201886627.htm。

本教材属于浙江省普通高校“十三五”新形态教材项目，也是浙江省绍兴市在线开放课程“基础会计”的建设内容之一。

在本教材编写过程中，我们参考了一些教材和资料，具体见参考文献，在此对原作者表示诚挚的谢意。由于编者水平有限，书中疏漏和不当之处在所难免，敬请读者批评指正，以便在下一版中进行修改。

对本教材的相关意见和建议请发至：396398447@qq.com。

编　者

2021 年 4 月

前言
（第1版）
Preface

会计是经济管理的重要组成部分，是一种国际通用的商业语言，“经济越发展，会计越重要”。基础会计是经济管理类专业的一门重要的专业基础课程、核心课程，是会计入门的必修课。

本教材以会计核算的基本原理为核心内容，教会学生有效地记账、算账和报账，掌握会计的基础知识、基本技能和职业素养，从而使学生走进会计岗位、了解会计职责、掌握会计流程。本教材帮助会计人员学会对会计要素进行分类，设置会计科目，并根据会计科目开设账户；学会处理企业日常生产经营活动中发生的经济业务（如采购材料、领用材料和结算货款等），取得或填制相应的书面凭证，以证明经济业务的发生及完成情况（如发票、领料单和转账支票等），以及审核凭证；学会进行会计账簿的登记、错账的更正、结账和对账等。

在编写过程中，编者着力突出以下特色：

1. 紧贴会计工作流程

本教材按照会计工作过程选取、序化教学内容，内容选取以职业能力为核心，理论以够用为度，单一实例贯穿全书，采用实务中的凭证、账簿、报表来讲解，并安排相应的单项能力训练项目和综合能力训练项目，突出实操性和互动性，以实现工学结合。

2. 突出会计工作原貌

普通教材在阐述借贷记账法应用时，用语言描述经济业务过于抽象，无法反映会计工作原貌，而本教材提供了证明经济业务发生的大量实务单据，有助于学生提高会计工作能力。

3. 强化交互学习效果

每个项目前设有“项目导航”“职业能力目标”，简要列明本项目的教学目标和学习要求，帮助学生在阅读教材时能够快速抓住学习要点。以典型任务逐步引导学生进入知识学习，任务设计力求先易后难、循序渐进，便于学生理解和掌握。每个项目都附有相应的“会计职业能力训练”，作为教学辅助内容，满足学生预习、复习、测试等需要，从而调动学生的学习主动性，提升学生的独立思考能力，培养学生的会计思维能力和实务操作能力，强化学习效果。书中穿插了学中做和知识拓展等小栏目，更方便学生全方位的学习。

4. 体现会计税收时效

本教材总结了高等职业院校会计教学的实践经验，结合会计实务，依据财政部下发的最新文件，特别是营业税改征增值税的内容，采用了最新的增值税专用发票，加盖了印章，但对其广度和深度做了必要的限制，以保持“基础”特色。

本教材由浙江农业商贸职业学院李阳霄、胡苗忠任主编，浙江农业商贸职业学院邵佳佳、江西现代职业技术学院刘俊华、贵州盛华职业学院周波任副主编，浙江农业商贸职业学院褚玲仙和浙江农业商贸职业学院刘颖参加了编写。绍兴为众代理记账有限公司为本教材提供了案例资料。本教材适用于高职高专院校经济管理类会计基础课程的教学。

编者在编写过程中参阅了大量同类教材，得到了校内外同行专家的帮助，在此表示感谢。尽管编者做了诸多努力，但由于编者理论水平和实践技能有限，加之财经法规变化很快，教材中疏漏之处在所难免，敬请广大读者和各位同仁批评指正。

编　者

2018年10月

第一部分　会计核算入门

第二部分　单项能力训练项目

第三部分 会计综合能力训练项目

第一部分
会计核算入门

项目一　初识会计工作

项目导航

随着经济的发展，会计的重要性越来越凸显。对一个企业来说，会计既是很重要的岗位，也是企业搞好管理的重要环节。但会计是一门专业性比较强的学科，对会计岗位和会计从业人员都有许多规范性要求。学生学习时，要仔细体会企业基本业务流程与会计工作之间的关系，理解会计工作是每个企业必不可少的工作。学生还应掌握现代会计人员应具备的基本素质，会计人员必须接受自己的会计人生。

职业能力目标

知识目标： 了解会计的产生和发展过程，理解会计的含义和职能，熟悉会计核算方法，熟悉会计基本假设、会计基础和会计信息的质量要求，了解会计法规体系，熟悉会计机构的设置和会计人员的配备，掌握会计要素和会计等式。

能力目标： 能识别会计要素，能根据会计等式判断经济业务类型，能分析经济业务对会计等式的影响。

素质目标： 具有敬业精神、团队合作精神和良好的职业道德修养。

任务一　认识会计和会计目标

任务引领

会计是人类社会发展到一定历史阶段的产物，先后经历了古代会计、近代会计和现代会计。了解中西方会计的产生和发展历史，认知会计的概念和基本特征，理解会计的职能、会计对象和会计目标。

任务要求

要认识会计，能描述会计工作与会计目标的关系，能描述企业的主要经济业务和资金运动的过程。

知识准备

一、会计的产生和发展

会计起源于社会生产实践，是社会生产发展到一定阶段的产物。随着社会经济的发展，会计的内容和形式不断地变化和完善。人们在长期生产实践中意识到要使生产活动能够顺利进行，并达到预期的目的，就必须关心生产活动所发生的劳动耗费和取得的劳动成果，所以，对生产过程中的劳动耗费和取得的劳动成果进行必要的记录，力求以尽可能少的劳动耗费取得尽可能多的劳动成果，提高经济效益，会计正是在这种要求的基础上产生的。

（一）古代会计阶段

古代会计阶段大致是从会计产生到复式簿记应用这一期间，经历了原始社会末期到15世纪末的这段时间。在人类社会早期的生产活动中，会计只是生产职能的附带部分。原始社会的“结绳记事”“刻木记事”等方式便是最早的会计雏形。

当社会生产力发展到一定水平后，剩余产品出现，需要记录和计量的内容多起来，会计逐渐从生产中分离出来。

据史料记载，西周时代“会计”一词开始使用，对财务收支采取了“月计岁会”的办法。到西汉时，出现了“计簿”或“簿书”的账册，并使用“入”“出”作为记账符号。到了宋代，开始出现“四柱”结算法，官厅会计把钱粮的收支分为四个部分（旧管、新收、开除和实在）来反映财产的增减变化，称为“四柱”，相当于现代会计中的期初结存数、本期收入数、本期支出数和期末结存数。根据四柱结算法编造的账簿称为“四柱清册”（旧管＋新收－开除＝实在）。明末清初，产生了“龙门账”，把全部账目分为四部分，即“进、缴、存、该”，分别相当于现代会计中的收入、支出、资产和负债。它们之间的关系为“进－缴＝存－该”，期末编制“进缴表”（利润表）和“存该表”（资产负债表）。

（二）近代会计阶段

一般认为，近代会计阶段是从运用复式簿记开始的，时间从15世纪末到20世纪50年代初。15世纪，地中海沿岸的一些城市是世界贸易的中心，如意大利的佛罗伦萨、威尼斯等地的商业和金融业特别繁荣。为适应实际需要，1494年意大利数学家卢卡帕乔利出版了《算术、几何、比及比例概要》一书，该书系统地介绍了复式簿记法。由于本书的出版，复式簿记法才在欧洲和全世界得到推广，开创了近代会计的历史，这一事件被认为是近代会计发展史上的第一个里程碑，标志着近代会计的形成。1854年，苏格兰特许会计师协会在苏格兰的爱丁堡市成立，是会计发展史上的又一个里程碑。

（三）现代会计阶段

一般认为，现代会计阶段是自20世纪50年代开始的。随着社会化大生产和专业化的不断发展，市场竞争更加激烈，为了提高经济效益，加强对经济活动过程的控制，企业管理者对会计提出了更高的要求。同时，伴随着生产和管理科学的发展，会计核算手段方面发生了质的飞跃，即现代电子技术与会计融合导致的会计电算化，使会计分化为财务会计和管理会计两个分支。

中华人民共和国成立后，会计工作得到了很大发展。尤其是近20年来，我国先后制定和出台了一系列与国际接轨的会计法规，会计工作出现了很多新变化。从会计发展的历史进程可以看出：会计的产生与发展密切依赖客观环境，社会生产和经济发展决定了会计的发展。经济越发展，会计越重要；反过来，会计的发展也对经济发展起到一定的促进作用。

二、会计的概念和基本特征

（一）会计的概念

会计是以货币为主要计量单位，以凭证为依据，采用一系列专门的方法和程序，对企事业单位发生的经济交易或事项进行连续、系统、全面、综合的确认、计量、记录和报告，并向利益相关者提供会计信息的一种管理活动。

企业的会计工作主要是通过一系列会计程序，对企业的经济活动和财务收支进行核算和监督，反映企业财务状况、经营成果和现金流量，反映企业管理层受托责任履行情况，为会计信息使用者提供对决策有用的信息，并积极参与经营管理决策，提高企业经济效益，促进市场经济的健康有序发展。

（二）会计的基本特征

1. 会计以货币作为主要计量单位

货币是会计的主要计量单位，但不是唯一计量单位。除货币计量外，会计还运用实物量度和劳动量度作为辅助计量单位，如“千克”“工时”等。其中，货币量度具有综合性，能够对经济活动的各个方面进行全面反映，并可进行加总等处理。实物量度可以为管理提供必要的实物度量指标，劳动量度可以为管理提供劳动消耗度量指标，但二者都不具有综合性，不同物资的实物量度相加没有任何经济意义。

2. 会计以真实、合法的原始凭证为依据

原始凭证是证明经济业务发生或完成的原始记录，它不仅记录了经济业务的过程和结果，也明确了经济责任。会计以真实、合法的原始凭证为依据，能保证会计记录有凭有据、会计信息真实可靠。

3. 会计运用专门的核算方法

会计在工作实践中逐步形成了一系列专门的核算方法——设置会计科目和账户、复式记账、填制和审核会计凭证、登记账簿、成本计算、财产清查和编制财务报告。

4. 会计工作是对经济交易或事项进行的确认、计量、记录和报告

会计处理过程包括确认、计量、记录和报告四个阶段。会计确认，是指按照规定的标准和方法，确定是否将企业的经济活动记入会计凭证、账簿并列入会计报表的过程。会计计量，是指运用一定的计量单位和计量属性，确定被记录项目金额的过程。会计记录，是指将经过确认和计量的信息在会计特有的载体上予以登记的过程。会计报告，是指将日常

记录的会计信息归类整理后编制成财务会计报告，以便将会计信息提供给使用者的过程。

5. 会计是一项经济管理活动

会计的最终目的是提高经济效益，从会计所发挥的作用和要求达到的目的来看，会计是一项管理活动，是企事业单位经济管理的重要组成部分。

6. 会计是一个经济信息系统

会计作为一个信息系统，通过会计数据的收集、加工、存储和运输，对企业经济活动进行有效的控制；通过计量、分类和汇总，将多种多样的和大量重复的经济数据浓缩为比较集中的并相互联系的指标体系。会计为经济活动提供的数据资料具有连续性、系统性、综合性和全面性。这些会计数据形成的会计信息为信息使用者进行决策提供参考。

三、会计的职能

会计的职能是指会计在经济管理过程中所具有的功能，会计具有会计核算和会计监督两项基本职能和预测经济前景、参与经济决策、评价经营业绩等拓展职能。

（一）会计基本职能

1. 会计核算职能

会计核算职能，又称会计反映职能，是指会计以货币为主要计量单位，对特定主体的经济活动进行确认、计量和报告。

会计的核算职能主要是从数量上连续、系统和完整的记录、计算和报告各单位已经发生或已经完成的经济活动情况，单位应当按照《中华人民共和国会计法》（以下简称《会计法》）和国家统一会计制度的规定，建立会计账册，进行会计核算，及时提供合法、真实、准确、完整的会计信息。

《会计法》规定发生下列事项时，应当及时办理会计手续，进行会计核算：（1）款项和有价证券的收付；（2）财务的收发、增减和使用；（3）债权债务的发生和结算；（4）资本、基金的增减；（5）收入、支出、费用、成本的计算；（6）财务成果的计算和处理；（7）其他需要办理会计手续进行会计核算的事项。

会计核算职能的特点：

第一，会计主要是利用货币计量，综合反映各单位的经济活动情况，为经济管理提供可靠的会计信息。

第二，会计核算的内容是已经发生或已经完成的经济活动。至于利用历史的和预期的数据来预测和计划未来的经济活动，一般被认为属于管理会计的范畴，不属于会计核算的范畴。

第三，记录只是会计核算的基础，不是会计核算的全部。各单位的经济活动情况，首先要记录下来，然后才能进行计算，最后形成可以报告的会计信息。核算实际上包括对经济业务的确认、记录、计算、分类、汇总和报告的全过程。

第四，会计核算所产生的会计信息应具有完整性、连续性和系统性。完整性是指对属于会计对象的全部经济活动都予以记录。连续性是对各种经济业务应按照其发生的时间顺序依次进行登记。系统性是指对会计提供的数据资料应当按照科学的方法进行分类，系统地加工、整理、汇总，以便为经济活动提供其所需的各类会计信息。

2. 会计监督职能

会计监督职能，又称会计控制职能，是指对特定主体经济活动和相关会计核算的真实性、合法性和合理性进行监督检查。真实性审查，是指检查各项会计核算是否根据实际发生的经济业务进行。合法性审查，是指检查各项经济业务是否符合国家有关法律法规、遵守财经纪律、执行国家各项方针政策，以杜绝违法乱纪行为。合理性审查，是指检查各项财务收支是否符合客观，经济规律及经营管理方面的要求，保证各项财务收支符合特定的财务收支计划，实现预算目标。

会计监督职能的特点：

第一，会计监督主要是利用核算职能所提供的各种价值指标进行的货币监督。会计监督是在会计核算的基础上进行的，进行会计监督的依据是国家法律法规、政策、会计准则以及财务管理制度、计划等。

第二，会计监督不仅体现在过去已发生的经济业务上，还体现在业务发生过程之中和尚未发生之前，包括事前、事中和事后监督。事前监督如对预算和计划的审定；事中监督如在预算执行过程中进行分析和控制；事后监督如进行原始凭证的审核。

两个基本职能是相辅相成、辩证统一的关系。会计核算是会计监督的基础，没有核算提供的信息，监督就失去了依据；而会计监督又是会计核算质量的保障，离开了监督，核算就失去了意义，难以保证核算所提供信息的真实性和合法性。

（二）会计拓展职能

随着社会经济的发展及经济管理的信息化，会计的作用越来越重要，会计的职能也不断丰富和发展，会计除了基本职能外，还具有拓展职能。拓展职能主要包括预测经济前景、参与经济决策、评价经营业绩。

（1）预测经济前景，是指根据财务报告等提供的信息，定量或定性地判断和推测经济活动的发展变化规律，以指导和调节经济活动，提高经济效益。

（2）参与经济决策，是指根据财务报告等提供的信息，运用定量分析和定性分析方法，对备选方案进行经济可行性分析，为企业经营管理决策等提供相关的信息。

（3）评价经营业绩，是指利用财务报告等提供的信息，采用适当的方法，对企业一定期间的资产运营、经济效益等经营成果，对照相应的评价标准，进行定量及定性对比分析，做出真实、客观、公正的综合评判。

四、会计对象

关于会计的对话

（一）会计的一般对象

会计对象是指会计核算和监督的内容，具体是指社会再生产过程中能以货币表现的经济活动，即资金运动或价值运动。

会计只核算和监督能够以货币表现的经济活动。由于社会再生产过程中的财产物资等经济资源以货币形式表现，习惯被叫作资金，它是价值的计量反映，因此，资金运动又叫作价值运动。会计对象的一般内容，就是社会再生产过程中的价值方面，即能以货币形式表现的经济活动。

能力提升

中国会计发展历史

（二）工业企业的会计对象

不同性质的单位有不同的资金运动，各个单位的会计对象不尽相同，下面以最为典型的工业企业为例来阐述企业会计的具体对象。

企业在生产经营过程中，必须拥有一定数量的房屋、设备、材料和银行存款等财产物资，这些财产物资的货币表现就是资金。企业的资金不是静止不动的，而是随着生产经营活动不停地运动。这种运动通常可以表现为资金投入、资金运用和资金退出三种形式（见图1－1）。

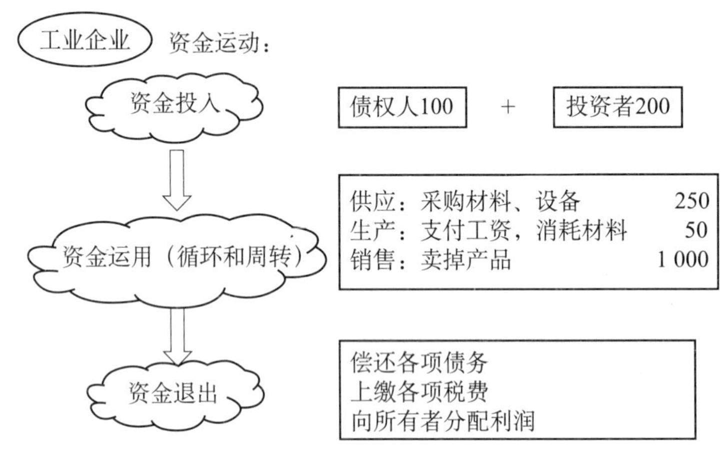

图1－1 工业企业的资金运动

资金投入，是指企业通过各种方式筹集资金的过程，是资金运动的起点。包括企业所有者投入的资金和债权人投入的资金。投入企业的资金一部分构成流动资产，另一部分构成非流动资产。

资金运用，是指资金的循环和周转过程。以工业企业为例，资金依次由货币资金转化为固定资金、储备资金，再转化为生产资金、产品资金，最后转化为货币资金的过程称为资金的循环；随着生产经营过程的不断进行，资金周而复始不断循环构成资金的周转。

资金退出，包括偿还各项债务、上缴各项税费、向所有者分配利润等，使得部分资金离开企业，退出本企业的资金循环与周转。

五、会计目标

会计目标，又称会计目的，是要求会计工作完成的任务或达到的标准。一般来说，会计目标主要指财务会计目标。我国《企业会计准则——基本准则》第四条指出：“企业应当编制财务会计报告（又称财务报告，下同）。财务会计报告的目标是向财务会计报告使用者提供与企业财务状况、经营成果和现金流量等有关的会计信息，反映企业管理层受托责任履行情况，有助于财务会计报告使用者作出经济决策。”同时指出：“财务会计报告使用者包括投资者、债权人、政府及其有关部门和社会公众等。”

因此，会计基本目标是提供会计信息，包括两个方面：第一是向各有关方面提供有助于决策与控制的会计信息。有关方面是指会计信息的使用者，包括外部的投资人和债权人、内部管理人员，以及其他有关部门等。第二是反映企业管理层受托责任的履行情况，这是现代公司制下企业所有权与经营权分离所造成的，通过会计核算和监督反映的财务信息评价企业的经营管理责任和资源使用的有效性。

任务二　认识会计核算

任务引领

会计核算工作是会计的基础任务和核心任务，要认识会计核算，需要掌握会计基本假设，理解会计信息质量要求，了解会计核算方法，理解会计核算基础。

任务要求

要认识会计核算，需要具备运用权责发生制的判断能力，掌握会计核算方法之间的联系。

知识准备

一、会计基本假设

会计基本假设是企业会计确认、计量和报告的前提，是对会计核算所处时间、空间环境等所做的合理假定。会计基本假设包括会计主体、持续经营、会计分期和货币计量。

（一）会计主体

会计主体是指会计工作所服务的特定对象，又称会计实体，是企业会计确认、计量和报告的空间范围。会计主体应是一个独立经营、自负盈亏、责权利结合的经济单位。典型的会计主体是企业。企业应当对其本身发生的交易或者事项进行会计确认、计量和报告。

明确会计主体是组织会计核算工作的首要前提。这是因为会计处理的数据和提供的信息必须有一定的空间界限，而会计主体假设正是明确了会计活动的空间范围和会计人员的责权范围，将会计工作的空间界定为有自主经营所必需的财产，并产生相应的债务和所有者权益，有独立的收入和费用，并据之确定盈亏，评价业绩。

会计主体可以是一个企业、行政事业单位、社会团体，也可以是一个分公司，可以是单一的企业，也可以是企业集团。例如，以一个独立核算的企业作为会计主体，那么会计核算的信息都必须是该企业本身所发生的经济业务，企业相关的利益主体如投资者、债权人等的经营活动，不属于本会计主体所核算的范围。

会计主体与法律主体不同。法律主体是法律上承认的可以独立承担义务和享受权利的个体，也可以称为法人。一般法律主体都是一个会计主体，任何一个法人都要按规定开展会计核算，但会计主体不一定都是法律主体。

会计主体可以是独立的法人，也可以是非法人；可以是一个企业，也可以是企业内部的某一个单位或一个特定的部分；可以是一个单一的企业，也可以是由几个独立企业组成的企业集团。企业集团由若干个具有法人资格的企业组成，各个企业既是独立的会计主体也是法律主体。企业集团是会计主体，但通常不是一个法人。

下列项目中，可以作为一个会计主体进行核算的有（　　）。

A. 母公司　　B. 子公司

C. 母公司和子公司组成的企业集团　　D. 销售部门

下列项目中，会计主体不可以是（　　）。

A. 单个工厂　　B. 企业内部的一个单位或部门

C. 企业集团　　D. 不相关联的多个企业

（二）持续经营

持续经营是指在可以预见的未来，企业将会按当前的规模和状态继续经营下去，不会停业，也不会大规模削减业务。

在持续经营假设下，会计核算应以企业持续正常的生产经营活动为前提。即会计主体在可以预见的未来不会面临破产，遭到清算。它所持有的资产按照既定的目标将在正常的经营过程中被耗用、出售或转让，而它所承担的债务将按期被偿还。只有在持续经营的前提下，才可能建立起会计计量和公认的会计原则，解决财产计价和收益费用的确定以及费用分配等问题，提供的会计信息才具有连续性。

持续经营假设可以与会计主体假设结合为：会计要为特定的会计主体在不会面临破产清算的情况下进行会计核算。

（三）会计分期

会计分期是指将一个企业持续经营的经济活动划分为一个个连续的、长短相同的期间，以便分期结算账目和编制财务会计报告。会计分期的目的是据此结算盈亏，按期编报财务会计报告，从而及时向各方面提供有关企业财务状况、经营成果和现金流量的信息。

思政案例

世界各国的会计年度

根据我国《企业会计制度》的规定，会计期间分为年度、半年度、季度和月度。年度、半年度、季度和月度均按公历起讫日期确定。以一年作为一个会计期间称为会计年度，我国的会计年度从每年1月1日至12月31日，短于一年的会计期间统称为会计中期。

会计分期假设可以与前两条假设结合为：会计要为特定的会计主体在不会面临破产清算的情况下分期进行会计核算。会计分期假设是权责发生制、可比性等原则的前提。没有持续经营和会计分期假设，会计上的递延、计提、摊销等方法都失去了其存在的基础。

(四) 货币计量

货币计量是指会计主体在会计核算过程中采用货币作为主要计量单位，进行计量、记录和报告会计主体的生产经营活动。货币计量假设是对会计计量手段和方法的规定。

企业的经济活动是多种多样、错综复杂的。为了实现会计的目的，企业必须综合地反映其各种经济活动，这就要求有一个统一的计量尺度。在商品经济条件下，货币作为一种特殊的商品，最适合充当这种统一的计量尺度。当然，这一假设也包括币值稳定这一层含义。

我国《企业会计准则》规定，会计核算以人民币为记账本位币。业务收支以外币为主的企业，也可以选定某种外币作为记账本位币，但编制的会计报表应当折算为人民币来反映。我国在境外设立的企业，通常用当地币种进行日常会计核算，但向国内编报会计报表时，应当折算为人民币。

货币计量假设可以与前三条假设结合为：会计以货币为主要计量单位，为特定的会计主体，在不会面临破产清算的情况下分期进行会计核算。

思政案例

记账本位币

二、会计信息质量要求

会计信息质量要求是对企业财务会计报告中所提供高质量会计信息的基本规范，是使财务会计报告中所提供会计信息对投资者等使用者决策有用应具备的基本特征，主要包括可靠性、相关性、可理解性、可比性、实质重于形式、重要性、谨慎性和及时性等。

(一) 可靠性

可靠性要求企业应当以实际发生的交易或者事项为依据进行确认、计量和报告，如实反映符合确认和计量要求的各项会计要素及其他相关信息，保证会计信息真实可靠、内容完整。可靠性要求强调会计信息的真实。

可靠性是高质量会计信息的重要基础和关键所在。如果企业以虚假的交易或者事项进行确认、计量和报告，属于违法行为，不仅会严重损害会计信息质量，而且会误导投资者，干扰资本市场，导致会计秩序、财经秩序混乱。

会计基本假设与会计基础

(二) 相关性

相关性要求企业提供的会计信息应当与财务会计报告使用者的经济决策需要相关，有助于财务会计报告使用者对企业过去和现在的情况做出评价，对未来的情况做出预测。相关性要求强调会计信息的有用。

相关的会计信息应当有助于使用者评价过去产生的决策，证实或修正过去的有关预测，因而具有反馈价值。相关的会计信息还应当具有预测价值，有助于使用者根据提供的会计信息预测企业未来的财务状况、经营成果和现金流量。

思政案例

副总统卷入假账丑闻

（三）可理解性

可理解性要求企业提供的会计信息应当清晰明了，便于财务会计报告使用者理解和使用。提供会计信息的目的在于使用，要使用就必须了解会计信息的内涵，明确会计信息的内容，如果无法做到这一点，就谈不上对决策有用。

（四）可比性

可比性要求企业提供的会计信息应当相互可比，保证同一企业不同时期可比、不同企业相同会计期间可比。

（1）纵向可比，即同一企业不同时期发生的相同或者相似的交易或者事项，应当采用一致的会计政策，不得随意变更。确需变更的，应当在附注中说明。但是，如果按照规定或者在会计政策变更后，能提供更可靠、更相关的会计信息，企业可以变更会计政策。有关会计政策变更的情况，应当在附注中予以说明。

（2）横向可比，即不同企业同一会计期间发生的相同或者相似的交易或者事项，应当采用规定的会计政策，确保会计信息口径一致、相互可比，即对于相同或者相似的交易或者事项，不同企业应当采用一致的会计政策，以使不同企业按照一致的确认、计量和报告基础提供有关会计信息。

思政案例

可比性原则

（五）实质重于形式

实质重于形式要求企业应当按照交易或者事项的经济实质进行会计确认、计量和报告，不应仅以交易或者事项的法律形式为依据。

这是因为，有时候交易或事项的法律形式并不能真实反映其实质内容，所以为了真实反映企业的财务状况和经营成果，就必须根据它们的实质和经济现实，而不是仅仅根据它们的法律形式进行核算和反映。例如，企业以融资租赁方式租入的固定资产，从法律形式来看，其所有权尚不属于承租企业，但从经济实质来看，由于融资租赁合同规定的租赁期相当长，该项资产受承租企业实际控制，因此应当将其作为承租企业的自有资产进行核算，否则就不能真实反映该项资产对企业的影响。

（六）重要性

重要性要求企业提供的会计信息应当反映与企业财务状况、经营成果和现金流量有关的所有重要交易或者事项。重要性要求企业在会计核算过程中应当区别经济业务的重要程度，对其采用不同的核算方式。对资产、负债、损益等有较大影响，并进而影响财务会计报告，使用者据以做出合理判断的重要会计事项，必须按照规定的会计方法和程序进行处理，并在财务会计报告中予以充分、准确的披露；对次要的会计事项，在不影响会计信息真实性和不至于误导财务会计报告使用者做出正确判断的前提下，可以适当简化处理。

知识拓展

职业判断

项目的重要性评价很大程度上取决于会计人员的职业判断。一般来说，应当从质和量两个方面进行综合分析。从性质方面来说，当某一项目有可能对决策产生一定影响时，属于重要性项目；从数量方面来说，当某一项目的数量达到一定规模时，属于重要性项目。

(七) 谨慎性

谨慎性要求企业对交易或者事项进行会计确认、计量和报告时应当保持应有的谨慎，不应高估资产或者收益、低估负债或者费用。

谨慎性原则，又称稳健性原则、审慎性原则，也就是说凡是可以预见的可能发生的损失和费用都应合理地予以估计、确认并记录，而没有确定把握的收入则不能予以确认和入账，既不抬高资产和收益，也不压低负债和费用，进而有效地规避不确定因素带来的风险。如果某一项经济业务有多种处理方法可供选择，则应采取不导致夸大资产、虚增利润的方法。

企业的生产经营面临许多风险和不确定性，谨慎性要求企业在面临不确定性因素的情况下做出判断时，应当保持应有的谨慎，充分估计到各种风险和损失。例如，要求企业定期或者至少每年年度终了，对可能发生的各项资产损失计提减值准备，就充分体现了谨慎性原则。

(八) 及时性

及时性要求企业对于已经发生的交易或者事项，应当及时进行确认、计量和报告，不得提前或者延后。

会计核算过程中及时性的要求主要体现在：

一是及时收集会计信息，即在经济业务发生后，及时收集整理各种原始单据。

二是及时处理会计信息，即在会计制度规定的时限内，及时编制财务会计报告。

三是及时传递会计信息，即在会计制度规定的时间内，及时将编制的财务会计报告传递给财务会计报告使用者，便于其及时使用和决策。

知识拓展

会计信息的使用者

会计信息的使用者主要包括投资者、债权人、企业管理者、政府及其相关部门和社会公众等。

三、会计核算方法

会计核算方法是对发生的经济交易或事项进行连续、系统、全面、综合地确认、计量、记录和报告所采用的方法。

会计核算方法是用来核算和监督会计对象的，会计对象的多样性和复杂性，决定了用来对其进行核算和监督的会计核算方法，不能采用单一的方法形式，而应该采用方法体系的模式。会计核算方法体系由设置会计科目和账户、复式记账、填制和审核会计凭证、登记账簿、成本计算、财产清查、编制财务会计报告等专门方法构成。它们相互联系、紧密结合，确保会计工作有序进行。

(一) 设置会计科目和账户

设置会计科目和账户是对会计对象具体内容进行分类核算和监督的一种专门方法。会计对象包含的内容纷繁复杂，设置会计科目和账户就是根据会计对象具体内容的不同特点和经济管理的不同要求，选择一定的标准进行分类，并事先规定分类核算项目，在账簿中开设相应的账户，以取得所需要的核算指标。

（二）复式记账

复式记账是指对每一项经济业务都要在两个或两个以上相互联系的账户中进行登记的一种方法。复式记账一方面能全面、系统地反映经济业务引起资金运动增减变化的来龙去脉；另一方面能通过账户之间的一种平衡关系，检查会计记录的正确性。在这种方法下，每项经济业务都必须以相等的金额，在相互关联的两个或两个以上账户中进行登记，使每项经济业务所涉及的两个或两个以上的账户之间产生对应关系，同时在对应账户中所记录的金额又相等。

例如，用银行存款 10 000 元购买原材料。这项经济业务，一方面要在银行存款账户中，记减少 10 000 元；另一方面，又要在原材料账户中，记增加 10 000 元。在银行存款账户和原材料账户相互联系地分别记下 10 000 元。这种记录反映了银行存款减少的 10 000 元是由于购入了等额的原材料；而原材料增加到 10 000 元，是通过银行存款的等额减少实现的。

（三）填制和审核会计凭证

填制和审核会计凭证是指为了审查经济业务是否合理合法，保证账簿记录正确、完整而采用的一种专门方法。会计凭证是记录经济业务、明确经济责任的书面证明，是登记账簿的重要依据。各单位发生的任何会计事项都必须取得原始凭证，证明其经济业务的发生或完成。原始凭证要送交会计进行审核，审核其填制内容是否完备、手续是否齐全、业务的发生是否合理合法等，经审核无误后，才能编制记账凭证。记账凭证经审核无误后才能据以登记账簿。

（四）登记账簿

账簿是具有一定格式，用来记账的簿籍。登记账簿就是根据会计凭证，采用复式记账法，把经济业务分门别类、内容连续地在有关账簿中进行登记的方法。借助账簿，就能将分散的经济业务进行分类汇总，系统地提供每一类经济活动的完整资料，了解一类或全部经济活动发展变化的全过程，更加适应经济管理的需要。账簿记录的各种数据资料，也是编制财务报表的重要依据。所以，登记账簿是会计核算工作的中心环节。

（五）成本计算

成本计算是按照一定对象归集和分配生产经营过程中发生的各种费用，以便确定各成本计算对象的总成本和单位成本的一种专门方法。正确地进行成本计算，既可以考核生产经营过程的费用支出水平，又是确定企业盈亏和制定产品价格的基础，并可为企业进行经营决策提供重要依据。

例如，工业企业采购过程中，要计算各种购进物料的采购成本，在生产阶段中要根据涉及的材料、产品的品种、数量等，计算它们的生产总成本和单位成本。通过成本计算，可以明确成本构成和费用支出情况，分析和考核成本费用计划完成情况，以便企业采取措施，降低成本，提高经济效益。

（六）财产清查

财产清查是通过对各项财产物资、货币资金进行实物盘点，对往来款项进行核对，以查明实存数和账存数是否相符的一种专门方法。通过财产清查，可以查明各项财产物资、债权债务所有者权益的情况，可以促进企业加强物资管理，保证财产的完整，并能为编制会计报表提供真实、准确的资料。

在日常会计核算过程中，为了保证会计信息真实准确，必须定期或不定期地对各项财产物资、货币资金和往来款项进行清查、盘点和核对。在清查中，如果发现账实不符，应查明原因，并按有关部门和领导的批准作出处理，调整账簿记录，使账存数额同实存数额保持一致，做到账实相符。财产清查对保证会计核算资料的正确性和监督财产的安全与合理使用等都具有重要的作用。

（七）编制财务会计报告

财务会计报告是企业根据账簿记录的数据资料定期编制的，能够概括反映企业在一定期间的财务状况、一定期间的经营成果及其现金流量变动情况的报告文件。财务报告对分散在账簿中的日常核算资料进行了加工整理，可为国家有关部门、投资者、经营管理者等企业利益相关者的决策提供有用的会计信息。

上述会计核算的各种方法是相互联系、密切配合的，在会计对经济业务进行记录和反映的过程中，不论是采用手工处理方式，还是使用财务软件方式，对于日常所发生的经济业务，首先要取得合法的原始凭证，按照所设置的账户进行复式记账，根据账簿的记录进行成本计算，在财产清查、账实相符的基础上，编制财务报告。会计核算的七种方法相互联系、密切结合、缺一不可，形成一个完整的方法体系。

四、会计循环

会计循环是指按照一定的步骤反复运行的会计程序。从会计工作流程看，会计循环由确认、计量和报告等环节组成；从会计核算的具体内容看，会计循环由设置会计科目和账户、复式记账、填制和审核会计凭证、登记账簿、成本计算、财产清查、编制财务会计报告等组成。填制和审核会计凭证是会计核算的起点，编制财务会计报告是会计核算的最后一个环节。

五、会计核算基础

会计核算基础，又称会计记账基础、会计处理基础，是指会计以什么为标准来确认、计量和报告企业单位的收入和费用，目的是更加真实、公允地反映企业单位某一特定日期的财务状况和某一特定期间的经营成果。

会计在持续的生产经营过程中，不断取得收入，也不断发生费用，将收入和费用相配比后，就可以计算出经营期间的财务成果。但会计分期核算要求划清本期与非本期的界限，这就出现了收入和支出的收支期和归属期不一致的问题。

收支期是指收入收到和费用支付的会计期间；归属期是指应获得收入和应负担费用的会计期间。所以，以什么为标准确认本期的收入和费用，在会计上就有两种方法可供选择，即收付实现制和权责发生制。

（一）收付实现制

收付实现制，又称实收实付制或现金制，是以收入和费用是否实际收到或支付为标准来确认收入和费用的一种会计基础。在我国，政府预算会计核算一般采用收付实现制。

收付实现制要求，凡是本期收到的收入和支付的费用，不管是否应归属本期，都作为本期的收入和费用；反之，凡是本期未收到的收入和未支付的费用，即使应归属本期，也不能作为本期的收入和费用。例如，某企业在2020年9月预收10月的租金3 000元，则这3 000元就是9月的收入而不作为10月的收入；又如，某企业在2020年11月以银行存款支付下一年度的预订报刊费2 000元，则这2 000元就作为11月的费用。

采用收付实现制，按照款项的收费日期确定收入和费用的归属期，而不考虑取得收入的权益和费用的收益期，不利于切实反映企业的实际经营状况，不能准确计算和确定各个会计期间的经营成果，不适用于企业。

（二）权责发生制

权责发生制，又称应计制或应收应付制，是以收入或费用是否应该归属本期为标准来确认各期收入和费用的一种会计基础。

权责发生制要求，凡是当期已经实现的收入和已经发生的费用，无论款项是否收付，都应当作为当期的收入和费用；凡是当期未实现的收入和未发生的费用，即使款项已在当期收付，也不应当作为当期的收入和费用。权责发生制主要从时间上规定会计确认的基础，其核心是根据权责关系的实际发生期间来确认收入和费用。

微课视频

权责发生制与收付实现制

例如，某企业在2020年10月销售一批产品，货款为20 000元，本月底尚未收到货款，在11月收到货款，则这20 000元不属于11月的收入而属于10月的收入；又如，某企业在2020年12月按照协议规定支付本季度的利息12 000元（每月4 000元），则这12 000元不全属于12月的费用，12月的费用只能记入4 000元。

采用权责发生制，可以科学、合理地反映各会计期间实现的收入和所负担的费用，从而将本期的收入和相应的费用配比，正确计算本期损益。根据权责发生制的要求，日常的账簿记录不能完整地反映本期的收入和费用的，期末要进行账项调整，即将本期应收未收的收入和应付未付的费用记入账簿，将本期已收到款项的预收收入和已支付款项的预付费用在本期和以后各期之间进行分摊并记入账簿。

典型任务操作示范

【典型任务】根据下列经济业务内容，按收付实现制和权责发生制计算企业202×年9月的收入、费用。

（1）支付上月电费2 000元。

（2）收到8月应收账款5 000元，存入银行。

（3）销售产品货款70 000元，全部未收到。

（4）预提本月短期借款利息400元。

（5）收到购货单位预付货款30 000元，存入银行。

（6）以银行存款预付9—12月租金8 000元。

（7）销售产品10 000元，货款存入银行。

具体计算见表1-1。

表1-1　　收入、费用及损益表　　单位：元

题号	收付实现制		权责发生制	
	收入	费用	收入	费用
(1)		2 000		
(2)	5 000			
(3)			70 000	
(4)				400
(5)	30 000			
(6)		8 000		2 000
(7)	10 000		10 000	
合计	45 000	10 000	80 000	2 400
损益	35 000		77 600	

【任务分析】由典型任务可知，收付实现制不符合配比性原则的要求，将预收货款或预付费用当作本期的收入或费用，而把应收款项或应付费用不计入当期收入或费用，因此计算出来的损益结果不准确。目前，只有行政事业单位会计处理基础才采用收付实现制。

与收付实现制相反，在权责发生制会计核算基础下，对收入和费用的确认是以是否应该收到或付出为标准，而不是以是否实际收到或付出为标准。所以，权责发生制能弥补收付实现制的不足，符合配比性原则的要求，能正确地计算各期损益。目前，我国企业会计核算统一采用权责发生制作为会计核算基础。

某企业8月销售A产品一批，价款20 000元，款项未收到，收到6月所欠货款5 000元，按权责发生制确定该企业8月的销售收入应为（　　）元，按收付实现制确定该企业8月的销售收入应为（　　）元。

任务三　划分会计要素

任务引领

会计要素是与会计对象具有密切关系的概念，它是对会计对象的具体内容所做的最基本分类。合理划分会计要素，不仅有利于依据各要素的性质和特征分别制定确认、计量和报告的标准与方法，而且有利于为合理建立会计科目体系和会计报表体系提供依据和轮廓框架。

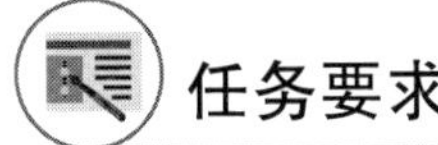

任务要求

能正确确认会计要素，能正确识别经济业务的特征。

知识准备

会计要素是指根据交易或者事项的经济特征对财务会计对象所做的基本分类。

我国《企业会计准则》将会计要素划分为资产、负债、所有者权益、收入、费用和利润六类（见图1-2）。其中，前三类属于反映财务状况的会计要素，在资产负债表中列示；后三类属于反映经营成果的会计要素，在利润表中列示。

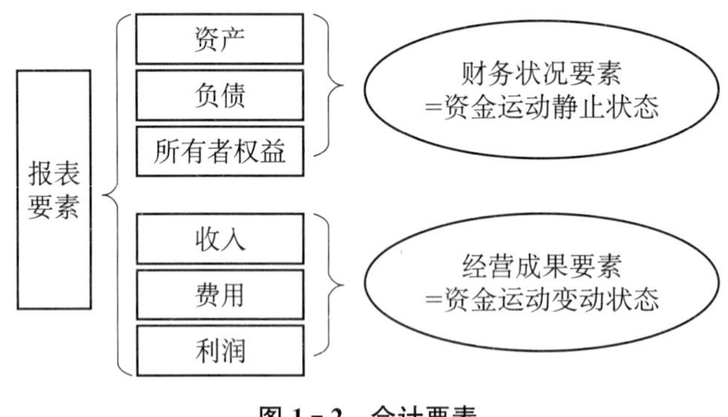

图1-2 会计要素

一、资产

资产是指企业过去的交易或者事项形成的、由企业拥有或控制的、预期会给企业带来经济利益的资源，如银行存款、房屋、机器设备、运输工具、仓库里的货物等。

（一）资产的特征

资产具有以下特征：

（1）资产是由企业过去的交易或者事项形成的。企业过去的交易或事项包括购买、生产、建造行为等。资产必须是现时的资产，而不是预期的资产，预期在未来发生的交易或事项不形成资产。例如，企业有购买某商品的意愿或计划，但是购买行为尚未发生，此商品就不符合资产的定义，不能被确认为存货资产。

（2）资产是企业拥有或者控制的资源。拥有是指拥有资产的所有权，可以按照自己的意愿使用或处置；控制是指不拥有所有权，却能实际控制。通常按照是否有所有权判断资产归属，但有些情况下，虽然某些资产不为企业所拥有，但企业控制这些资产，则也属于企业的资产，如融资租入固定资产。

（3）资产预期会给企业带来经济利益。这是资产的本质特征，是指直接或者间接导致现金和现金等价物流入企业的潜力。这种潜力可以来自企业日常的生产经营活动，也可以来自非日常活动；带来的经济利益，可以是现金或者现金等价物，也可以是增加现金或者现金等价物流入的形式，或者是减少现金或现金等价物流出的形式。如果某一项目预期不能给企业带来经济利益，就不能将其确认为企业的资产。

企业已经淘汰的机器设备是资产吗？

企业打算购买但未实际购买的机器设备是企业的资产吗？

（二）资产的确认条件

将一项资源确认为资产，需要符合资产的定义，还应同时满足以下两个条件：

（1）与该资源有关的经济利益很可能流入企业。能为企业带来经济利益是资产的一个本质特征，但在现实生活中，由于经济形势瞬息万变，与资源有关的经济利益能否流入企业或者能够流入多少实际上具有不确定性。因此，资产的确认应与经济利益流入企业的不确定性程度的判断结合起来。

（2）该资源的成本或者价值能够可靠地计量。只有当资源的成本或者价值能够可靠计量时，才能确认资产。

知识拓展

资产的确认

甲企业的加工车间有两台设备。A设备是从乙企业以融资租入方式获得，B设备是从丙企业以经营租入方式获得，目前两台设备均投入使用。A、B设备是否是甲企业的资产？企业对库存中已毁损的商品拥有所有权，并且能够实际控制，它还是本企业的资产吗？

（三）资产的分类

资产按流动性进行分类，可以分为流动资产和非流动资产。

1. 流动资产

流动资产是指预计在一个正常营业周期中变现、出售或耗用，或者主要为交易目的而持有，或者预计在资产负债表日起一年内（含一年）变现的资产，以及自资产负债表日起一年内交换其他资产或清偿负债的能力不受限制的现金或现金等价物。流动资产主要包括货币资金、应收及预付款、存货、交易性金融资产等。

（1）货币资金，是指企业生产经营过程中属于货币形态的资产，包括库存现金、银行存款和其他货币资金，它们是企业流动性最强的资产。

（2）应收及预付款，是指企业在日常生产经营中发生的各项债权，包括应收款项、预付款项等。应收款项包括应收账款、应收票据、应收股利和其他应收款；预付款项是指企业按照购货合同规定预付给供应单位的款项，如预付账款。

（3）存货，是指企业在日常生产经营过程中持有以备出售的产成品或商品、处在生产过程中的在产品、在生产过程或提供劳务过程中耗用的材料、物料等，包括原材料、库存商品、在产品、半成品、包装物和低值易耗品等。

（4）交易性金融资产，是指企业为了近期内出售而持有的金融资产，包括企业以赚取差价为目的从二级市场购入的股票、债券、基金等。

2. 非流动资产

非流动资产是指流动资产以外的资产。主要包括长期股权投资、长期应收款、固定资产、在建工程、工程物资、无形资产等。

（1）长期股权投资，是指企业通过投资取得被投资单位的股份，不准备在一年内变现的对外股权投资。

（2）长期应收款，是指企业融资租赁产生的应收款项和采用递延方式分期收款、实质上具有融资性质的销售商品和提供劳务等经营活动产生的应收款项。

（3）固定资产，是指企业为生产商品、提供劳务、出租或经营管理而持有的，使用寿命超过一个会计年度的有形资产，包括房屋建筑物、机器设备、运输设备、电子设备等。

（4）在建工程，是指企业基建、技改等在建工程发生的价值。

（5）工程物资，是指企业为在建工程准备的各种物资的价值，包括工程用材料、尚未安装的设备以及为生产准备的工具和器具等。

（6）无形资产，是指企业拥有或控制的没有实物形态的可辨认非货币性资产，包括专利权、非专利技术、商标权、著作权、土地使用权等。

微课视频

动静相宜——
认识会计要素

二、负债

负债是指企业过去的交易或者事项形成的，预期会导致经济利益流出企业的现时义务。

（一）负债的特征

负债具有以下特征：

（1）负债是由企业过去的交易或者事项形成的。只有过去的交易或者事项才形成负债，企业将在未来发生的承诺、签订的合同等交易或者事项，不形成负债。

（2）负债是企业承担的现时义务。现时义务是指企业在现行条件下已承担的义务。未来发生的交易或者事项形成的义务，不属于现时义务，不应当确认为负债。

这里所指的义务可以是法定义务，也可以是推定义务。其中，法定义务是指具有约束力的合同或法律、法规规定的义务。例如，企业购买原材料形成应付账款、企业向银行贷款形成借款、企业按照税法规定应缴纳的税款等，需要依法予以偿还。推定义务是指企业多年来的习惯做法、公开的承诺或者分开宣布的经营政策而导致企业将承担的责任。例如，企业对出售商品提供一定期限内的售后保修服务，预期将为售出商品提供的保修服务，应被确认为一项负债。

（3）负债预期会导致经济利益流出企业。这是负债的本质特征，在履行现时义务清偿负债时，导致经济利益流出企业的形式多种多样。例如，用现金偿还或以实物资产形式偿还；以提供劳务形式偿还；部分转移资产、部分提供劳务形式偿还；将负债转为资本等。

企业购买了商品但未付款形成负债吗？

企业制定了贷款计划但未取得贷款形成负债吗？

（二）负债的确认条件

将一项现时义务确认为负债，需要符合负债的定义，还应当同时满足以下两个条件：

（1）与该义务有关的经济利益很可能流出企业。实务中，企业履行义务所需流出的经济利益具有不确定性，尤其是与推定义务相关的经济利益通常需要依赖大量的估计。因此，负债的确认应当与对经济利益流出企业的不确定性程度的判断结合起来。如果企业承担了现时义务，但是导致企业经济利益流出的可能性很小，则此现时义务就不符合负债的确认条件，不应该被确认为负债。

（2）未来流出的经济利益的金额能够可靠地计量。对与法定义务有关的经济利益流出金额，通常可以根据合同或法律规定的金额予以确定，考虑到经济利益流出的金额通常在未来期间发生，有时未来期间较长，有关金额的计量需要考虑货币时间价值等因素的影响。对与推定义务有关的经济利益流出金额，企业应当根据履行相关义务所需支出的最佳估计数进行估计，并综合考虑有关货币时间价值、风险等因素的影响。

（三）负债的分类

按偿还期限的长短，一般将负债分为流动负债和非流动负债。

1. 流动负债

流动负债是指预计在一个正常营业周期中偿还，或者主要为交易目的而持有，或者自资产负债表日起一年内（含一年）到期应予以清偿，或者企业无权自主地将清偿推迟至资产负债表日以后一年以上的负债。流动负债主要包括短期借款、应付账款、应付票据、预收账款、应付职工薪酬、应交税费、应付利息、应付股利、其他应付款和1年内到期的长期借款等。

（1）短期借款，是指企业向银行或金融机构等外单位借入的、还款期限在1年以下（含1年）的各种借款。

（2）应付账款，是指企业购买材料、商品或接受劳务等经营活动应支付的款项。

（3）应付票据，是指企业购买材料、商品或接受劳务等开出、承兑的商业汇票。

（4）预收账款，是指企业按照合同规定向购货单位预收的款项。

（5）应付职工薪酬，是指企业根据有关规定应付给职工的各种薪酬，包括工资、奖金、津贴和补贴、职工福利费、社会保险费、住房公积金、工会经费、职工教育经费、非货币性福利等。

（6）应交税费，是指企业按照税法规定计算应缴纳的各种税费，包括增值税、消费税、所得税、资源税、土地增值税、城市维护建设税、房产税、土地使用税、车船税、教育费附加等。

（7）应付利息，是指企业按照合同约定应支付的利息，包括吸收存款、分期付息到期还本的长期借款、企业债券等应支付的利息。

（8）应付股利，是指企业分配的现金股利或利润。

（9）其他应付款，是指企业经营活动以外的其他各项应付、暂收的款项。

2. 非流动负债

非流动负债是指偿还期在1年或者超过1年的一个营业周期以上的债务。流动负债主要包括长期借款、应付债券、长期应付款等。

（1）长期借款，是指企业向银行或其他金融机构借入的期限在1年以上（不含1年）的各项借款。

（2）应付债券，是指企业为筹集长期资金而发行的债券。

（3）长期应付款，是指企业除长期借款和应付债券以外的其他各种长期应付款项，包括分期付款方式购入固定资产和无形资产发生的应付账款、应付融资租入固定资产的租赁费等。

三、所有者权益

所有者权益是指企业资产扣除负债后由所有者享有的剩余权益。公司制企业所有者权益又称为股东权益。所有者权益是所有者对企业资产的剩余索取权，它是企业的资产扣除债权人权益后应由所有者享有的部分，既反映了所有者投入资本的保值增值情况，又体现了保护债权人权益的理念。

（一）所有者权益的特征

所有者权益具有以下特征：（1）除非发生减资、清算或分派现金股利，企业不需要偿还所有者权益；（2）企业清算时，只有在清偿所有的负债后，所有者权益才返还给所有者；（3）所有者凭借所有者权益能够参与企业利润的分配。

（二）所有者权益的确认条件

所有者权益的确认、计量主要取决于资产、负债、收入、费用等其他会计要素的确认和计量。所有者权益在数量上等于企业资产总额扣除债权人权益后的净额，即企业的净资产，反映所有者（股东）在企业资产中享有的经济利益。例如，企业接受投资者投入的资产，在该资产符合资产确认条件时，就相应地符合所有者权益的确认条件；当该资产的价值能够可靠地计量时，所有者权益的金额也就可以确定。

（三）所有者权益的来源

所有者权益的来源包括所有者投入的资本、其他综合收益、留存收益等。具体表现为实收资本（股本）、资本公积（含资本溢价或股本溢价、其他资本公积）、其他综合收益、盈余公积和未分配利润。

1. 所有者投入的资本

所有者投入的资本是指所有者投入企业的资本部分，既包括构成企业注册资本（实收资本）或者股本部分的金额，也包括投入资本超过注册资本或者股本部分的金额，即资本溢价或者股本溢价，这部分投入资本在我国企业会计准则体系中被计入资本公积，并在资产负债表中以资本公积项目反映。

2. 其他综合收益

其他综合收益是指企业根据会计准则规定在当期损益中确认的各项利得和损失。

3. 留存收益

留存收益是指企业历年实现的净利润留存于企业的部分，包括盈余公积和未分配利润两部分。

（四）所有者权益的构成

所有者权益通常包括实收资本（或股本）、资本公积、其他综合收益、盈余公积和未分配利润。

1. 实收资本（或股本）

实收资本（或股本）是指投资者按照企业章程、合同或协议的约定，实际投入企业的资本，即企业的注册资本或股本。

2. 资本公积

资本公积包括投资者投入资本超过注册资本或者股本部分的金额（即资本溢价或者股本溢价）和直接计入所有者权益的利得和损失（其他资本公积）。

3. 其他综合收益

其他综合收益是指企业根据会计准则规定在当期损益中确认的各项利得和损失。

4. 盈余公积

盈余公积是指企业按税后利润的一定比例提取的法定盈余公积，以及按投资者确定的比例从税后利润中计提的任意盈余公积。

5. 未分配利润

未分配利润是指企业实现的净利润在提取盈余公积、向投资者分配利润等之后留存在企业的历年结存的利润。

请你将所有者权益的三项来源和五项构成形成对应关系。

四、收入

收入是指企业在日常活动中形成的、会导致所有者权益增加的、与所有者投入资本无关的经济利益的总流入。日常活动是指企业为完成其经营目标所从事的经常性活动以及与之相关的活动。

（一）收入的特征

收入具有以下特征：

1. 收入是企业在日常活动中形成的

收入源于企业的日常经营活动，而不是从偶尔的交易或事项中产生的。以制造业为例，产品销售、原材料销售、固定资产出租等流入的经济利益，与日常活动有关，属于收入；但出售固定资产的净收益，由于不属于日常活动，其流入的经济利益不属于收入，在会计上称为利得。例如，企业出售不使用的机器而取得的收益就不作为收入，而作为营业外收入。因为出售机器不是企业的经营目标，不属于企业的日常活动。

2. 收入会导致所有者权益的增加

收入所产生的经济利益的流入可能表现为资产的增加或负债的减少，或两者兼而有之，即所有者权益的增加。与收入相关的经济利益的流入应当会导致所有者权益的增加，不会导致所有者权益增加的经济利益的流入不符合收入的定义，不应确认为收入。例如，企业向银行借入款项，虽然也导致经济利益流入企业，但该流入并不导致所有者权益的增加，而是使企业承担了一项现时义务。因此，企业对借入款项所导致的经济利益的增加，不应确认为收入，应当确认为负债。

3. 收入是与所有者投入资本无关的经济利益的总流入

需要注意的是，收入只包括本企业经济利益的流入，不包括为第三方或客户代收的款项。企业为第三方或客户代收的款项，如增值税、代收利息等，增加了企业的资产和负债，并不增加企业的所有者权益，不能作为本企业的收入。

（二）收入的确认条件

《企业会计准则第14号——收入》中规定，当企业与客户之间的合同同时满足下列条件时，企业应当在客户取得相关商品控制权时确认收入：（1）合同各方已批准合同并承诺将履行各自义务；（2）该合同明确了合同各方与所转让商品或提供劳务相关的权利和义务；（3）该合同有明确的与所转让的商品或提供劳务相关的支付条款；（4）该合同具有商业实质，即履行该合同将改变企业未来现金流量的风险、时间分布或金额；（5）企业因向客户转让商品或提供劳务而有权取得的对价很可能收回。

（三）收入的分类

收入包括主营业务收入和其他业务收入。主营业务收入是由企业的主营业务所带来的收入；其他业务收入是除主营业务活动以外的其他经营活动实现的收入。收入按从事日常活动的性质不同，可分为销售商品收入、提供劳务收入、让渡资产使用权收入等。

《企业会计准则——基本准则》中的收入指的是狭义的收入，按其性质的不同，可分为主营业务收入、其他业务收入、投资收益、公允价值变动收益等。

（1）主营业务收入是指由企业的主营业务所带来的收入。如工业企业销售产品的收入、商业企业销售商品的收入等。

（2）其他业务收入是指除主营业务活动以外的其他经营活动实现的收入。如工业企业对外出售不需用的原材料、进行技术转让、出租包装物等获得的收入。

（3）投资收益是指企业对外投资而分得的净收益。如从被投资企业分得的利润等。

（4）公允价值变动收益是指企业的资产因公允价值变动而形成应计入当期损益的收益。如企业的交易性金融资产公允价值上升形成收益。

五、费用

费用是指企业在日常活动中发生的、会导致所有者权益减少的、与向所有者分配利润无关的经济利益的总流出。

（一）费用的特征

费用具有以下特征：

（1）费用是企业在日常活动中发生的。费用必须是企业在日常活动中形成的，这些日常活动的界定与收入定义中涉及的日常活动的界定相一致。日常活动产生的费用通常包括营业成本（主营业务成本和其他业务成本）、税金及附加、销售费用、管理费用、财务费用等。将费用界定为日常活动形成的，目的是将其与损失相区分，企业非日常活动形成的经济利益流出不能确认为费用，而应当计入损失。

（2）费用会导致所有者权益的减少。与费用相关的经济利益的流出应当会导致所有者权益的减少，不会导致所有者权益减少的经济利益的流出不符合费用的定义，不应被确认为费用。

（3）费用是与向所有者分配利润无关的经济利益的总流出。费用的发生应当会导致经济利益的流出，从而导致资产的减少或者负债的增加，其表现形式包括现金或现金等价物的流出，存货、固定资产和无形资产等的流出或者消耗等。企业向所有者分配利润也会导致经济利益的流出，而该经济利益的流出属于所有者权益的抵减项目，将其确认为费用，应当将其排除在费用的定义之外。

（二）费用的确认条件

费用的确认除了应当符合定义外，至少应当符合以下条件：（1）与费用相关的经济利益应当很可能流出企业；（2）经济利益流出企业的结果会导致资产的减少或者负债的增加；（3）经济利益的流出额能够可靠计量。

（三）费用的分类

《企业会计准则——基本准则》中的费用按照其与收入的配比关系，可分为营业成本、税金及附加、期间费用等。

（1）营业成本是指企业在其经营活动中已销售商品或以提供劳务等的成本，包括主营业务成本和其他业务成本。

（2）税金及附加是指企业经营活动依法应当负担的各种税费，包括消费税、城市维护建设税、教育费附加、资源税、房产税、城镇土地使用税、车船税、印花税等。

（3）期间费用是指企业本期日常活动发生的、不能直接或间接归入产品生产成本，而应直接计入发生当期损益的各项费用，包括管理费用、销售费用和财务费用。

1）管理费用是指企业为组织和管理生产经营而发生的各种费用，包括企业筹建期间发生的开办费、行政管理部门发生的以及应由企业统一负担的公司经费（职工经费、物料消耗、办公费及差旅费等）、中介机构聘请费、业务招待费等。

2）销售费用是指企业在销售商品和材料、提供劳务过程中所发生的各种费用，包括销售过程中发生的包装费、展览费和广告费、运费、商品维修费以及专设销售机构的职工薪酬、业务费等。

3）财务费用是指企业为筹集生产经营所需资金而发生的筹资费用，包括利息支出、汇兑损益及相关手续费等。

六、利润

（一）利润的含义与特征

利润是指企业在一定会计期间的经营成果。利润反映收入减去费用、直接计入当期损益的利得减去损失后的净额。通常情况下，如果企业实现了利润，表明企业的所有者权益将增加，业绩得到了提升；反之，如果企业发生了亏损（即利润为负数），表明企业的所有者权益将减少，业绩下降。利润是评价企业管理层业绩的指标之一，也是投资者等财务会计报告使用者进行决策时的重要参考依据。

（二）利润的确认条件

利润的确认主要依赖于收入和费用，以及直接计入当期利润的利得和损失的确认，其金额的确定也主要取决于收入、费用、利得、损失金额的计量。

（三）利润的分类

能力提升

会计要素的计量属性

利润包括收入减去费用后的净额、直接计入当期损益的利得和损失等。

收入减去费用后的净额反映企业日常活动的经营业绩，表现为营业利润。

直接计入当期损益的利得和损失反映企业非日常活动的业绩，是指应当计入当期损益、最终会引起所有者权益发生增减变动的、与所有者投入资本或者向所有者分配利润无关的利得或者损失，表现为营业外收入和营业外支出。企业应当严格区分收入和利得、费用和损失，以便全面反映企业的经营业绩。

利润总额＝营业利润＋(营业外收入－营业外支出)

典型任务操作示范

【典型任务】绍兴柯鲁丝纺织品有限公司（以下简称柯鲁丝公司）202×年3月末的部分经营业务，各项目数额见表1-2。

表1-2　柯鲁丝公司经营业务　单位：元

项目	金额	项目	金额
存货	580 000	应交税费	80 000
交易性金融资产	20 000	其他应付款	70 000
应收账款	90 000	实收资本	900 000
长期股权投资	100 000	资本公积	160 000
固定资产	2 160 000	盈余公积	250 000
无形资产	300 000	未分配利润	150 000
长期借款	600 000	商品销售收入	5 000 000
应付债券	100 000	商品销售成本	2 600 000
长期应付款	200 000	管理费用	130 000
短期借款	150 000	财务费用	100 000
应付账款	390 000	销售费用	170 000
预收账款	40 000	利润总额	2 000 000
应付职工薪酬	160 000		

要求：指出表 1－2 中各个项目分别属于哪一类会计要素，并计算该公司资产总额、负债总额和所有者权益总额。

【任务分析】

（1）存货、交易性金融资产、应收账款、长期股权投资、固定资产、无形资产属于资产要素。

（2）长期借款、应付债券、长期应付款、短期借款、应付账款、预收账款、应付职工薪酬、应交税费、其他应付款属于负债要素。

（3）实收资本、资本公积、盈余公积、未分配利润属于所有者权益要素。

（4）商品销售收入属于收入要素。

（5）商品销售成本、管理费用、财务费用、销售费用属于费用要素。

（6）利润总额属于利润要素。

资产总额＝580 000＋20 000＋90 000＋100 000＋2 160 000＋300 000
＝3 250 000（元）

负债总额＝600 000＋100 000＋200 000＋150 000＋390 000＋40 000＋160 000＋80 000＋70 000
＝1 790 000（元）

所有者权益总额＝900 000＋160 000＋250 000＋150 000＝1 460 000（元）

任务四　构建会计等式

任务引领

会计等式是运用数字平衡式描述各会计要素之间内在联系的数量关系的表达式，又称为会计恒等式。会计等式是整个会计循环工作和会计核算方法的理论基石。

任务要求

明确会计等式的平衡关系，掌握经济业务的类型及其对会计等式影响的一般规律。

知识准备

一、会计等式的定义

会计等式，又称会计恒等式、会计方程式或会计平衡公式，它是表明各会计要素之间基本关系的恒等式。

二、会计等式的表现形式

任何企业为了从事经营活动，必须拥有或控制一定数量的资金，作为从事经济活动的基础。这些资金在生产经营中分布在各个方面，表现为不同的形态，如房屋、建筑物、机器设备、原材料、在产品、产成品、货币资金等。这些不同形态的资金在实物形态上称为资产。形成资产的这些资金都是从一定的来源取得的，有的来自债权人，有的来自投资者。会计上对资金取得或形成的上述来源，前者称为债权人权益，简称负债，或者称为所有者权益。债权人权益和所有者权益，统称权益。

微课视频

天平的两端：认识会计恒等式

资产和权益是资金这个统一体的两个方面，资产表现为资金的占用，权益表现为对资金的要求权，因而客观上存在必然相等的关系，这种关系就叫作资金的平衡关系。从数量上看，企业有一定数额的资产，就必然有一定数额的权益；反之，有一定数额的负债和所有者权益，也必定有相等数额的资产。因此，企业的资产总额和权益总额永远保持平衡关系，即资产＝权益。

（一）反映财务状况的会计等式

财务状况等式，亦称基本会计等式或静态会计等式，是用以反映企业某一特定时点资产、负债和所有者权益三者之间平衡关系的会计等式。即：

资产＝负债＋所有者权益

这一等式是复式记账法的理论基础，也是编制资产负债表的依据。

（二）反映经营成果的会计等式

企业在日常的经营活动中必然会发生各种费用，如材料费、工资费、折旧费、管理费的，而费用的发生，最终是为了取得收入，收入和费用相配比，其差额表现为企业的经营成果。当收入大于费用时，其差额为利润，反之则为亏损。

经营成果等式，亦称动态会计等式，是用以反映企业一定时期收入、费用和利润之间恒等关系的会计等式。即：

收入－费用＝利润

这一等式反映了利润的实现过程，是编制利润表的依据。

（三）扩展的会计等式

企业取得利润，表明企业资产增加，同时利润是属于所有者的，取得利润意味着所有者权益的增加；反之，如果企业发生亏损，则企业资产减少，同时所有者权益也减少。将利润或亏损并入基本会计等式，出现了第三个会计等式，即：

资产＝负债＋所有者权益＋(收入－费用)

将基本会计等式与扩展会计等式联系起来，有利于揭示资产、负债、所有者权益这些资产负债表要素和收入、费用及利润这些利润表要素内部及其相互之间的内在联系和数量上的依存关系。会计等式完整地反映了企业财务状况和经营成果及其形成过程，它是设置账户、复式记账、编制会计报表等会计核算方法的理论依据。

三、经济业务对会计等式的影响

企业在生产经营过程中，不断地发生各种经济业务。经济业务，又称会计事项，是指在经济活动中使会计要素发生增减变动的交易或者事项。这些经济业务的发生会对有关的会计要素产生影响，但是不会破坏上述会计等式的平衡关系。

企业经济业务按其对财务状况等式的影响不同，可以分为以下四种基本类型：

（一）资产项目之间有增有减

一项资产增加、另一项资产等额减少的经济业务。

例如，5 日，以银行存款 20 000 元购进一批原材料。

资产	=	负债＋所有者权益
＋20 000		
－20 000		

这项经济业务的发生，使企业的原材料增加了 20 000 元，银行存款减少了 20 000 元，总资产不变。另外，这项经济业务没有涉及负债和所有者权益项目，不会引起权益总额发生变化。所以，这项经济业务的发生不会破坏会计等式的平衡关系。

（二）权益项目之间有增有减

（1）一项负债增加、一项负债等额减少的经济业务。

例如，10 日，企业向银行借入短期借款 40 000 元，偿还前欠外单位的部分货款。

资产	=	负债＋所有者权益
＋40 000		
－40 000		

这项经济业务的发生，使企业的短期借款增加了 40 000 元，应付账款减少了 40 000 元，总负债不变。另外，这项经济业务没有涉及负债和所有者权益项目，不会引起资产总额发生变化。所以，这项经济业务的发生不会破坏会计等式的平衡关系。

（2）一项负债增加、一项所有者权益等额减少的经济业务。

（3）一项所有者权益增加、一项负债等额减少的经济业务。

（4）一项所有者权益增加、一项所有者权益等额减少的经济业务。

（三）资产和权益同时增加

（1）一项资产增加、一项负债等额增加的经济业务。

（2）一项资产增加、一项所有者权益等额增加的经济业务。

例如，20 日，投资人向企业投入资本 100 000 元，存入银行。

资产	=	负债＋所有者权益
＋100 000		＋100 000

这项经济业务的发生，使企业的银行存款增加了 100 000 元，同时，企业的实收资本增加了 100 000 元，资产和权益同时增加相同的金额。所以，这项经济业务的发生不会破坏会计等式的平衡关系。

（四）资产和权益同时减少

（1）一项资产减少、一项负债等额减少的经济业务。

例如，22 日，企业用银行存款 50 000 元，偿还到期的部分银行短期借款。

资产	=	负债＋所有者权益
－50 000		－50 000

这项经济业务的发生，使企业的银行存款减少了 50 000 元，同时，企业的短期借款

减少了 50 000 元，资产和权益同时减少相同的金额。所以，这项经济业务的发生不会破坏会计等式的平衡关系。

（2）一项资产减少、一项所有者权益等额减少的经济业务。

上述四类基本经济业务的发生均不影响财务状况等式的平衡关系，具体分为以下几种情形：前两种基本类型使财务状况等式左右两边的金额保持不变；第三种基本类型使财务状况等式左右两边的金额等额增加；第四种基本类型使财务状况等式左右两边的金额等额减少。

典型任务操作示范

【典型任务】柯鲁丝公司 202×年 3 月 1 日的资产负债情况如下（单位：万元）：

资产＝负债＋所有者权益

200＝60＋140

202×年 3 月发生以下经济业务：

（1）从银行取得短期借款 40 万元，存入开户银行。

（2）购买原材料 20 万元，用银行存款支付。

（3）用银行存款归还前欠某公司货款 30 万元。

（4）以应付票据抵付应付账款 10 万元。

（5）资本公积转增资本 50 万元。

（6）收到甲企业投入的设备 1 台，价值 10 万元。

（7）丙企业收回投资 20 万元，以存款支付。

（8）乙企业代本企业偿还货款 10 万元，作为对本企业的投资。

（9）向股东分配利润 30 万元，但尚未支付。

要求：根据上述经济业务，分析它们对会计等式的影响。

【任务分析】

（1）这项经济业务的发生，使企业的负债（短期借款）增加 40 万元，同时也使企业的资产（银行存款）增加 40 万元。它对会计等式的影响为：

资产（200＋40）＝负债（60＋40）＋所有者权益（140）

（2）这项经济业务的发生，使企业的一项资产（原材料）增加 20 万元，同时使企业的另一项资产（银行存款）减少 20 万元。它对会计等式的影响为：

资产（200－20＋20）＝负债（60）＋所有者权益（140）

（3）这项经济业务的发生，使企业的资产（银行存款）减少 30 万元，同时使企业的负债（应付账款）减少 30 万元。它对会计等式的影响为：

资产（200－30）＝负债（60－30）＋所有者权益（140）

（4）这项经济业务的发生，使企业的一项负债（应付账款）减少 10 万元，同时使另一项负债（应付票据）增加了 10 万元。它对会计等式的影响为：

资产（200）＝负债（60－10＋10）＋所有者权益（140）

（5）这项经济业务的发生，使企业的一项所有者权益（资本公积）减少 50 万元，同时使另一项所有者权益（实收资本）增加了 50 万元。它对会计等式的影响为：

资产（200）＝负债（60）＋所有者权益（140－50＋50）

（6）这项经济业务的发生，使企业的资产（固定资产）增加10万元，同时使所有者权益（实收资本）增加10万元。它对会计等式的影响为：

资产（200＋10）＝负债（60）＋所有者权益（140＋10）

（7）这项经济业务的发生，使企业的资产（银行存款）减少20万元，同时使所有者权益（实收资本）减少20万元。它对会计等式的影响为：

资产（200－20）＝负债（60）＋所有者权益（140－20）

（8）这项经济业务的发生，使企业的负债（应付账款）减少10万元，同时使所有者权益（实收资本）增加10万元。它对会计等式的影响为：

资产（200）＝负债（60－10）＋所有者权益（140＋10）

思政案例

会计事项发生后会计等式还继续相等吗?

（9）这项经济业务的发生，使企业的负债（应付股利）增加30万元，同时使所有者权益（未分配利润）减少30万元。它对会计等式的影响为：

资产（200）＝负债（60＋30）＋所有者权益（140－30）

上述9项经济业务代表了各种业务类型。通过以上分析，我们可以看出：一项经济业务的发生，无论引起资产、负债和所有者权益发生怎样的增减变化，结果一定是会计等式的恒等关系保持不变。也就是说，任何经济业务的发生都不会破坏会计等式的平衡关系。

会计职业判断能力训练

一、单项选择题

1. 下列关于谨慎性原则运用正确的是（　　）。

A. 计提秘密准备金

B. 高估资产或收益

C. 对可能发生的各项资产损失，按规定计提资产减值准备

D. 少计负债或费用

2. 企业会计的确认、计量和报告应当以（　　）为基础。

A. 历史成本　　B. 权责发生制　　C. 复式记账　　D. 收付实现制

3. 我国实行公历制会计年度是基于（　　）的会计基本假设。

A. 会计主体　　B. 货币计量　　C. 会计分期　　D. 持续经营

4. 企业固定资产可以按照其价值和使用情况，确定采用某一方法计提折旧，它所依据的会计基本假设是（　　）。

A. 会计主体　　B. 持续经营　　C. 会计分期　　D. 货币计量

5. 界定从事会计工作和提供会计信息的空间范围的会计基本假设是（　　）。

A. 会计职能　　B. 会计主体　　C. 会计内容　　D. 会计对象

6. 设置会计科目和账户、复式记账等属于（　　）的基本方法。

A. 会计监督　　B. 会计核算　　C. 会计预测　　D. 会计决策

7. (　　) 是指生产经营过程中发生的产品生产费用，按各种不同的成本计算对象进行归集和分配，进而计算产品的总成本和单位成本的一种专门方法。

A. 成本计算　　B. 财产清查

C. 编制财务会计报告　　D. 利润计算

8. 某外商投资企业，业务收支以美元为主，也有少量的人民币，根据《会计法》规定，为方便会计核算，该单位可以采用（　　）作为记账本位币。

A. 美元　　B. 人民币　　C. 人民币或美元　　D. 欧元

9. 下列各项中，不属于反映会计信息质量要求的是（　　）。

A. 会计核算方法一经确定不得随意变更

B. 会计核算应当注重交易和事项的经济实质

C. 会计核算应当以权责发生制为基础

D. 会计核算应当以实际发生的交易或事项为依据

10. 某企业2020年12月发生下列支出：(1) 年初支付本年度保险费2 400元，本月摊销200元；(2) 支付下年第一季度房屋租金3 000元；(3) 支付本月办公开支800元。按照权责发生制要求，本月费用为（　　）元。

A. 1 000　　B. 800　　C. 3 200　　D. 3 000

11. 某企业年初资产总额为25万元，负债总额为10万元。本年度取得收入共计19万元，发生费用总计15万元，年末负债总额为7万元。该企业年末资产总额为（　　）万元。

A. 25　　B. 26　　C. 28　　D. 29

12. 衡量不同单位经营业绩，最直接、最有效的方法是选取（　　）进行计量。

A. 货币　　B. 实物　　C. 时间　　D. 劳动

13. 下列项目中，属于会计基本职能的是（　　）。

A. 计划职能、核算职能　　B. 预测职能、监督职能

C. 核算职能、监督职能　　D. 决策职能、监督职能

14. 由企业非日常活动所形成的、会导致所有者权益增加的、与所有者投入资本无关的经济利益的流入称为（　　）。

A. 主营业务收入　　B. 其他业务收入　　C. 营业外收入　　D. 利得

15. 下列经济业务会导致资产和负债同时增加的是（　　）。

A. 用银行存款偿还欠款　　B. 从银行取得借款

C. 结算职工工资　　D. 生产车间领用材料

二、多项选择题

1. 以下属于会计信息的使用者是（　　）。

A. 企业管理者　　B. 潜在投资者　　C. 政府部门　　D. 社会公众

2. 从会计核算的具体内容看，会计循环由设置会计科目和账户、复式记账、填制和审核会计凭证、（　　）等组成。

A. 登记会计账簿　　B. 成本计算　　C. 财产清查　　D. 编制财务会计报告

3. 会计除了具有核算和监督的职能外，还具有的职能有（　　）。

A. 预测经济前景　　B. 参与经济决策

C. 评价经营业绩　　D. 设置科目和账户

4. 我国《企业会计准则》规定的会计信息质量要求包括（　　）。

A. 可靠性　　B. 相关性　　C. 重要性　　D. 完整性

5. 本月收到上月销售产品的货款存入银行，下列表述中，正确的有（　　）。

A. 收付实现制下，应当作为本月收入　　B. 权责发生制下，不能作为本月收入

C. 收付实现制下，不能作为本月收入　　D. 权责发生制下，应当作为本月收入

6. 会计中期包括（　　）。

A. 月度　　B. 季度　　C. 半年度　　D. 年度

7. 根据我国《企业会计准则》的规定，会计期间分为（　　）。

A. 月度　　B. 季度　　C. 半年度　　D. 年度

8. 根据会计等式可知，下列（　　）经济业务不会发生。

A. 资产增加，负债减少，所有者权益不变

B. 资产不变，负债增加，所有者权益增加

C. 资产有增有减，权益不变

D. 负债增加，所有者权益减少，资产不变

9. 反映企业财务状况的会计要素有（　　）。

A. 资产　　B. 负债　　C. 所有者权益　　D. 利润

10. 下列各项中，属于期间费用的有（　　）。

A. 制造费用　　B. 销售费用　　C. 管理费用　　D. 财务费用

11. 下列各项中，属于流动负债的有（　　）。

A. 应付债券　　B. 预付账款　　C. 应付账款　　D. 预收账款

12. 下列项目中，属于所有者权益项目的有（　　）。

A. 股本　　B. 资本溢价　　C. 未分配利润　　D. 应付股利

13. 下列各项中，体现谨慎性原则的有（　　）。

A. 对固定资产采用加速折旧法

B. 在物价上涨时发出存货采用先进先出法计价

C. 对应收账款计提坏账准备

D. 在物价上涨时发出存货采用加权平均法计价

14. 下列说法正确的是（　　）。

A. 过去的交易或事项形成的现时义务，可以确认为负债

B. 未来的交易或事项形成的义务，可以确认为负债

C. 未来的交易或事项形成的义务，不应当确认为负债

D. 企业的负债都是企业的现时义务

15. 下列关于会计等式的表述中，正确的有（　　）。

A. 会计等式是复式记账的理论基础

B. 资产＝负债＋所有者权益这一会计等式，体现了企业在某一时点的财务状况

C. 收入－费用＝利润这一会计等式，是企业资金运动的动态表现

D. 会计等式是编制会计报表的依据

三、判断题

1. 权益即所有者权益，代表所有者对企业资产的要求权。（ ）

2. 甲企业2020年9月售出一批商品给乙企业，合同规定乙企业应于当年12月支付货款。乙企业信誉良好，甲企业确认该批商品销售收入的时间应为当年9月。（ ）

3. 会计中期是指短于一个完整的会计年度的报告期间，一般指半年度。（ ）

4. 持续经营是指会计主体将会按当前的规模和状态一直持续经营下去，不会停业、破产清算，也不会大规模削减业务。（ ）

5. 会计主体是指会计确认、计量、记录和报告的空间范围，即界定了从事会计工作和提供会计信息的空间范围。（ ）

6. 会计核算和监督两项基本会计职能是相辅相成、辩证统一的关系，会计核算是会计监督的基础和保障，没有核算所提供的各种信息，监督就失去了依据。（ ）

7. 会计是以货币为主要计量单位，运用一系列专门方法，核算和监督任意单位经济活动的一种管理工作。（ ）

8. 甲企业2020年3月支付租入设备租金120 000元，租入的设备在第二季度用于生产过程，则120 000元租金应计入3月的制造成本。（ ）

9. 某一财产物资要成为企业的资产，其所有权必须属于企业。（ ）

10. 不论发生什么样的经济业务，都不会破坏会计等式的平衡关系。（ ）

11. 收入可能表现为资产的增加，但并非所有资产的增加都是收入。（ ）

12. 企业只能采用货币作为计量单位进行会计核算。（ ）

13. 应收账款和预收账款都是企业的流动资产。（ ）

14. 制造费用、税金及附加、销售费用、管理费用和财务费用均属于期间费用。（ ）

15. 单位股东个人的收支不应纳入单位会计核算的范围。（ ）

会计职业实践能力训练

实训一　会计要素的识别

［资料］某公司202×年7月30日有关资产、负债与所有者权益的资料如下：

（1）存在银行的存款。

（2）仓储产成品。

（3）用作仓库的房屋。

（4）仓储半成品。

（5）机器设备。

（6）出纳处的现金。

（7）货运汽车一辆。

（8）营业用房屋。

（9）应收回的销售货款。

（10）应付采购材料货款。

（11）外单位投资。

（12）一年已实现利润。

（13）尚未缴纳税金。

（14）以前年度的未分配利润。

（15）向银行借入的资金。

（16）应付给职工的工资。

［要求］区分其属性是资产、负债还是所有者权益类。

实训二　熟悉经济业务对会计等式的影响

［资料］某企业月初资产总额 400 000 元，负债总额 180 000 元，所有者权益总额 220 000 元。本月发生下列经济业务：

（1）接受某单位捐赠的机器设备 3 台，价值 300 000 元。

（2）用银行存款 200 000 元归还长期借款。

（3）购进一批材料，价值 100 000 元，用银行存款支付。

（4）收到购买单位的预付购货款 12 000 元，存入银行。

（5）经批准，将盈余公积金 15 000 元转增资本金（即实收资本）。

（6）用银行存款 8 000 元购买有价证券。

［要求］（1）逐项分析上述业务发生后对资产、负债和所有者权益三个要素增减变动的影响。

（2）月末，计算资产、负债和所有者权益三个要素的总额，并列出会计等式。

实训三　熟悉经济业务类型

［资料］某企业××年×月发生下列经济业务：

（1）用银行存款购买材料。

（2）用银行存款归还长期借款。

（3）用银行存款偿付前欠某单位货款。

（4）收到投资人甲投入的设备。

（5）从某单位购进一批材料，款未付。

（6）向银行借入长期借款，存入银行存款户。

（7）将盈余公积转作实收资本。

（8）向银行取得短期借款直接偿还欠某单位货款。

（9）企业投资人代企业归还短期借款，并将其转为投入资本。

（10）用盈余公积弥补职工福利费。

（11）经批准，以银行存款代投资人丙以资本金偿还其应付给其他单位的欠款。

（12）企业以固定资产对外投资。

［要求］分析上列各项经济业务的类型。

项目二 开设账户与运用借贷记账法

项目导航

为了满足会计信息使用者的需要，企业有必要对会计要素进行分类，设置会计科目，并根据会计科目开设账户。在此基础上，运用借贷记账法，对企业发生的简单经济业务编制会计分录。设置会计科目、开设会计账户、运用借贷记账法是会计人员必须掌握的会计核算的专门方法。

职业能力目标

知识目标： 认识会计科目和账户，理解会计科目和账户的关系；掌握借贷记账法的记账符号、记账规则、账户结构；掌握会计分录、试算平衡等基本内容。

能力目标： 运用借贷记账法编制简单业务的会计分录；能够编制总分类账户本期发生额及余额试算平衡表。

素质目标： 具有敬业精神、团队合作精神和良好的职业道德修养。

任务一 设置会计科目与开设账户

任务引领

会计的对象是会计所要核算和监督的内容，在我国通常分为六项会计要素。但如果直接利用这些会计要素来反映经济活动仍显得过于宽泛。为了满足会计信息使用者的需要，企业有必要对会计要素进行再分类，对会计要素的具体内容进行分类核算的项目为会计科目。

为了分类、连续、系统地核算各项经济业务引起的资金变动情况，企业应根据会计科目开设账户。账户具有一定的结构，通过账户可以对大量复杂的经济业务进行分类核算，提供不同性质和内容的会计信息。

任务要求

了解会计科目的概念、设置原则、分类及其编号，正确理解会计科目是编制记账凭证和开设会计账户的基础。

理解会计账户的概念，掌握会计账户的基本结构，正确区分会计科目与账户之间的异同点。

知识准备

一、会计科目

会计科目，简称科目，是对会计对象的具体内容（即会计要素）进行分类核算的项目。

（一）设置会计科目的意义

企业在生产经营过程中，会发生各种各样的经济业务。这些经济业务的发生必然会引起各项会计要素发生增减变化。这些变化是如何进行的，变化的结果是什么，需要借助会计记录来提供变化过程及其结果的信息。但是，如果只按六大会计要素作为会计数据的归类标准，提供的信息就过于笼统、概括。因此，还必须在会计要素的基础上进行进一步的分类，即设置会计科目。

会计科目的设置是进行会计核算的基本依据。会计科目在整个会计核算和经济管理中具有重要意义。因此，为了全面、分类、系统地核算和监督各项经济活动的发生情况，以及由此引起的各项会计要素的增减变化情况，各单位都要合理地设置会计科目。

设置会计科目的意义：（1）会计科目是复式记账的基础；（2）会计科目是编制记账凭证的基础；（3）会计科目为成本计算与财产清查提供了前提条件；（4）会计科目为编制会计报表提供了方便。

（二）设置会计科目的要求

各单位由于经济业务活动的具体内容、规模大小与业务繁简程度等情况不尽相同，在具体设置会计科目时，考虑其自身特点和具体情况，应遵循以下要求。

1. 全面性

全面性要求能保证对各会计要素做全面的反映，形成一个完整的、科学的体系。具体而言，应该包括资产、负债、所有者权益、收入、费用和利润的若干会计科目，不能有任何漏洞，要覆盖全部核算内容，而且每一会计科目都有特定的核算内容，要有明确的含义和界限，各个会计科目之间既要有一定的联系，又要各自独立，不能交叉重叠，不能含糊不清。

2. 简要性

会计核算的目标就是向各方使用者提供有用的会计信息，以满足他们的判断、决策需要。一方面，会计科目的名称要明了，代表经济业务的主要特点，使人易懂；另一方面，不同的信息使用者，如国家宏观调控部门、企业内部管理部门、投资者、债权人、公众等对会计信息的需求不尽相同，会计科目设置既要兼顾不同信息使用者的需要，又要考虑会计信息的成本。也就是说，会计科目设置应简单明了、通俗易懂，要突出重点，对不重要的信息要合并或删减，要尽量使报表阅读者一目了然、易于理解。同时，要考虑会计信息化的要求，方便计算机操作，要加设会计科目编号。

3. 适应性与稳定性相结合

为了保证会计信息的连贯性、可比性，便于不同时期不同行业间的会计核算指标的分析和比较，提供会计信息的有效性，会计科目的设置应在一定时期内保持稳定，不宜经常变更。值得注意的是，强调会计科目的稳定性并非要求会计科目绝对不能变更，当会计环境发生变化时会计科目也应随之做相应的调整以及时、全面地反映经济活动。因此，企业在设置作为制度性事前控制的会计科目时，要有前瞻性并留有余地，以保证会计科目的适应性与稳定性相结合。

4. 统一性与灵活性相结合

为了适应国家宏观管理的需要，保证对外提供会计信息指标口径的一致性和可比性，我国《企业会计准则——应用指南》（以下简称《准则应用指南》）在附录中制定了涵盖各类企业的会计科目。统一性就是要求企业设置会计科目时，应保证一些主要会计科目的设置及核算内容与《企业会计准则——应用指南》的规定相一致；灵活性是指在不影响会计核算要求和会计报表指标汇总，以及对外提供统一的财务会计报告的前提下，企业可以根据本单位的具体情况、行业特征和业务特点，对统一规定的会计科目做必要的增设、删减或合并，有针对性地设置会计科目。

（三）会计科目的分类

会计科目可按其反映的经济内容（即所属会计要素）所提供信息的详细程度及其统驭关系分类。

1. 按反映的经济内容分类

会计科目按其反映的经济内容不同，可分为资产类科目、负债类科目、共同类科目、所有者权益类科目、成本类科目和损益类科目。

（1）资产类科目，是对资产要素的具体内容进行分类核算的项目，按资产的流动性可分为反映流动资产的科目和反映非流动资产的科目。

（2）负债类科目，是对负债要素的具体内容进行分类核算的项目，按负债的偿还期限可分为反映流动负债的科目和反映非流动负债的科目。

（3）共同类科目，是既有资产性质又有负债性质的科目。主要有“清算资金往来”“外汇买卖”“衍生工具”“套期工具”“被套期项目”等科目。

（4）所有者权益类科目，是对所有者权益要素的具体内容进行分类核算的项目，按所有者权益的形成和性质可分为反映资本的科目和反映留存收益的科目。

（5）成本类科目，是对可归属于产品生产成本、劳务成本等的具体内容进行分类核算的项目，按成本的内容和性质的不同可分为反映制造成本的科目、反映劳务成本的科目等。

（6）损益类科目，是对收入、费用等的具体内容进行分类核算的项目。

企业常用的会计科目见表2-1：

表 2-1　　　　常用会计科目参照表

编号	名称	编号	名称
	一、资产类		二、负债类
1001	库存现金	2001	短期借款
1002	银行存款	2201	应付票据
1012	其他货币资金	2202	应付账款
1101	交易性金融资产	2203	预收账款
1121	应收票据	2211	应付职工薪酬
1122	应收账款	2221	应交税费
1123	预付账款	2231	应付利息
1131	应收股利	2232	应付股利
1132	应收利息	2241	其他应付款
1221	其他应收款	2501	长期借款
1231	坏账准备	2502	应付债券
1401	材料采购	2701	长期应付款
1402	在途物资	2711	专项应付款
1403	原材料	2801	预计负债
1404	材料成本差异	2901	递延所得税负债
1405	库存商品		三、共同类（略）
1406	发出商品		四、所有者权益类
1407	商品进销差价	4001	实收资本
1408	委托加工物资	4002	资本公积
1471	存货跌价准备	4101	盈余公积
1501	持有至到期投资	4103	本年利润
1502	持有至到期投资减值准备	4104	利润分配
1503	可供出售金融资产		五、成本类
1511	长期股权投资	5001	生产成本
1512	长期股权投资减值准备	5101	制造费用
1521	投资性房地产	5201	劳务成本
1531	长期应收款	5301	研发支出
1601	固定资产		六、损益类
1602	累计折旧	6001	主营业务收入
1603	固定资产减值准备	6051	其他业务收入
1604	在建工程	6101	公允价值变动损益
1605	工程物资	6111	投资收益
1606	固定资产清理	6301	营业外收入
1701	无形资产	6401	主营业务成本
1702	累计摊销	6402	其他业务成本
1703	无形资产减值准备	6403	税金及附加

续前表

编号	名称	编号	名称
1711	商誉	6601	销售费用
1801	长期待摊费用	6602	管理费用
1811	递延所得税资产	6603	财务费用
1901	待处理财产损溢	6701	资产减值损失
		6711	营业外支出
		6801	所得税费用
		6901	以前年度损益调整

2. 按所提供信息的详细程度及其统驭关系分类

会计科目按其提供信息的详细程度及其统驭关系，可以分为总分类科目和明细分类科目。

（1）总分类科目，又称总账科目或一级科目，是对会计对象的具体内容进行总括分类，提供总括信息的会计科目。它提供总括核算指标，总分类科目由财政部统一制定颁布。

（2）明细分类科目，又称明细科目，是对总分类科目做进一步分类，提供更为详细和具体会计信息的科目。它提供明细核算指标，明细分类科目的设置，除制度已有规定外，各单位可根据本单位经营管理需要和经济业务的具体内容自行设置。

当某一总分类科目下属的明细分类科目较多时，可以在总分类科目和明细分类科目之间增设二级科目（子目）。二级科目所提供核算指标或会计信息的详细程度介于总分类科目和明细分类科目之间。例如，“原材料”总分类科目所属的明细分类科目较多时，可以按照材料类别设置“原料及主要材料”“辅助材料”“燃料”等二级科目。一级科目（总目）、二级科目（子目）、三级科目（细目）共同对会计要素的有关项目提供详细程度不同的核算资料，既可满足企业内部经营管理的需要，也能满足各方面会计信息使用者不同的需要。

以原材料为例，说明总分类科目与明细分类科目按照指标详细程度进行的分类，如表2-2所示。

表2-2　总分类科目与明细科目关系表

总分类科目 一级科目（总目）	明细分类科目	
	二级科目（子目）	三级科目（细目）
原材料	原料及主要材料	碳钢
		生铁
	辅助材料	润滑油
		防锈漆
	燃料	汽油
		原煤

需要注意的是，也不是所有的总分类科目都设置明细科目。有的总分类科目就不设置明细科目，如“本年利润”科目就不设置明细科目。

典型任务操作示范

【典型任务】 柯鲁丝公司 202×年 3 月有下列部分经济业务项目：

（1）存放在银行里的款项 6 187 300 元。

（2）向银行借入 6 个月期限的临时借款 3 000 000 元。

（3）仓库中存放的钢材 80 000 元。

（4）仓库中存放的已完工甲产品 76 000 元。

（5）正在加工中的甲产品 59 000 元。

（6）机器设备 23 780 000 元。

（7）某公司投入的资本 800 000 元。

（8）应收北方公司货款 170 500 元。

（9）应付南方公司材料款 64 300 元。

（10）以前年度积累的未分配利润 92 400 元。

要求：根据上述经济业务项目，判断其应涉及的会计科目。

【任务分析】 根据经济业务项目，判断其涉及的会计科目分别是：（1）银行存款；（2）短期借款；（3）原材料；（4）库存商品；（5）生产成本；（6）固定资产；（7）实收资本；（8）应收账款；（9）应付账款；（10）利润分配。

二、会计账户

账户是根据会计科目设置的，具有一定格式和结构，用于分类反映会计要素增减变动情况及其结果的载体。

（一）设置账户的意义

设置会计科目只解决了会计要素具体分类的问题，要把发生的经济业务连续、系统地记录下来，反映会计要素的增减变化情况，必须根据会计科目开设账户，通过账户的一定结构和内容来实现。

（二）账户的结构

账户的结构是指账户的组成部分及其相互关系。账户通常由以下内容组成：（1）账户名称，即会计科目；（2）日期，即所依据记账凭证中注明的日期；（3）凭证字号，即所依据记账凭证的编号；（4）摘要，即经济业务的简要说明；（5）金额，即增加额、减少额和余额。其中，反映各个会计要素的增加额、减少额和余额这三个部分就形成了账户的基本结构。为了便于说明，通常将账户基本结构简化为 T 形账户（见图 2-1）。

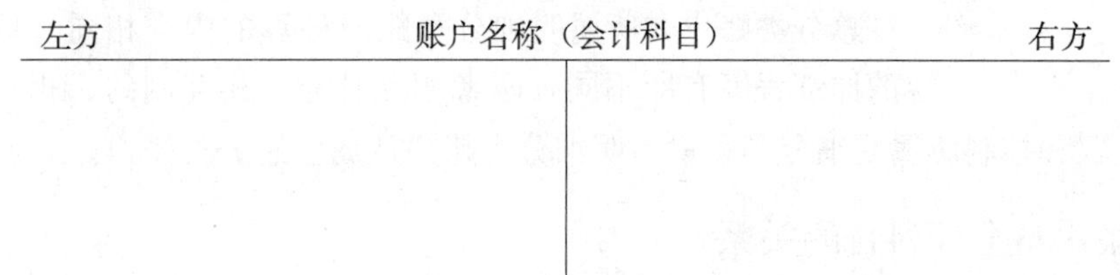

图 2-1　T 形账户结构

会计要素在特定会计期间增加和减少的金额，分别称为账户的“本期增加发生额”和

"本期减少发生额"，二者统称为账户的"本期发生额"；会计要素在会计期末的增减变动结果，称为账户的"余额"，具体表现为期初余额和期末余额，账户上期的期末余额转入本期，即为本期的期初余额；账户本期的期末余额转入下期，即为下期的期初余额（见图2-2）。

左方	账户名称（会计科目） 右方
期初余额 本期增加（减少）发生额	期初余额 本期减少（增加）发生额
本期发生额合计	本期发生额合计
期末余额	期末余额

图2-2 账户的基本关系

账户的期初余额、期末余额、本期增加发生额和本期减少发生额统称为账户的四个金额要素。对于同一账户而言，它们之间的基本关系为：

期末余额＝期初余额＋本期增加发生额－本期减少发生额

上期期末余额＝本期期初余额

会计账户的左右两方中什么情况下登记增加额，什么情况下登记减少额，取决于所记录的经济内容和账户类型，一般情况下账户的余额方向与增加额方向一致。

（三）账户的分类

账户可根据其核算的经济内容、提供信息的详细程度及其统驭关系进行分类。

1. 根据核算的经济内容分类

根据核算的经济内容，账户分为资产类账户、负债类账户、共同类账户、所有者权益类账户、成本类账户和损益类账户六类。其中，有些资产类账户、负债类账户和所有者权益类账户存在备抵账户。备抵账户，又称抵减账户，是指用来抵减被调整账户余额，以确定被调整账户实有数额而设置的独立账户。

2. 根据提供信息的详细程度及其统驭关系分类

能力提升

会计账户按照用途和结构分类

根据提供信息的详细程度及其统驭关系，账户分为总分类账户和明细分类账户。

总分类账户是指根据总分类科目设置的，用于对会计要素具体内容进行总括分类核算的账户，简称总账账户或总账。

明细分类账户是根据明细分类科目设置的，用来对会计要素具体内容进行明细分类核算的账户，简称明细账户或明细账。

总分类账户和所属明细分类账户核算的内容相同，只是反映内容的详细程度有所不同，两者相互补充、相互制约、相互核对。总分类账户统驭和控制所属明细分类账户，明细分类账户从属于总分类账户。

三、账户与会计科目的关系

会计科目与账户之间既有共同点，又有区别。其共同点是：会计科目和账户都是按照相同的经济内容来设置的，账户是根据会计科目开设的。会计科目的名称就是账户的名称。会计科目规定的核算内容就是账户应记录和反映的经济内容。在实际工作中，会计人员往往把会计科目和账户不加区别地互相通用。

会计科目和账户的区别是：会计科目是按经济内容对会计要素所做的分类；账户则是在会计科目所做分类的基础上，对经济业务内容进行全面、连续、系统记录的工具。因此，会计科目只是名称，只能表明某项经济内容，不存在结构问题。而账户必须具备一定的结构，以便记录和反映某项经济内容的增减变动及其结果。例如，为了反映和监督有关银行存款收付，设置“银行存款”会计科目，其本身并不能记录有关银行存款收付的具体情况，而“银行存款”账户则依据“银行存款”科目，能够将涉及银行存款业务的增减变化及其结果分类、连续、全面地记录下来加以反映。

典型任务操作示范

【典型任务】柯鲁丝公司202×年3月有下列部分经济业务项目：

（1）存放在银行里的款项6 187 300元。

（2）向银行借入6个月期限的临时借款3 000 000元。

（3）仓库中存放的钢材80 000元。

（4）仓库中存放的已完工甲产品76 000元。

（5）正在加工中的甲产品59 000元。

（6）机器设备23 780 000元。

（7）某公司投入的资本800 000元。

（8）应收北方公司货款170 500元。

（9）应付南方公司材料款64 300元。

（10）以前年度积累的未分配利润92 400元。

要求：根据上述经济业务项目，判断其应开设的会计账户。

【任务分析】根据上述经济业务项目，正确开设会计账户。它们分别是：（1）“银行存款”账户；（2）“短期借款”账户；（3）“原材料”账户；（4）“库存商品”账户；（5）“生产成本”账户；（6）“固定资产”账户；（7）“实收资本”账户；（8）“应收账款”账户；（9）“应付账款”账户；（10）“利润分配”账户。

任务二　运用借贷记账法

任务引领

为了全面、连续、系统地反映企业的经济活动情况，在按会计科目开设账户的基础上，还必须采用一定的记账方法对发生的经济业务进行登记。记账方法按其记录经济业务方式的不同，分为单式记账法和复式记账法。在会计史上，记账方法经历了由单式记账法到复式记账法的发展过程。借贷记账法是主要的复式记账法。

任务要求

掌握借贷记账法的概念及其主要特点，正确运用借贷记账法编制简单业务的会计分录并进行试算平衡。

知识准备

一、记账方法的演变

记账方法，就是根据一定的原理、记账符号、记账规则，采用一定的计量单位，利用文字和数字在账簿中登记经济业务的方法。按照登记经济业务的方式不同，记账方法有单式记账法和复式记账法之分，复式记账法是由单式记账法发展而来的。

（一）单式记账法

单式记账法是指对发生的每一项经济业务所引起的会计要素的增减变化，只在一个账户中进行单方面登记的记账方法。在单式记账法下，通常只登记库存现金、银行存款的收付金额以及债权债务的结算金额，一般不登记实物的收付金额。例如，用银行存款购买材料，只记银行存款的减少，不记原材料的增加。单式记账法是一种较为简单、不完整的记账方法，随着社会经济活动越来越复杂，需要运用会计反映和提供数据资料的要求越来越高，单式记账法逐渐被复式记账法所取代。

（二）复式记账法

复式记账法是指对每一笔经济业务都要以相等的金额，同时在两个或两个以上相互联系的账户中进行登记，借以反映一项经济业务所引起的资金增减变化的记账方法。例如，用银行存款购买材料，不仅要记银行存款的减少，还要记原材料的增加。复式记账是一种比较科学的记账方法，完整地反映了企业经济业务的全貌。

复式记账法以会计等式“资产＝负债＋所有者权益”为理论依据。每一项经济业务的发生，都会引起会计要素各有关项目的增减变化，由于双重记录所登记的是同一资金运动的两个方面，因此其金额必然相等。

复式记账法按记账符号、记账规则和试算平衡方法的不同，可分为增减记账法、收付记账法和借贷记账法三种。借贷记账法是当今世界各国运用最广泛、最科学的复式记账法，也是目前我国法定的记账方法。我国《企业会计准则》规定，所有企事业单位一律采用借贷记账法。

学中做 1

柯鲁丝公司 202×年 3 月发生下列三笔经济业务，分别采用单式记账法和复式记账法如何记账？

（1）6 日，公司用银行存款 100 000 元购买一批原材料。

（2）18 日，公司购买一台机器设备，设备价款 200 000 元未付。

（3）23 日，公司销售商品 50 000 元，销售商品款尚未收到。

二、借贷记账法

借贷记账法起源于13世纪的意大利，在清朝末期的光绪年间从日本传入中国。借贷记账法是以“借”和“贷”作为记账符号，在两个或两个以上相互联系的账户中，对每一项经济业务以相等的金额进行全面地、相互联系地记录的一种复式记账方法。借贷记账法的基本内容包括记账符号、账户结构、记账规则和试算平衡四项。

（一）记账符号

记账符号是会计上用来表示经济业务的发生所涉及的金额应该记入有关账户的左方金额栏还是右方金额栏的符号。借贷记账法以“借”“贷”二字作为记账符号来记录会计要素项目的增减变化。随着商品经济的发展，“借”“贷”失去了原来的含义，成为一种纯粹的记账符号，只是用来标明记账方向。“借”和“贷”作为记账符号，都具有增加和减少的双重含义，它所表示的增加、减少含义并不确定，而是取决于账户的经济性质。由于增减的相反意义应作方向不同的反映，如果某账户的借方表示增加，则贷方一定表示减少；反之，贷方表示增加，则借方表示减少。

（二）账户结构

在借贷记账法下，任何账户都分为借方和贷方两个基本部分，通常账户的左方为借方，右方为贷方。在借贷记账法下，所有账户的借方和贷方都要按相反的方向记录其增减变动，即一方登记增加额，另一方登记减少额。账户的期初、期末余额一般应与增加额记入同一方向。但究竟哪一方登记金额的增加，哪一方登记金额的减少，则取决于账户所反映的经济内容和账户的性质。

在借贷记账法下，按账户反映的经济内容设置账户，账户分为资产类、负债类、所有者权益类、收入类、费用类和成本类六大类。

1. 资产类、成本类账户的结构

资产类、成本类账户的借方登记增加额，贷方登记减少额。借方增加额合计称为借方发生额，贷方减少额合计称为贷方发生额。账户若有期末余额，余额一般在借方。这两类账户的期末余额公式为：

期末借方余额＝期初借方余额＋本期借方发生额－本期贷方发生额

资产类账户、成本类账户结构如图2－3所示。

借方　　账户名称（资产类、成本类）	贷方
期初余额 本期增加发生额	本期减少发生额
本期发生额合计	本期发生额合计
期末余额	

图2－3　资产类、成本类账户结构

需要指出，有些成本类账户，如“制造费用”账户在费用转出后，没有期末余额，即借方、贷方发生额相等。

2. 费用类账户的结构

费用类账户结构与资产类账户、成本类账户结构相同，即借方登记增加额，贷方登记减少额或转出额，但期末无余额。因为期末要将其发生额转出，以便与收入相抵，计算当期损益。

费用类账户结构如图2-4所示。

借方　　　　账户名称（费用类）	贷方
本期增加发生额	本期减少发生额
本期发生额合计	本期发生额合计

图2-4　费用类账户结构

3. 负债类、所有者权益类账户的结构

负债类、所有者权益类账户的借方登记减少额，贷方登记增加额。借方减少额合计称为借方发生额，贷方增加额合计称为贷方发生额。账户若有期末余额，余额一般在贷方。这两类账户的期末余额公式为：

期末贷方余额＝期初贷方余额＋本期贷方发生额－本期借方发生额

负债类账户、所有者权益类账户结构如图2-5所示。

借方　　　　账户名称（负债类、所有者权益类）	贷方
本期减少发生额	期初余额 本期增加发生额
本期发生额合计	本期发生额合计
	期末余额

图2-5　负债类、所有者权益类账户结构

4. 收入类账户结构

收入类账户结构与负债类账户、所有者权益类账户结构相同，即贷方登记增加额，借方登记减少额或转出额，但期末无余额。因为期末要将其发生额转出，以便与相配比的费用相抵，计算当期损益。

收入类账户结构如图2-6所示。

借方　　　　账户名称（收入类）	贷方
本期减少发生额	本期增加发生额
本期发生额合计	本期发生额合计

图2-6　收入类账户结构

根据以上各类账户结构的说明，可以将账户借方和贷方所记录的经济内容加以归纳，如图 2－7 所示。

账户名称（会计科目）

借方	贷方
资产的增加	资产的减少
成本的增加	成本的减少
费用的增加	费用的减少
负债的减少	负债的增加
所有者权益的减少	所有者权益的增加
收入的减少	收入的增加

图 2－7　各类账户结构

（三）记账规则

按照复式记账原理，对发生的每一笔经济业务都以相等的金额、相反的方向，同时在两个或两个以上的相互联系的账户中进行登记，即在记入一个或几个账户借方的同时，记入另一个或几个账户的贷方，并且记入借方与记入贷方的金额必须相等。

因此，借贷记账法的记账规则可概括为“有借必有贷，借贷必相等”。

（四）试算平衡

试算平衡是根据资产与权益的平衡关系，按照记账规则的要求，通过对本期账户的全部记录进行汇总和试算，以检验账户记录正确与否的一种专门方法。借贷记账法的试算平衡有发生额试算平衡法和余额试算平衡法两种。前者是以记账规则为直接依据，而后者是以会计等式“资产＝负债＋所有者权益”为直接依据。

1. 发生额试算平衡法

发生额试算平衡法是指将全部账户的本期借方发生额和本期贷方发生额分别加总后，利用“有借必有贷，借贷必相等”的记账规则，来检验本期发生额账户记录正确性的一种试算平衡方法，其试算平衡公式为：

全部账户本期借方发生额合计＝全部账户本期贷方发生额合计

2. 余额试算平衡法

余额试算平衡法是指将全部账户的借方期末余额和贷方期末余额分别加总后，利用“资产＝负债＋所有者权益”的平衡原理，通过账户余额来检查、推断账户记录正确性的一种试算平衡方法，其试算平衡公式为：

全部账户的借方期初余额合计＝全部账户的贷方期初余额合计

全部账户的借方期末余额合计＝全部账户的贷方期末余额合计

思政案例

试算平衡表不是万能的

在实际工作中，通常通过编制“发生额及余额试算平衡表”同时进行两种试算平衡。

发生额试算平衡和余额试算平衡的验证，通常是在月末结出各个账户的本月发生额和月末余额后，依据上述两个公式分别编制总分类账户本期发生额试算平衡表和总分类账户期末余额试算平衡表，或合并编制总分类账户的期初余额、本期发生额和期末余额试算平衡表进行试算平衡。

三、会计分录及对应账户

（一）会计分录的含义

会计分录是对某项经济业务列示其应登记的账户名称、借贷方向和记账金额的一种记录。每笔会计分录都包括账户名称、借贷方向和记账金额三个要素。运用借贷记账法编制会计分录时，应按照以下步骤进行：

（1）分析经济业务的内容涉及哪些账户，确定该项经济业务应计入的账户名称及账户的性质。

（2）根据该项经济业务引起的会计要素的增减变化和借贷记账法的账户结构，确定账户的借贷记账方向。

（3）根据会计要素增减变化的数量确定账户应登记的金额。

（4）根据借贷记账法的记账规则，检查会计分录是否平衡，有无差错。

在我国会计实务中，会计分录记载于记账凭证中。

微课视频

上下开工——认识会计分录

（二）会计分录的分类

会计分录分为简单会计分录和复合会计分录两种。简单会计分录是指只涉及两个账户的会计分录，即“一借一贷”的会计分录。复合会计分录是指涉及三个或三个以上账户的会计分录，即“一借多贷”“一贷多借”“多借多贷”的会计分录。复合会计分录是由若干个简单会计分录合并组成的。

（三）对应账户

在一笔会计分录中，两个或两个以上的账户形成了应借应贷的相互关系，这种关系称为账户的对应关系。存在对应关系的账户称为对应账户。如典型任务1中“库存现金”账户和“银行存款”账户存在对应关系，这两个账户互为对应账户。

对应账户是固定的吗？

典型任务操作示范

【典型任务】柯鲁丝公司202×年3月有关账户的期初余额见表2-3。

表2-3 **期初余额** 单位：元

账户名称	借方余额	账户名称	贷方余额
库存现金	3 000	应付账款	6 000

续前表

账户名称	借方余额	账户名称	贷方余额
银行存款	150 000	实收资本	360 000
原材料	63 000		
固定资产	150 000		
合计	366 000	合计	366 000

柯鲁丝公司202×年3月发生的经济业务如下：

（1）从银行提取现金2 000元备用，编制会计分录如下：

借：库存现金　　2 000

　　贷：银行存款　　2 000

（2）用银行存款5万元购买机器设备一台。编制简单会计分录如下：

借：固定资产　　50 000

　　贷：银行存款　　50 000

（3）购买材料，价款10万元，用银行存款支付5万元，其余暂欠。编制复合会计分录如下：

借：原材料　　100 000

　　贷：银行存款　　50 000

　　　　应付账款　　50 000

要求：根据发生的相关业务，开设并登记T形账户，并进行试算平衡。

【任务分析】

步骤1：分析经济业务性质，指出其对会计要素所产生的影响。

（1）这项业务的发生，一方面引起资产要素中“库存现金”账户的增加，应记其借方；另一方面引起资产要素中“银行存款”账户的减少，应记其贷方。

（2）这项业务的发生，一方面引起资产要素中“固定资产”账户的增加，应记其借方；另一方面引起资产要素中“银行存款”账户的减少，应记其贷方。

（3）这项业务的发生，一方面引起资产要素中“原材料”账户的增加，应记其借方；另一方面引起资产要素中“银行存款”账户的减少，应记其贷方，并引起负债要素中的“应付账款”增加，应记其贷方。

步骤2：根据上述结果登记T形账户（见图2-8至图2-13）。

借方　　库存现金	贷方
期初余额：3 000 （1）2 000	
本期发生额：2 000 期末余额：5 000	

图2-8　库存现金T形账户

借方	银行存款 贷方
期初余额：150 000	（1）2 000 （2）50 000 （3）50 000
期末余额：48 000	本期发生额：102 000

图 2－9　银行存款 T 形账户

借方	原材料 贷方
期初余额：63 000 （3）100 000	
本期发生额：100 000 期末余额：163 000	

图 2－10　原材料 T 形账户

借方	固定资产 贷方
期初余额：150 000 （2）50 000	
本期发生额：50 000 期末余额：200 000	

图 2－11　固定资产 T 形账户

借方	应付账款 贷方
	期初余额：6 000 （3）50 000
	本期发生额：50 000 期末余额：56 000

图 2－12　应付账款 T 形账户

借方	实收资本 贷方
	期初余额：36 000

图 2－13　实收资本 T 形账户

步骤 3：根据柯鲁丝公司 202×年 3 月初的资料和当月发生的 3 笔经济业务，编制总分类账户发生额及余额试算平衡表（见表 2－4）。

表 2-4 发生额及余额试算平衡表 单位：元

账户名称	期初余额		本期发生额		期末余额	
	借方	贷方	借方	贷方	借方	贷方
库存现金	3 000		2 000		5 000	
银行存款	150 000			102 000	48 000	
原材料	63 000		100 000		163 000	
固定资产	150 000		50 000		200 000	
应付账款		6 000		50 000		56 000
实收资本		360 000				360 000
合计	366 000	366 000	152 000	152 000	416 000	416 000

会计职业判断能力训练

一、单项选择题

1. 会计科目是（ ）。

A. 会计要素的名称 B. 会计报表的项目

C. 账簿的名称 D. 账户的名称

2. 账户发生额试算平衡是根据（ ）确定的。

A. 借贷记账法的记账规则

B. 经济业务的内容

C. “资产＝负债＋所有者权益”恒等式

D. 经济业务的类型

3. “应收账款”账户的期初余额为借方 2 000 元，本期借方发生额为 8 000 元，本期贷方发生额为 6 000 元，该账户的期末余额为（ ）。

A. 借方 4 000 元 B. 贷方 8 000 元 C. 借方 5 000 元 D. 贷方 5 000 元

4. 下列错误中能够通过试算平衡查找的有（ ）。

A. 重记经济业务 B. 漏记经济业务 C. 借贷方向相反 D. 借贷金额不等

5. 会计科目是对（ ）的具体内容进行分类核算的项目。

A. 经济业务 B. 会计主体 C. 会计对象 D. 会计要素

6. 在下列项目中，与管理费用属于同一类科目的是（ ）。

A. 无形资产 B. 本年利润 C. 应交税费 D. 投资收益

7. “应付账款”账户的期初余额为贷方 1 000 元，本期借方发生额为 3 000 元，本期贷方发生额为 5 000 元，该账户的期末余额为（ ）。

A. 借方 1 000 元 B. 贷方 1 000 元 C. 借方 3 000 元 D. 贷方 3 000 元

8. 会计科目按其所（ ）不同，分为总分类科目和明细分类科目。

A. 反映的会计对象 B. 反映的经济业务

C. 归属的会计要素　　D. 提供信息的详细程度及其统驭关系

9. 会计科目按其所（　　）不同，分为资产类、负债类、所有者权益类、共同类、成本类、损益类六大类。

A. 反映的会计对象　　B. 反映的经济内容

C. 归属的会计要素　　D. 提供信息的详细程度及其统驭关系

10. “预付账款”科目按其所归属的会计要素不同，属于（　　）类科目。

A. 资产　　B. 负债　　C. 所有者权益　　D. 成本

二、多项选择题

1. 借贷记账法下的试算平衡公式有（　　）。

A. 借方科目金额＝贷方科目金额

B. 借方期末余额＝借方期初余额＋本期借方发生额－本期贷方发生额

C. 全部账户借方发生额合计＝全部账户贷方发生额合计

D. 全部账户借方余额合计＝全部账户贷方余额合计

2. 下列账户中属于资产类账户的有（　　）。

A. 库存商品　　B. 应收票据　　C. 累计折旧　　D. 管理费用

3. 每一个账户都可以登记的金额要素为（　　）。

A. 期初余额　　B. 期末余额　　C. 本期借方发生额　　D. 本期贷方发生额

4. 会计账户的各项金额核算指标的关系可用（　　）表示。

A. 期末余额＝期初余额＋本期增加发生额－本期减少发生额

B. 期末余额－期初余额＝本期增加发生额－本期减少发生额

C. 期末余额－期初余额－本期增加发生额＝本期减少发生额

D. 期末余额＋本期减少发生额＝期初余额＋本期增加发生额

5. 会计账户与会计科目的相互联系在于（　　）。

A. 会计账户是根据会计科目开设的

B. 会计科目是会计账户的名称

C. 会计账户不仅具有名称，而且具有一定格式和结构

D. 会计账户和会计科目的分类口径和核算内容一致

6. 下列账户，借方登记增加的有（　　）。

A. 短期借款　　B. 应收账款　　C. 预付账款　　D. 主营业务收入

7. 下列记入借方的是（　　）。

A. 资产的增加额　　B. 负债的增加额

C. 所有者权益的增加额　　D. 费用的增加额

8. 会计分录应包括的内容有（　　）。

A. 记账日期　　B. 记账方向　　C. 记账金额　　D. 应记账户的名称

9. 下列属于成本类科目的有（　　）。

A. 生产成本　　B. 主营业务成本　　C. 制造费用　　D. 销售费用

10. 下列账户中，期末余额在贷方的有（　　）。

A. 资产类账户　　B. 负债类账户

C. 所有者权益类账户　　　　　　　　D. 收入类账户

三、判断题

1. 所有账户的左边均记录增加额，右边均记录减少额。(　　)

2. 负债及所有者权益类账户的结构应与资产类账户的结构一致。(　　)

3. 通过试算平衡检查账簿记录后，若平衡就可以肯定记账没有错误。(　　)

4. 制造费用、税金及附加、销售费用、管理费用、财务费用均属于期间费用。(　　)

5. 在不影响会计核算要求和会计报表指标汇总，对外提供统一的财务会计报表的前提下，企业可以自行增设、删减或合并某些会计科目。(　　)

6. 会计科目仅是名称而已，若要体现会计要素的增减变化及变化后的结果则要借助账户。(　　)

7. 对任何一个账户来说，期末余额都等于期初余额+本期增加额−本期减少额。(　　)

8. 在借贷记账法下，“借”表示增加，“贷”表示减少。(　　)

9. 借贷记账法的记账规则是“有借必有贷，借贷必相等”。(　　)

10. 收入类账户的增加额记在账户的贷方，减少额记在账户的借方，平时的余额记在账户的贷方，期末结转后一般无余额。(　　)

会计职业实践能力训练

实训一　会计科目的分类

[资料] 某公司202×年5月31日有关会计资料如下：

(1) 房屋及建筑物；(2) 机器及设备；(3) 运输汽车；(4) 库存生产用钢材；(5) 库存燃料；(6) 未完工产品；(7) 库存完工产品；(8) 存放在银行的款项；(9) 出纳人员保管的款项；(10) 应收某公司的货款；(11) 6个月期的借款；(12) 应付给某公司的货款；(13) 欠缴的税金；(14) 投资者投入的资本；(15) 支付的广告费用。

[要求] 根据以上资料，说明各项目所属的会计科目，从会计要素的角度分析各会计科目的类别。

实训二　会计分录的编制

[资料] 某企业202×年6月发生下列经济业务：

(1) 投资者追加投资600 000元，存入银行。

(2) 以银行存款200 000元偿还长期借款。

(3) 购进设备120 000元，以银行存款支付。

(4) 向银行借入3个月期限的借款40 000元，偿还前欠款。

(5) 收回前欠的货款120 000元，存入银行。

(6) 从银行提取现金4 000元。

(7) 以现金800元支付办公费。

(8) 生产甲产品领用材料5 000元。

（9）以银行存款 32 000 元支付水电费。

（10）以银行存款 120 000 元购买材料。

［**要求**］分析以上各项经济业务，说明经济业务发生后引起了哪些会计要素的变动，并编制会计分录。

实训三　借贷记账法的应用

［**资料**］某公司 202×年 6 月期初余额及发生的经济业务如下。

1. 某公司 202×年 6 月有关账户的期初余额见表 2－5。

表 2－5　**期初余额**　单位：元

账户名称	借方余额	账户名称	贷方余额
库存现金	800	应付账款	54 000
银行存款	30 000	短期借款	13 000
原材料	90 000	应交税费	8 800
生产成本	40 000	实收资本	680 000
库存商品	20 000	盈余公积	40 000
应收账款	35 000	本年利润	20 000
固定资产	600 000		
合计	815 800	合计	815 800

2. 该公司 6 月发生下列经济业务：

（1）从银行提取现金 500 元。

（2）收到投资者投资 30 000 元。

（3）生产产品领用原材料 21 000 元。

（4）用银行存款缴清上月欠缴税金 8 800 元。

（5）收回昆山厂前欠货款 15 000 元，存入银行。

（6）向银行借入长期借款 200 000 元，存入银行。

（7）用银行存款购入机器一台，计价 180 000 元。

（8）向东风厂购入原材料 34 000 元，货款尚未支付。

（9）用银行存款偿还前欠振东厂货款 24 000 元。

（10）本月完工产品验收入库，成本 38 000 元。

［**要求**］（1）根据 6 月发生的经济业务，编制会计分录。

（2）开设 T 形账户，登记期初余额及本期发生额，并结出期末余额。

（3）编制发生额及余额试算平衡表。

项目三　填制与审核会计凭证

项目导航

企业在日常生产经营活动中会发生许多经济业务，如采购材料、领用材料和结算货款等。这些经济业务发生及完成时，有关人员会取得或填制相应的书面凭证，以证明经济业务的发生及完成情况，如发票、领料单和转账支票等。这些形式各异的书面凭证在会计上称为原始凭证，记账前必须根据原始凭证编制格式规范统一的记账凭证，以便于记账。另外，为保证会计凭证的合法性与正确性，记账凭证填制完成后要加以审核。随着经济业务的发生，填制与审核原始凭证和记账凭证，是会计日常工作中一项主要的职业活动。

职业能力目标

知识目标： 理解会计凭证的意义和种类；掌握原始凭证和记账凭证的概念及其分类；理解原始凭证和记账凭证的填制要求及其审核内容；掌握填制原始凭证和记账凭证的方法。

技能目标： 能熟练填制会计凭证；能审核与更正会计凭证。

素质目标： 培养敬业精神、团队合作精神和良好的职业规范意识。

任务一　填制与审核原始凭证

任务引领

原始凭证记载着大量的经济信息，既是经济业务发生的证明文件，又是填制记账凭证和登记账簿的原始依据。其主要作用在于准确、及时、完整地反映经济业务的发生和完成情况，并据以检查有关业务的真实性、合法性和合理性。

任务要求

要完成原始凭证的填制与审核工作，必须了解原始凭证的种类，熟悉原始凭证的内容，掌握原始凭证的填制与审核方法。

知识准备

一、会计凭证的概念

微课视频

似曾相识——认识原始凭证

会计凭证是记录经济业务、明确经济责任、作为记账依据的书面证明，是会计资料的重要组成部分。

任何单位发生经济业务时，都必须由执行和完成该项经济业务的有关人员取得或填制会计凭证，以证明经济业务的发生及完成情况。任何会计凭证都必须经过审核无误后才能作为记账依据。

例如，在商品销售业务中，销货方应该向购货方开出发票作为销售的凭证；收发财产物资时，应由经办人员开出收货单、发货单作为物资收发的凭证；支付货款时，应该由收款方开出收据作为收到货款的凭证。这些都是会计凭证。

二、原始凭证的概念和分类

（一）原始凭证的概念

原始凭证，又称单据，是指在经济业务发生或完成时取得或填制的，用以记录或证明经济业务的发生或完成情况，明确经济责任的书面证明。它是进行会计核算的原始资料和重要依据，也是记账的原始凭证，如购货发票、领料单、银行进账单、差旅费报销单、车船票等。

凡是不能证明经济业务发生及完成情况的各种单据均不属于原始凭证，不能作为记账的原始依据，如融资协议、购销合同、购物申请单、费用预算、派工单、银行对账单等。这里要注意的是，这些单据虽然不作为原始凭证，但往往需要作为相关业务原始凭证的附件存在。

购销合同是原始凭证吗？

融资协议是原始凭证吗？

（二）原始凭证的分类

原始凭证可以按照取得来源、格式和使用范围、填制的手续和内容进行分类。

1. 按照取得来源分类

原始凭证按照取得的来源可分为自制原始凭证和外来原始凭证。

（1）自制原始凭证。自制原始凭证是指由本单位经办业务的部门和人员在执行或完成某项经济业务时自行填制的，仅供本单位内部使用的原始凭证。如材料验收入库时由仓库保管人员填制的“收料单”（见表 3－1）、领用材料物资时的“领料单”、计算固定资产折旧的“折旧计算表”、职工出差预借差旅费时填制的“借款单”等。

（2）外来原始凭证。外来原始凭证是指在经济业务发生或完成时，从其他单位或个人直接取得的原始凭证。如企业购买材料时从购买单位取得的增值税专用发票（见表 3－2）、银行收款时开出的进账单（收账通知）、出差时取得的车船票等。

表 3－1　　**收　料　单**

发票号码：　　2020 年 12 月 5 日　　编号：001

供应单位：佳而美公司　　收料仓库：1 号

材料类别：原料及主要材料

材料编号	物料名称	规格型号	单位	数量		实际成本				
				应收	实收	买价		运杂费	其他	合计
						单价	金额			
010	甲材料		吨	20	20	500	10 000			10 000
采购员：	张三		检验员：	李四		记账员：	王二		保管员：	陈庆
合计						500	10 000			10 000

第三联　记账

表 3－2

NO021209312

开票日期：2020 年 12 月 05 日

购买方	名　　称：绍兴柯鲁丝纺织品有限公司 纳税人识别号：913306023553277238896 地 址 、电 话：绍兴市凤林西路 2500 号 B 区六大道 2F2386 15925815896 开户行及账号：农行绍兴越州支行 19500901040011896				密码区	67/* ＋3* 0/611* ＋＋0/＋0* /* ＋3＋2/9 * 11* ＋666666** 066611* ＋66666* 1** ＋216*** 6000* 261* 2* 4/* 547 203994＋－42* 64151* 6915361/3*		
货物或应税劳务、服务名称	规格型号	单位	数量	单价	金额	税率	税额	
甲材料		吨	20	500	10 000.00	13%	1 300	
合　计					￥10 000		￥1 300	
价税合计（大写）	⊗壹万壹仟叁佰元整				（小写）　￥11 300.00			
销售方	名　　称：浙江佳而美纺织有限公司 纳税人识别号：9133078177935699OE 地 址 、电 话：兰溪市永昌街道红店头 0579－88389306 开户行及账号：中国工商银行兰溪支行 120805—9200132565				备注	浙江佳而美纺织有限公司 9133078177935699OE 发票专用章		

收款人：徐君　　复核：姚冠生　　开票人：余佳丽　　销售方：章

第三联：发票联　购买方记账凭证

2. 按照格式和使用范围分类

原始凭证按照格式和使用范围可分为通用原始凭证和专用原始凭证。

（1）通用原始凭证。通用原始凭证是指由有关部门统一印制、在一定范围内使用的具有统一格式和使用方法的原始凭证，如某银行统一的银行结算凭证、由税务部门印制统一格式的发票等（见表3-3）。

（2）专用原始凭证。专用原始凭证是指由单位内部自行设计和印制、仅在本单位内部使用的具有特定内容和专门用途的原始凭证。如差旅费报销单、借款单、收料单等。

表3-3

中国农业银行　进账单　（回　单）　1

2020年12月8日

出票人	全称	欣鼎公司	收款人	全称	柯鲁丝公司
	账号	33001649137053001731		账号	19500901040011896
	开户银行	建行湖州青铜路支行		开户银行	农行绍兴越州支行

金额	人民币（大写） 贰拾捌万零捌佰元整	亿	千	百	十	万	千	百	十	元	角	分
				¥	2	8	0	8	0	0	0	0

票据种类	转账支票	票据张数	壹张	受理银行签章
票据号码	1002			中国建设银行湖州青铜路支行 转讫
备注：				

注意：本回单不作进账、提货的证明。不作账务处理的依据。仅供查询用。

此联是受理银行交给持（出）票人的回单

3. 按照填制的手续和内容分类

原始凭证按照填制的手续和内容可分为一次凭证、累计凭证和汇总凭证。

（1）一次凭证。一次凭证是指对一项经济业务或若干项同类经济业务在其发生或完成后，一次填制完毕的原始凭证。大部分自制原始凭证，如收料单、领料单、借款单（见表3-4）等都是一次凭证。

表3-4

借　款　单

年　月　日　　No.

借款人		部门			
借款金额	人民币（大写） ¥				
借款事由					
领导审批意见	年　月　日	借款人	（签章）	备注	

主管　　会计　　复核　　出纳

（2）累计凭证。累计凭证是指在一定时期内连续多次在一张凭证中登记记录发生的同类型经济业务，把期末累计作为记账依据的原始凭证。累计凭证在一定时期内可以多次使用，既可以减少凭证的数量，简化会计核算工作，又可以随时累计发生额，便于同计划数或定额数进行比较，以达到控制费用、节约支出的目的，适用于一些经常重复发生的经济业务。例如，“限额领料单”就是一种典型的累计凭证，它可以在核定的限额内记录多次领料业务。

（3）汇总凭证。汇总凭证，又称原始凭证汇总表，是指对一定时期内反映经济业务内容相同的若干张原始凭证，按照一定标准进行汇总，另行编制完成的原始凭证。汇总凭证合并了同类经济业务，可以简化或辅助记账凭证的填制工作，集中反映某项经济业务的总括情况，或对经济业务总括情况进行分析。如根据一定时间内的领料单编制的发料凭证汇总表、工资费用分配表（见表 3-5）等。

表 3-5　　**工资费用分配表**

年　月　日　　金额单位：元

应借账户			成本项目或费用项目	实际工时	分配率	分配金额
总账账户	二级账户	明细账户				
生产成本	基本生产成本	甲产品	直接人工			
		乙产品	直接人工			
		小计				
制造费用		水电费	工资			
在建工程		四号综合楼	工资			
管理费用		工资及福利费	工资			
销售费用		工资及福利费	工资			
合计						

财务主管：　　复核：　　制单：

以上不同分类的原始凭证，有些是相互关联的。例如，现金收据一式几联，其中一联作为出具收据单位的自制原始凭证，另一联则是接受单位的外来原始凭证。同时它既是一次凭证，又是专用凭证。

三、原始凭证的基本内容

由于原始凭证所反映的经济业务不尽相同，各个原始凭证的名称、格式、内容也是多种多样的。但是所有原始凭证都必须能够载明经济业务发生情况，明确经办人员责任，所以原始凭证都应具备一些共同的基本内容，通常也称为原始凭证基本要素。

（1）原始凭证的名称。原始凭证的名称表明原始凭证所记录业务内容的种类，反映原始凭证的作用，如增值税专用发票、借款单就是凭证的名称等。

（2）原始凭证的编号。原始凭证应连续编号，以利于核对。

（3）填制原始凭证的日期。填制原始凭证的日期一般是业务发生或完成的日期。如果在业务发生或完成时，因各种原因未能及时填制原始凭证的，则应以实际填制日期为准。

（4）接受原始凭证的单位名称。接受原始凭证的单位名称即原始凭证的“抬头”，是指发生经济业务的特定单位或个人。例如，增值税专用发票上应该载明购买方的名称，而且要写全称，这样便于核对账目。“抬头”将接受凭证单位与填制凭证单位或填制人相联系，表明经济业务的来龙去脉。

（5）经济业务的内容。经济业务的内容主要包括经济业务的项目、名称、规格及有关的数量、计量单位、单价和金额等，这是原始凭证的核心。金额一般包括小写的阿拉伯数字和大写的汉字，保证凭证不被人恶意修改。

（6）填制凭证的单位名称和经办人员的签章。单位之间发生经济业务，原始凭证上应该有填制凭证单位的公章及经办人员的签章，以明确法律责任，出现问题便于查找核对。对于需要进行检验、验收实物的凭证，还要有验收部门和人员的签章。例如，增值税专用发票上要注明销售方的名称，还要写明开票人姓名。

当然，为了满足实际工作的需要，原始凭证上除了要具有以上基本内容以外，还要有一些其他内容。例如，为了防止伪造，增加防伪条形码或识别标识；为了便于业务联系，还要在原始凭证上增加相关单位的地址、银行账号、电话等。

四、原始凭证的填制要求

原始凭证是记账的原始依据，一切经济业务发生时，都应该取得或填制原始凭证，正确填制原始凭证是保证会计核算资料正确、真实的重要条件。为了保证原始凭证能够正确地、及时地、清晰地反映各项经济业务的真实情况，原始凭证的填制必须符合下列基本要求：

（1）记录要真实。原始凭证上填列的内容、数字必须真实可靠，符合有关经济业务的实际情况，不得弄虚作假，更不得伪造凭证。原始凭证上记载的经济业务的数量、单价、金额，要计算准确无误，不得以匡算或估计的数字填制。

（2）内容要完整。原始凭证所要求填列的项目必须逐项填列齐全，不得遗漏和省略。确实不需要填写的项目要划线标明。

（3）手续要完备。无论是自制凭证还是外来凭证，都必须有经办单位和经办人员的签章。例如，自制原始凭证必须有经办部门和经办人员的签章；对外开出的原始凭证必须有本单位公章和经办人员的签章；从外部取得的原始凭证，必须有填制单位的公章和填制人员的签章；从个人取得的原始凭证，必须有填制人员的签章。

（4）书写要清楚、规范。原始凭证要按规定填写，使用规范的简化字，文字要简要，字迹要清楚，易于辨认。大小写金额必须相符且填写规范，小写金额用阿拉伯数字逐个书写，不得写连笔字。在小写金额前要填写人民币符号“¥”，人民币符号“¥”与阿拉伯数字之间不得留有空白。凡阿拉伯数字前写有币种符号的，数字后面不再写货币单位。所有以元为单位（其他货币种类则采用货币资本单位，下同）的阿拉伯数字，除表示单价等情况外，小写金额数字一律填写到角分，无角分的，写“00”或符号“—”；有角无分的，分位写“0”，不得用符号“—”。大写数字金额用汉字壹、贰、叁、肆、伍、陆、柒、捌、玖、拾、佰、仟、万、亿、元、角、分、零和整，一律用正楷或行书字书写。大写金额前未印有“人民币”字样的，应加写“人民币”三个字，“人民币”字样和大写金额之间不得留有空白。大写金额到元或角为止的，后面要写“整”或“正”字；有分的，不写“整”或“正”字。

阿拉伯金额数字中间有“0”时，汉字大写金额要写“零”字；阿拉伯数字金额中间连续有几个“0”时，汉字大写金额中可以只写一个“零”字；阿拉伯金额数字元位是

“0”，或者数字中间连续有几个“0”、元位也是“0”但角位不是“0”时，汉字大写金额可以只写一个“零”字，也可以不写“零”字。例如，“¥210 065.30”对应的大写金额为“人民币贰拾壹万零陆拾伍元叁角整”。

（5）编号要连续。一式几联的原始凭证应当注明各联的用途，只能以一联作为报销凭证。一式几联的发票和收据，必须使用双面复写纸（发票和收据本身具备复写纸功能的除外）套写，并连续编号。如果原始凭证已预先印定编号，在写坏作废时，则应加盖“作废”戳记，妥善保管，不得撕毁。

微课视频

火眼金睛——
填制与审核原始凭证

（6）书写要清晰。原始凭证一般要用蓝色或黑色签字笔书写填制，要字迹清晰、易于辨认。发生差错要按规定方法更正，不得刮擦、挖补、粘贴、用涂改液消除等。原始凭证有错误的，应当由出具单位重开或更正，更正处应当加盖出具单位印章。如果是原始凭证金额有错误，必须由出具单位重开，不得在原始凭证上更正。

（7）填制要及时。各种原始凭证一定要及时填写，不提前，也不拖后，以免事后回忆造成误差，并按规定的程序及时送交会计机构或会计人员进行审核。

思政案例

大肆虚开增值税，
家族罪案实属罕见

五、原始凭证的审核

在会计核算工作中，原始凭证只有经过审核无误后，才能作为填制记账凭证和记账的依据。审核的主要内容包括如下六个方面。

（一）真实性

审核内容包括凭证日期是否真实、业务内容是否真实、数据是否真实等。对外来原始凭证，必须有填制单位公章和填制人的签章；对自制原始凭证，必须有经办部门和经办人的签名或盖章。此外，对通用原始凭证，还应审核凭证本身的真实性，以防假冒。

（二）合法性

审核包括审核原始凭证所记录的经济业务是否有违反国家法律法规、制度、政策、合同的情况，是否履行了规定的凭证传递和审核程序，是否有贪污等行为。

思政案例

涂改发票与发票审核
马虎进行贪污的分析

（三）合理性

审核原始凭证所记录经济业务是否符合企业生产经营活动的需要，是否符合有关的计划和预算等。

（四）完整性

审核原始凭证各项基本要素是否齐全、是否有漏项情况、日期是否完整、数字是否清晰、文字是否工整、有关人员签章是否齐全、凭证联次是否正确等。

思政案例

为他厂填开发票8张，
侵吞国家税款123万元

（五）正确性

审核原始凭证各项金额和计算及填写是否正确，包括阿拉伯数字分位填写，不得连写；小写金额前要标明“¥”符号，中间不能留有空位；大写金额前要加“人民币”字样，大写金额与小写金额要相符；凭证中有书写错误的，应采用正确的方法更正，不能采用涂改、刮擦、挖补等不正确方法。

思政案例

只因对方财务章少了两个字，发票无效，被判败诉

（六）及时性

原始凭证的及时性是保证会计信息及时性的基础，为此，要求在经济业务发生或完成时及时填制有关原始凭证，及时进行凭证的传递。审核时应注意审查凭证的填制日期，尤其是支票等时效性强的原始凭证，更应仔细验证签发日期。

六、自制原始凭证的填制要求

不同的自制原始凭证，填制要求也有所不同。

微课视频

结算票据——填制支票

（一）一次凭证的填制

一次凭证应在经济业务发生或完成时，由相关业务人员一次填制完成。该凭证往往只能反映一项经济业务，或者同时反映若干项同一性质的经济业务。

（二）累计凭证的填制

累计凭证应在每次经济业务完成后，由相关人员在同一张凭证上重复填制完成。该凭证能在一定时期内不断重复地反映同类经济业务的完成情况。

（三）汇总凭证的填制

汇总凭证应由相关人员在汇总一定时期内反映同类经济业务的原始凭证后填制完成。该凭证只能将类型相同的经济业务进行汇总，不能汇总两类或两类以上的经济业务。

七、外来原始凭证的填制要求

外来原始凭证应在企业同外单位发生经济业务时，由外单位的相关人员填制完成。外来原始凭证一般由税务局等部门统一印制，或经税务部门批准由经营单位印制，在填制时加盖出具凭证单位公章方为有效。对于一式多联的原始凭证必须用复写纸套写或打印机套打。

知识拓展

支票

支票是银行存款户对银行签发的要求于见票时对收款人或持票人无条件支付一定金额的票据。支票分为现金支票、转账支票、普通支票三种。现金支票只能用于支取现金，它可以由存款人签发用于到银行为本单位提取现金，也可以签发给其他单位和个人用来办理结算或者委托银行代为支付现金给收款人。转账支票只能用于转账，它适用于存款人给同一结算区域内的收款单位划转款项，以办理商品交易、劳务供应、清偿债务和其他往来款项结算。普通支票可以用于支取现金，也可以用于转账。但在普通支票左上角划两条平行线的为划线支票，只能用于转账，不能支取现金。

支票中一般应填写下列项目：

1. 正面

（1）出票日期。按照付款业务发生或完成的日期填写，必须使用中文大写。

（2）收款人。填写收款单位或个人的全称。

（3）付款行名称和出票人账号。填写出票单位开户银行的名称和账号。

（4）人民币（大写）。应紧接“人民币”字样按大写金额书写。

（5）小写金额。应正确填写阿拉伯数字金额，不得连写，一律写到角分，无角分的，角分位可以写“0”，并在阿拉伯数字前用“¥”封顶。

（6）用途。简明扼要填写支票的用途，如“货款”“备用金”等。

（7）出票人签章。应加盖出票人预留的银行印鉴（财务专用章和法人章）。

（8）密码。应根据密码器，输入支票密码。

2. 背面

（1）附加信息。一般填写收款人的账号内容。

（2）收款人信息。收款单位收到支票后，在支票背面被背书人栏内加盖收款单位财务专用章和法人章，据以取现或填制银行进账单后委托开户银行收款。个人取得支票，支票背面不盖任何印章，收款人在支票背面填上身份证号码和发证机关名称，凭身份证和支票取现或存入个人结算账户内。

3. 存根

（1）附加信息。一般填写付款人账号。

（2）出票日期。存根部分出票日期可以使用阿拉伯数字填写。

（3）收款人。按收款单位或个人的全称填写。

（4）金额。填写正联所填写金额的小写金额。

（5）用途。填写和正联相同内容。

典型任务操作示范

思政案例

出纳员的业务规范

【典型任务】2020 年 1 月 6 日，出纳员填写现金支票一张，采购员李水预借差旅费 4 000 元。

要求：根据上述业务填制现金支票。

【任务分析】

步骤 1：明确支票的填制要求。

步骤 2：熟悉现金支票的格式及相关内容。

步骤 3：了解现金支票正联与存根联的作用。

步骤 4：正确填制现金支票（见表 3－6）。

表3-6　　　　现金支票

中国工商银行
现金支票存根
10203310
10613654
附加信息
出票日期 2020年01 月06 日
收款人 李水
金　额 ¥4000.00
用　途 差旅费
单位主管　　会计

中国工商银行　现金支票　10203310　10613654

出票日期（大写）贰零贰零 年 零壹 月 零陆 日　付款行名称：工行清江支行
收款人：李水　出票人账号：
付款期限自出票之日起十天
人民币（大写）肆仟元整

亿	千	百	十	万	千	百	十	元	角	分
				¥	4	0	0	0	0	0

用途 预借差旅费　密码
上列款项请从
我账户内支付
出票人签章　阿鲁丝公司 财务专用章　李离印走
复核　记账

正联

附加信息：

收款人签单 李水
2020年01月06日

身份证名称：　　发证机关：

号码

贴粘单处

根据《中华人民共和国票据法》等法律法规的规定，签发空头支票由中国人民银行处以票面金额5%但不低于1 000元的罚款。

（正联背面）

知识拓展

外来原始凭证的填制要求

1. 外单位取得的原始凭证必须盖有填制单位的公章，对外开出的原始凭证必须加盖本单位公章。

2. 自制原始凭证必须有经办单位领导或其规定的人员签名或盖章。

3. 购买实物的原始凭证必须有验收证明。

4. 支付款项的原始凭证必须有收款单位和收款人的签名或盖章。

5. 发生销货退回的，除填制退货发票外，必须有退货验收证明；退款时，必须取得对方的收款收据或汇款银行的凭证，不得以退货发票代替收据。

6. 职工因公出差借款凭据，必须附在记账凭证之后，收回借款时，应当另开收据或退还借据副本，不得退还原借款收据。

7. 经上级有关部门批准的经济业务，应当将批准文件作为原始凭证附件，如果批准文件需要单独归档的，应当在凭证上注明批准机关名称、日期、文件字号。

8. 原始凭证有错误的，应当由开出单位重开或更正，更正处应当加盖开出单位的公章，金额有错必须重开。

任务二 填制与审核记账凭证

任务引领

作为企业的会计人员，日常填制和审核记账凭证工作的主要任务是根据审核无误的原始凭证编制记账凭证，并对填制好的记账凭证进行审核，以保证记账凭证填制的规范性和正确性。

任务要求

要完成记账凭证的填制与审核工作，必须了解记账凭证的种类，熟悉记账凭证的内容，掌握记账凭证的填制与审核方法。

知识准备

一、记账凭证的概念

记账凭证，又称记账凭单或传票，是会计人员根据审核无误的原始凭证或原始凭证汇总表编制的，并据以确定会计分录，作为登记账簿依据的一种会计凭证。

微课视频

认识记账凭证

二、记账凭证的基本内容

由于原始凭证只表明经济业务的内容，而且种类繁多、数量庞大、格式不一，因此不能直接记账。为了做到分类反映经济业务的内容，必须按会计核算方法的要求，将原始凭证归类、整理，并编制记账凭证，标明经济业务应记入的账户名称及应借应贷的金额，作为直接记账的依据。记账凭证必须具备以下内容：

（1）记账凭证的名称。采用通用格式记账凭证的单位，其记账凭证的名称就是“记账凭证”，采用专用记账凭证格式的企业，其记账凭证有收款凭证（现收、银收）、付款凭证（现付、银付）、转账凭证。

（2）记账凭证的日期。通常用年、月、日表示，通过填制记账凭证的日期，可以说明记账凭证所记载的经济业务应记入哪一个会计期间的账簿。

（3）记账凭证的编号。对记账凭证进行编号，一是方便登记账簿；二是便于查找与核对账簿记录；三是便于会计资料的整理与归档保管。

（4）经济业务内容的摘要。记账凭证是登记账簿的直接依据，而会计账簿就是经济业务的浓缩反映。通过简明扼要的摘要，可以了解经济业务的内容及资金运动的来源和去处。

（5）会计科目（账户）的名称和金额。填写的会计科目一般要包括一级总账科目、二级明细科目等。

(6) 所附原始凭证的张数。除结账和更正错误的凭证可以不附原始凭证以外，其他记账凭证都必须附有原始凭证。

(7) 记账备注，即已登记账簿的金额，应在记账栏内打“√”或签章。

(8) 填制凭证人员、稽核人员、记账人员、会计主管人员等签章。

三、记账凭证的种类

记账凭证可按不同的标准进行分类，按照使用范围和用途不同，可分为专用记账凭证、通用记账凭证和汇总记账凭证；按照填列方式不同，可分为单式记账凭证和复式记账凭证。

(一) 按记账凭证使用范围和用途分类

1. 专用记账凭证

微课视频

填制收款凭证

专用记账凭证是指按照经济业务的不同性质采用不同格式的记账凭证。专用记账凭证基本上可以分为三种：收款凭证、付款凭证和转账凭证。一般经济业务比较多、会计人员比较多的大中型企事业单位采用专用记账凭证。

(1) 收款凭证。收款凭证是专门用来登记库存现金、银行存款收款业务的记账凭证。它根据加盖“收讫”戳记的收款原始凭证编制，既可以作为登记库存现金或银行存款日记账及有关明细账的依据，也是出纳员收款的证明凭证。收款凭证格式见表 3-7 所示。

表 3-7　　**收款凭证**

收字第　　号

借方科目：　　　　年　　月　　日　　　　附件　　张

对方单位	摘要	贷方科目		金额										记账符号
		总账科目	明细科目	千	百	十	万	千	百	十	元	角	分	
银行结算方式及票号：			合计											

会计主管：　　记账：　　稽核：　　出纳：　　制单：

(2) 付款凭证。付款凭证是指专门用来登记库存现金、银行存款付款业务的记账凭证。它根据加盖“付讫”戳记的付款原始凭证编制，是登记现金日记账、银行存款日记账以及有关明细账和总账等账簿的依据，也是出纳人员支付款项的证明凭证。付款凭证格式见表 3-8。

表 3-8　　**付 款 凭 证**

付字第　　号

贷方科目：　　　　年　　月　　日　　　　附件　　张

对方单位	摘要	借方科目		金额										记账符号
		总账科目	明细科目	千	百	十	万	千	百	十	元	角	分	
银行结算方式及票号：			合计											

会计主管：　　记账：　　稽核：　　出纳：　　制单：

(3) 转账凭证。转账凭证是指专门用来登记不涉及库存现金和银行存款收付的其他各项经济业务的记账凭证。它是根据有关转账业务的原始凭证填制的，是登记总分类账和明细分类账的依据。转账凭证格式见表 3-9。

表 3-9　　**转 账 凭 证**

转字第　　号

年　　月　　日　　　　附件　　张

摘　要	总账科目	明细科目	借方金额									贷方金额									记账符号
			百	十	万	千	百	十	元	角	分	百	十	万	千	百	十	元	角	分	
合　　计																					

会计主管：　　记账：　　稽核：　　制单：

知识拓展

收款凭证与付款凭证的进一步细分

规模较大的单位，还可将收款凭证分为现金收款凭证和银行存款收款凭证，付款凭证分为现金付款凭证和银行存款付款凭证。

同时涉及库存现金和银行存款的业务如何选择凭证种类

对于发生在库存现金和银行存款之间的收付业务，相关人员如果从银行提取现金，或将现金存入银行，一般只填制付款凭证，不再填制收款凭证，以避免重复。

2. 通用记账凭证

通用记账凭证是指适用于各种经济业务（收款、付款、转账业务）的记账凭证。格式类似于转账凭证，适用于会计人员较少、业务较简单的小型企事业单位。

对于一般的小企业，如果业务量较少，需要的凭证也不多，都可以使用通用记账凭证。这种凭证的优点是整个会计事项都反映在一张记账凭证上，便于审核、保管和查阅。若经济业务较为复杂，涉及两个以上的会计科目，也列在一张记账凭证上；若一张凭证容纳不下，则可连续列在若干张凭证上，用一定的编号予以连接即可。通用记账凭证格式见表3－10。

表3－10 **记账凭证**

记字第　　号

年　　月　　日　　　　附件　　张

摘　要	总账科目	明细科目	借方金额									贷方金额									记账符号
			百	十	万	千	百	十	元	角	分	百	十	万	千	百	十	元	角	分	
合　　计																					

会计主管：　　　　记账：　　　　稽核：　　　　制单：

3. 汇总记账凭证

汇总记账凭证是指按照会计核算的要求，定期将一定期间的记账凭证按经济业务的性质进行分类汇总编制成的记账凭证，然后据以登记总分类账。汇总记账凭证是会计核算的重要组织程序，可分为汇总收款凭证、汇总付款凭证和汇总转账凭证三种。其中，汇总收款凭证和汇总付款凭证可由出纳根据收款凭证和付款凭证分别编制。

（二）按记账凭证填列方式分类

记账凭证按填列方式分为单式记账凭证和复式记账凭证。

1. 单式记账凭证

单式记账凭证是指只填列经济业务所涉及的一个会计科目及其金额的记账凭证。填列借方科目的称为借项记账凭证，填列贷方科目的称为贷项记账凭证。某项经济业务涉及几个会计科目，就填制几张单式记账凭证。单式记账凭证反映内容单一，便于分工记账以及按会计科目汇总，但一张凭证不能反映每一项经济业务的全貌，不便于检验会计分录的正确性。

单式记账凭证格式见表3－11和表3－12。

表 3－11　借项记账凭证

借方科目：　　年　月　日　　凭证编号

摘要	一级科目	明细科目	账页	金额
对应科目：				

会计主管：　记账：　稽核：　制单：　出纳：

表 3－12　贷项记账凭证

贷方科目：　　年　月　日　　凭证编号

摘要	一级科目	明细科目	账页	金额
对应科目：				

会计主管：　记账：　稽核：　制单：　出纳：

单式记账凭证中应列明对应账户，借项记账凭证中列出贷方对应账户，贷项记账凭证中列出借方对应账户。单式记账凭证的编号一般包括两部分：业务编号和一笔经济业务之下所用的单式凭证编号。如 $32\frac{1}{3}$ 代表当期第 32 笔经济业务，使用 3 张单式记账凭证，这是第一张。单式记账凭证主要适用于科目汇总表账务处理程序。

2. 复式记账凭证

复式记账凭证是将每一项经济业务所涉及的全部科目及其发生额均在同一张记账凭证中反映的一种凭证。它是实际工作中应用最普遍的记账凭证。上述收款凭证、付款凭证、转账凭证和通用记账凭证均为复式记账凭证。复式记账凭证全面反映了经济业务的账户对应关系，有利于检查会计分录的正确性，但不便于会计岗位上的分工记账。

上述记账凭证的分类归纳见图 3－1。

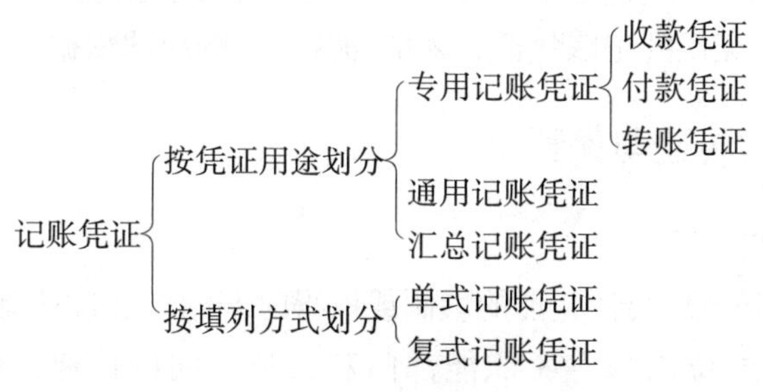

图 3－1　记账凭证的分类

四、记账凭证的填制依据和要求

（一）记账凭证填制的依据

填制记账凭证是会计核算的重要环节。记账凭证可以根据每一张原始凭证单独地填制，也可以根据同类经济业务的若干张原始凭证汇总编制，或者直接汇总原始凭证编制，但不得将不同内容和类别的原始凭证汇总编制在一张记账凭证上。

（二）记账凭证填制的基本要求

记账凭证是根据原始凭证填制的，是登记账簿的依据，正确填制记账凭证可以保证会计信息的全面和准确。各种记账凭证除严格按原始凭证的填制要求填制外，应该按照以下规则进行：

记账凭证的日期要按编制凭证的日期填写，而编制记账凭证应该是在取得经济业务对应的原始凭证以后，所以记账凭证上的日期不是经济业务发生的日期。

微课视频

填制转账凭证

一般来说，办理现金收付款业务在当天编制记账凭证，所以现金收付记账凭证的日期，通常和办理现金收付的日期一致。银行收付款业务在收到银行收付款通知当天编制记账凭证，所以银行付款业务的记账凭证，通常和财会部门开出付款单据的日期或承付的日期一致；银行收款业务的记账凭证，通常和银行进账单或银行受理回执的戳记日期一致；月末结转的业务，一般按当月最后一天的日期。

五、记账凭证的审核

记账凭证编制完成后，只有经过认真审核，才能作为登记账簿的依据。记账凭证审核的主要内容如下：

思政案例

记账凭证先盖章，会计人员钻空子

（1）记账凭证是否附有原始凭证，所附原始凭证的内容是否与记账凭证的内容相符；

（2）根据原始凭证反映的经济内容所做的应借应贷的会计科目对应关系是否正确，金额是否准确；

（3）记账凭证格式中规定项目是否都已填列齐全，有关人员是否都已签名或盖章等。

经过审核后，如发现记账凭证有错误，应及时更正。只有审核无误的记账凭证，才能作为登记账簿的依据。

六、会计凭证的传递与保管

（一）会计凭证的传递

会计凭证的传递是指从会计凭证的填制或取得时开始，经过填制、稽核、记账，直到归档保管为止，在本单位内部有关职能部门和人员之间的传递路线、传递时间和衔接手续。

会计凭证的传递，应当满足内部控制制度的要求，使传递程序合理、有效，同时尽量节约传递时间，节省传递的工作量。会计凭证传递的基本要求如下：

（1）会计凭证的传递程序。由于企业生产经营业务的内容不同，因此企业管理的要求也不尽相同。在会计凭证的传递中，也应根据具体情况，确定每一种凭证的传递程序和方法，作为业务部门和会计部门处理会计凭证的工作规范。各单位应根据经济业务的特点、机构设置和人员分工情况，明确会计凭证的传递程序，既要保证会计凭证经过必要的环节进行处理和审核，又要避免会计凭证在不必要的环节停留，使有关部门和人员及时了解情况，掌握资料并按规定手续进行工作。

（2）会计凭证的传递时间。应考虑各部门和有关人员的工作内容和工作量在正常情况下完成的时间，明确规定各种凭证在各个环节上停留的最长时间，不能拖延和积压会计凭证，以免影响会计工作的正常秩序。一切会计凭证的传递和处理都应在报告期内完成，不允许跨期，否则将影响会计核算的准确性和及时性。

（3）会计凭证的衔接手续。在传递过程中的衔接手续，应该做到既完备严密，又简单易行。凭证的收发、交接都应当按一定的手续制度办理，以保证会计凭证的安全和完整。各单位应设立传递凭证登记簿，用来登记制证或接办日期，凭证种类和名称、编号、张数、经办人签章、交接时间、接办人签章等。

会计凭证的传递程序、传递时间和衔接手续明确后，制定凭证传递程序，规定凭证传递路线、环节及在各个环节上的时间、处理内容及交接手续，使凭证传递工作有条不紊、迅速而有效地进行。

（二）会计凭证的保管

会计凭证的保管是指会计凭证记账后的整理、装订、归档和存查工作。会计凭证作为记账的依据，是重要的会计档案。本单位以及其他有关单位，可能因为各种需要查阅会计凭证，特别是发生贪污、盗窃、违法乱纪行为时，会计凭证还是依法处理的有效证据。因此，任何单位在完成经济业务手续和记账后，必须将会计凭证按规定的立卷归档制度形成会计档案资料，妥善保管，防止丢失，不得任意销毁，以便日后随时查阅。

会计凭证主要有以下保管要求：

（1）会计凭证应定期装订成册，防止散失。会计部门在依据会计凭证记账以后，应定期（每天、每旬或每月）对各种会计凭证进行分类整理，将各种记账凭证按照编号顺序，连同所附的原始凭证一起加具封面和封底，装订成册，并在装订线上加贴封签，由装订人员在装订线封签处签名或盖章。

从外单位取得的原始凭证遗失时，应取得原签发单位盖有公章的证明，并注明原始凭证的号码、金额、内容等，由经办单位会计机构负责人（会计主管人员）和单位负责人批准后，才能代作原始凭证。若确实无法取得证明的，如车票丢失，则应由当事人写明详细情况，由经办单位会计机构负责人（会计主管人员）和单位负责人批准后，代作原始凭证。

（2）会计凭证封面应注明单位名称、凭证种类、凭证张数、起止号数、年度、月份、会计主管人员和装订人员等有关事项，会计主管人员和保管人员应在封面上签章。

（3）会计凭证应加贴封条，防止抽换凭证。原始凭证不得外借，其他单位如有特殊原因确实需要使用时，经本单位会计机构负责人（会计主管人员）批准，可以复制。向外单位提供的原始凭证复制件，应在专设的登记簿上登记，并由提供人员和收取人员共同签名、盖章。

（4）原始凭证较多时，可单独装订，但应在凭证封面注明所属记账凭证的日期、编号和种类，同时在所属的记账凭证上应注明“附件另订”及原始凭证的名称和编号，以便查阅。对各种重要的原始凭证，如押金收据、提货单等，以及各种需要随时查阅和退回的单据应另编目录，单独保管，并在有关的记账凭证和原始凭证上分别注明日期和编号。

（5）每年装订成册的会计凭证，在年度终了时可暂由单位会计机构保管1年，期满后应当移交本单位档案机构统一保管；未设立档案机构的，应当在会计机构内部指定专人保管。出纳人员不得兼管会计档案。

（6）严格遵守会计凭证的保管期限要求，期满前不得任意销毁。

典型任务操作示范

1. 收款凭证和付款凭证的填制

收款凭证和付款凭证是根据有关库存现金和银行存款收付款业务的原始凭证填制的。凡是引起库存现金、银行存款增加的业务，都要根据库存现金、银行存款增加的原始凭证编制库存现金、银行存款的收款凭证；凡是引起库存现金、银行存款减少的业务，都要根据库存现金、银行存款减少的原始凭证编制库存现金、银行存款的付款凭证。出纳人员对于已经收款的收款凭证和已经付款的付款凭证，都要加盖“收讫”和“付讫”戳记，以免重收重付。出纳员和记账员根据盖有“收讫”“付讫”戳记的收、付款凭证登记有关账簿。下面分别举例说明收款凭证和付款凭证的填制。

【典型任务1】柯鲁丝公司2020年3月20日收到大洋公司偿还所欠货款8 000元，存入银行，附原始凭证1张，是该公司3月第8笔银行收款业务。根据经济业务的原始凭证填制的收款凭证见表3-13。

表3-13 收款凭证

收字第 8 号

借方科目：银行存款　　2020年03月20日　　附件 1 张

对方单位	摘要	贷方科目		金额										记账符号
		总账科目	明细科目	千	百	十	万	千	百	十	元	角	分	
大洋公司	收到销货款	应收账款	大洋公司					8	0	0	0	0	0	
银行结算方式及票号：			合计				¥	8	0	0	0	0	0	

会计主管：肖波　　记账：张珂　　稽核：肖波　　出纳：王丽　　制单：张珂

知识拓展

职业判断

对于涉及“库存现金”和“银行存款”之间的相互划转业务，如将库存现金存入银行或从银行提取库存现金这两种业务，为了避免重复记账，企业一般只填制付款凭证，不再填制收款凭证。

【典型任务2】柯鲁丝公司2020年3月6日以现金支付采购员张宏预借差旅费3 000

元，附原始凭证 3 张，是该公司 3 月第 7 笔现金付款业务。根据这项经济业务的原始凭证填制的付款凭证见表 3-14。

表 3-14

付款凭证

付字第 7 号

贷方科目：库存现金　　2020 年 03 月 06 日　　附件 3 张

对方单位	摘要	借方科目		金额										记账符号
		总账科目	明细科目	千	百	十	万	千	百	十	元	角	分	
	预借差旅费	其他应收款	张宏					3	0	0	0	0	0	
银行结算方式及票号：			合计				¥	3	0	0	0	0	0	

会计主管：肖波　记账：张珂　稽核：肖波　出纳：王丽　制单：张珂

2. 转账凭证的填制

转账凭证是根据转账业务的原始凭证填制的，是用来反映与货币资金收付无关的转账业务的凭证。现将转账凭证的填制举例如下。

【典型任务 3】柯鲁丝公司 2020 年 3 月 31 日发出产品 27 000 元（销项税暂不考虑），冲减 AH 公司的预收款，附原始凭证 1 张，是该公司 3 月第 9 笔转账业务。根据该项经济业务的原始凭证填制的转账凭证见表 3-15。

表 3-15

转账凭证

转字第 9 号

2020 年 03 月 31 日　　附件 1 张

摘　要	总账科目	明细科目	借方金额									贷方金额									记账符号
			百	十	万	千	百	十	元	角	分	百	十	万	千	百	十	元	角	分	
销售产品冲减 AH 公司的预收款	预收账款	AH 公司			2	7	0	0	0	0	0										
	主营业务收入													2	7	0	0	0	0	0	
合　　计				¥	2	7	0	0	0	0	0		¥	2	7	0	0	0	0	0	

会计主管：肖波　记账：张珂　稽核：肖波　制单：张珂

3. 通用记账凭证的填制

【典型任务 4】柯鲁丝公司 2020 年 3 月 20 日从银行提取现金 800 元，备用，附原始凭证 1 张，是该公司第 107 笔业务。根据经济业务的原始凭证填制的通用记账凭证见表 3-16。

表3-16　　　　记账凭证

记字第107号

2020年03月20日　　　　附件 1 张

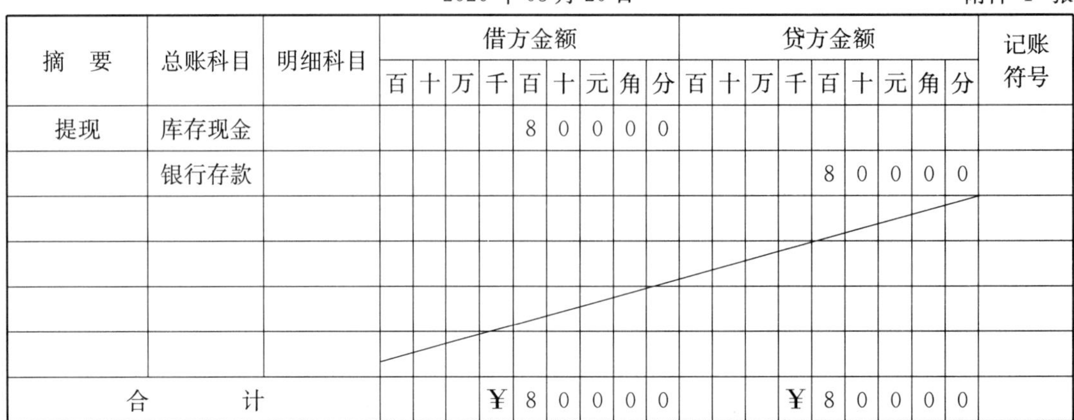

摘要	总账科目	明细科目	借方金额									贷方金额									记账符号
			百	十	万	千	百	十	元	角	分	百	十	万	千	百	十	元	角	分	
提现	库存现金						8	0	0	0	0										
	银行存款															8	0	0	0	0	
合计						¥	8	0	0	0	0				¥	8	0	0	0	0	

会计主管：肖波　　记账：张珂　　稽核：肖波　　制单：张珂

会计职业判断能力训练

一、单项选择题

1. 下列不属于原始凭证的是（　　）。

A. 发货票　　B. 借据　　C. 经济合同　　D. 运费结算凭证

2. 在一定时期内连续记录若干同类经济业务的会计凭证是（　　）。

A. 原始凭证　　B. 记账凭证　　C. 累计凭证　　D. 一次凭证

3. 从银行提取现金的业务，应编制（　　）。

A. 现金收款凭证　　B. 银行存款收款凭证

C. 现金付款凭证　　D. 银行存款付款凭证

4. 限额领料单属于（　　）。

A. 自制一次凭证　　B. 累计凭证

C. 外来一次凭证　　D. 原始凭证汇总表

5. 下列会计凭证中属于自制原始凭证的是（　　）。

A. 收款凭证　　B. 付款凭证　　C. 收料单　　D. 银行结算凭证

6. 可以不附原始凭证的记账凭证是（　　）。

A. 更正错误的记账凭证　　B. 从银行提取现金的记账凭证

C. 以现金发放工资的记账凭证　　D. 职工临时性借款的记账凭证

7. 企业职工差旅费报销单、车间领料单属于（　　）。

A. 外来凭证　　B. 累计凭证　　C. 一次凭证　　D. 自制凭证

8. 原始凭证是在经济业务（　　）取得或填制的。

A. 发生后　　B. 发生前　　C. 发生时　　D. 前三者都可以

9. 登记与货币资金收付款业务无关的经济业务，应编制（　　）。

A. 收款凭证　　B. 付款凭证　　C. 转账凭证　　D. 累计凭证

10. 记账凭证的填制是由（　　）完成的。

A. 出纳人员　　B. 会计人员　　C. 经办人员　　D. 主管人员

11. 按反映经济业务的内容不同，记账凭证可以分为（　　）。

A. 自制凭证和累计凭证　　B. 一次凭证和累计凭证

C. 收款凭证、付款凭证和转账凭证　　D. 单式记账凭证和复式记账凭证

12. 对于同时涉及现金和银行存款增减的业务，按规定应编制（　　）。

A. 收款凭证　　B. 付款凭证

C. 转账凭证　　D. 收款凭证和付款凭证

13. 下列属于外来原始凭证的是（　　）。

A. 入库单　　B. 出库单

C. 银行存款通知单　　D. 领料汇总表

14. 将现金存入银行，按规定编制（　　）。

A. 现金收款凭证　　B. 银行存款收款凭证

C. 现金付款凭证　　D. 银行存款付款凭证

15. 付款凭证中，“金额”栏合计数表示（　　）。

A. 借方发生额　　B. 贷方发生额

C. 借、贷双方的记账金额　　D. 借方金额扣减贷方金额后的净额

16. 会计分录填写在（　　）上。

A. 原始凭证　　B. 记账凭证　　C. 总账账簿　　D. 会计报表

17. 通用记账凭证的填制方法与下列哪种凭证的填制方法相同?（　　）

A. 原始凭证　　B. 收款凭证　　C. 付款凭证　　D. 转账凭证

18. 外来凭证都是（　　）。

A. 累计凭证　　B. 一次凭证

C. 转账凭证　　D. 既有一次凭证又有转账凭证

19. 在审核原始凭证时，对内容不完整、填写有错误或手续不完备的原始凭证，应该（　　）。

A. 拒绝办理，并向本单位负责人报告

B. 予以抵制，对经办人员进行批评

C. 由会计人员重新编制或予以更正

D. 予以退回，要求更正补充，以至重新编制

20. 下列各项中，不能作为会计核算的原始凭证的是（　　）。

A. 发票　　B. 合同书　　C. 入库单　　D. 领料单

二、多项选择题

1. 以下不能作为原始凭证的是（　　）。

A. 购货合同　　B. 车间派工单　　C. 材料请购单　　D. 产品成本计算表

E. 工资结算汇总表

2. 企业的领料单、借款单是（　　）。

A. 原始凭证　B. 一次凭证　C. 自制凭证　D. 累计凭证

3. 记账凭证审核的主要内容是（　）。

A. 与所附原始凭证的内容是否一致

B. 有关项目是否填列齐全

C. 会计科目与账户对应关系是否正确

D. 所记金额是否同所附原始凭证的合计数一致

E. 有关人员是否签字或盖章

4. 在填制的付款凭证中“借方科目”可能涉及（　）账户。

A. 库存现金　B. 银行存款　C. 应付账款　D. 应交税费

E. 销售费用

5. 转账凭证属于（　）。

A. 记账凭证　B. 原始凭证　C. 复式记账凭证　D. 通用记账凭证

E. 专用记账凭证

6. 下列凭证中属于原始凭证的是（　）。

A. 累计凭证　B. 收料单　C. 转账凭证　D. 一次凭证

E. 发货单

7. 下列凭证中，属于记账凭证的有（　）。

A. 收款凭证　B. 付款凭证　C. 转账凭证　D. 记账凭证汇总表

E. 汇总收款、付款、转账凭证

8. 下列人员中，应在记账凭证上签名或盖章的有（　）。

A. 审核人员　B. 会计主管人员　C. 记账人员　D. 制单人员

三、判断题

1. 企业财会部门取得原始凭证后就可据以编制记账凭证。（　）

2. 填制和审核会计凭证是会计工作的第一步。（　）

3. 销售产品一批，货款人民币计伍万零玖元肆角整，在填写发票小写金额时应为￥500 009.4元。（　）

4. 自制原始凭证是由企业财会部门自行填制的原始凭证。（　）

5. 一次凭证只能反映一项经济业务，累计凭证可以反映若干项经济业务。（　）

6. 根据会计核算资料经过一定计算而编制的原始凭证是证明凭据。（　）

7. 记账凭证与原始凭证填制的要求是相同的。（　）

8. 记账凭证是根据审核后的原始凭证或原始凭证汇总表编制的，用来证明经济业务已经发生或完成的会计凭证。（　）

9. 记账凭证按其填制方式不同分为一次凭证和累计凭证。（　）

10. 对涉及现金和银行存款之间的收、付款业务，一般编制转账凭证。（　）

11. 为了简化核算工作，有的企业一般可以将自制原始凭证或原始凭证汇总表直接代替记账凭证。（　）

12. 会计凭证的传递，是指会计凭证从填制到归档保管整个过程中，在本单位内部各有关部门和人员之间的传递程序和传递时间。（　）

13. 会计凭证按规定保管期满后，可由财会人员销毁。（ ）

四、名词解释

1. 会计凭证 2. 原始凭证 3. 一次凭证 4. 累计凭证
5. 记账凭证 6. 自制原始凭证 7. 外来原始凭证 8. 原始凭证汇总表
9. 收款凭证 10. 付款凭证 11. 转账凭证 12. 单式记账凭证

五、问答题

1. 填制和审核会计凭证有何意义？
2. 原始凭证应具备哪些内容？
3. 填制原始凭证应遵循哪些要求？
4. 审核原始凭证的主要内容是什么？
5. 记账凭证应具备哪些内容？
6. 填制记账凭证应遵循哪些要求？
7. 如何审核记账凭证？
8. 合理组织会计凭证传递的意义是什么？

会计职业实践能力训练

业务题一

一、目的

练习收付款凭证的编制。

二、资料

思进公司2020年11月发生部分收付款业务如下：

（1）11月1日，接银行收款通知，收到宏达公司上月所欠货款35 000元。

（2）11月5日，从银行提取现金5 000元备用。

（3）11月6日，向红星公司销售甲产品90件，不含税单价为每件1 000元，增值税率为13%，款项已收到并存入银行。

（4）11月8日，采购员张云路预借差旅费3 000元，以现金付讫。

（5）11月12日，向光明公司购入A材料200千克，单价为每千克50元，B材料250千克，每千克20元，货款15 000元和增值税额1 950元已通过银行存款支付。

（6）11月17日，通过银行支付所欠光明公司材料款17 550元。

（7）11月18日，从银行提取现金50 000元，准备发放工资。

（8）11月20日，以现金50 000元发放职工工资。

（9）11月25日，采购员张云路出差归来，报销差旅费2 800元，并交回多余现金200元。

三、要求

1. 根据以上业务，编制收款、付款凭证。
2. 开设并登记现金和银行存款T形账户。

业务题二

一、目的

练习转账凭证的编制。

二、资料

华鑫公司2020年11月发生部分转账业务如下：

（1）11月1日，从光明公司购入A材料2 000千克，单价为每千克50元，货款为100 000元，增值税额为13 000元，材料已入库，货税款尚未支付。

（2）11月2日，仓库发出A材料1 000千克，单价为每千克50元，发出B材料200千克，单价为每千克20元，用于甲产品生产。

（3）11月6日，向红星公司销售甲产品10件，每件1 000元，货款为10 000元，增值税额为1 300元，甲产品已发出，货税款尚未收到。

（4）11月6日，结转本月已销售产品的生产成本，本月销售甲产品100件，每件生产成本为800元。

（5）11月15日，按规定提取固定资产折旧8 000元，其中，生产车间固定资产折旧3 200元，管理部门固定资产折旧4 800元。

（6）11月30日，摊销本月应负担的保险费2 500元（原记在“预付账款”账户）。

（7）11月30日，结转本月职工工资50 000元。其中，甲产品生产工人工资20 000元，乙产品生产工人工资12 000元，车间管理人员工资10 000元，厂部管理人员工资8 000元。

（8）11月30日，计提本月银行借款利息3 500元（银行借款利息未支出前记入“应付利息”账户）。

三、要求

1. 根据以上业务，编制转账凭证。

2. 根据业务题一、业务题二所填制的记账凭证，编制本期发生额试算平衡表。

业务题三

一、目的

练习通用记账凭证的编制。

二、资料

某公司2020年6月发生如下经济业务：

（1）6月2日，向大兴工厂购进A材料一批，货款5 000元、增值税650元和运杂费200元，已通过银行存款支付，材料已验收入库。

（2）6月3日，通过银行向华星公司预付材料货款2 000元。

（3）6月5日，收到投资者追加投资50 000元，存入银行。

（4）6月6日，采购员王东预借差旅费500元，以现金付讫。

（5）6月6日，领用A材料一批，其中甲产品耗用30 000元，管理部门一般耗用5 000元。

（6）6 月 10 日，从银行提取现金 20 000 元，备发工资。

（7）6 月 10 日，以现金 20 000 元发放职工工资。

（8）6 月 11 日，向红光公司销售甲产品一批，货款 10 000 元，增值税 1 300 元，尚未收到。

（9）6 月 12 日，收到天元公司预付的购货款 70 000 元，存入银行。

（10）6 月 14 日，采购员王东回到公司报销差旅费 400 元，余额以现金交回。

（11）6 月 15 日，签发现金支票 200 元，支付行政管理部门办公费用。

（12）6 月 18 日，通过银行转账支付生产用租金 1 000 元。

（13）6 月 20 日，以银行存款 450 元支付产品销售广告费。

（14）6 月 22 日，以现金 400 元支付职工退休金。

（15）6 月 30 日，结算本月工资，其中生产甲产品的工人工资 14 000 元，企业管理人员工资 6 000 元。

（16）6 月 30 日，计提生产用固定资产折旧 3 000 元，行政管理部门用固定资产折旧 800 元。

（17）6 月 30 日，结转本月完工产品成本 2 000 元。

（18）6 月 30 日，结转已售产品生产成本 6 000 元。

（19）6 月 30 日，经批准将无法支付的应付账款 3 000 元转销。

（20）6 月 30 日，计算本月应交所得税 6 000 元。

（21）6 月 30 日，结转各损益类账户的本期发生额至“本年利润”账户。

（22）6 月 30 日，提取盈余公积 5 000 元。

三、要求

根据以上业务，编制通用记账凭证。

项目四　核算企业基本经济业务

项目导航

通过本项目学习，学生能了解制造业主要业务特点，掌握制造业基本经济业务的会计核算方法。

职业能力目标

知识目标： 了解制造企业的主要生产经营过程；掌握制造企业基本经济业务的账务处理。

能力目标： 能熟练运用借贷记账法对制造企业的基本经济业务进行账务处理。

素质目标： 培养细心与耐心的职业品质，培养一丝不苟的职业精神。

任务一　制造业业务核算预备知识

任务引领

一家产品制造企业，其主要的生产经营活动有哪些？假如你要去该公司从事会计工作，你知道会计人员在这些生产经营活动中充当什么角色吗？作为会计人员的你，日常工作有哪些？

任务要求

了解制造业经营特点，掌握制造业核算内容。

知识准备

制造业经营过程核算的内容包括：主要经营过程的核算和企业生产经营活动中经常发

生的其他经济业务的核算。制造业的主要经营过程一般可分为三个阶段，即供应过程、生产过程和销售过程（见图 4－1）。在企业经营过程中，经常发生各种不同的经济业务，企业的各会计要素也因此不断地发生变化。

在供应过程中，企业用货币资金购买各种材料，形成生产储备，用以保障生产的正常进行。在这一过程中，企业的货币资金转化为材料存货资产。企业在支付材料的价款和采购费用时，还会与供货方发生货款的结算关系。因此，材料采购和因采购而引起的与供货方的货款结算业务、支付采购费用和计算采购成本，就构成了供应过程中的主要经济业务。

能力提升

工业与制造业的关系

在生产过程中，企业将原材料等劳动对象投入生产，经过工人的劳动加工，制造出适合于社会需要的产品。生产过程一方面是产品的制造过程，另一方面又是物化劳动和活劳动的消耗过程。在这一过程中，要发生各项生产费用，如材料的消耗、支付职工薪酬、厂房及机器设备等固定资产的折旧等。这一过程使得企业一部分材料存货价值、货币资金和一部分固定资产价值转化为在产品存货价值，形成在产品成本。所以，归集发生的生产费用，再将生产费用在完工产品和在产品之间进行分配，计算完工产品生产成本是企业生产过程的主要经营业务。

在销售过程中，企业通过产品的销售收回货币资金，将产成品又转化为货币资金，从而完成其一个经营周期。在这一过程中，销售产品、支付销售费用、缴纳销售税金、与购货方货款结算并计算销货成本是其主要经济业务。

制造业的经营活动通过供、产、销三个过程完成了一个生产经营循环。为了及时地总结企业在一定时期内的财务成果，还需要将各种收入、费用相比较，计算出企业是盈利还是亏损。对于实现的利润应按照国家的有关规定和企业的分配制度进行分配，即一部分由企业提取形成公积金，一部分以股利或利润的形式分配给企业的投资者。这些也是主要经营过程中的另一个重要核算内容。

制造企业除了要对主要经营过程中发生的经济业务进行核算外，还须对企业生产经营活动中发生的其他经济业务进行核算。例如，接受投资业务、对外投资业务、债券债务业务、固定资产增减业务，以及所有者权益变化业务等。

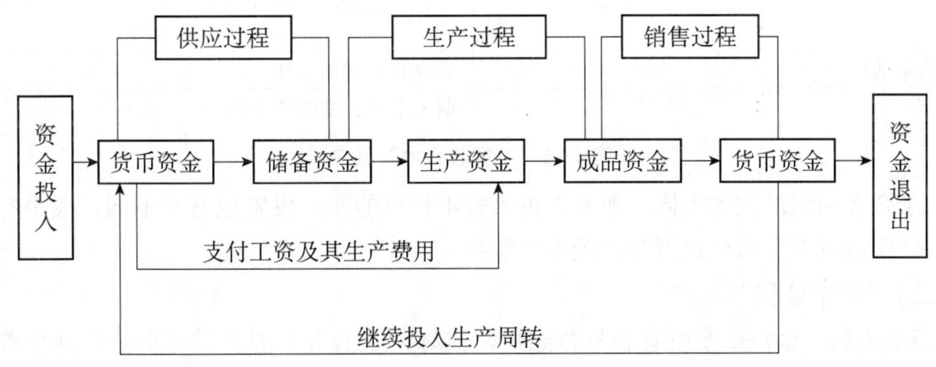

图 4－1　制造业资金运动图

任务二　资金筹集业务的核算

任务引领

资金筹集是企业进行生产经营活动的前提条件，也是资金运动的起点。企业从事正常的生产经营活动，如购建厂房设备、购买材料物资、支付职工薪酬、偿还到期债务、缴纳税费等，必须拥有一定数量的资金。企业的资金筹集来源是什么？会计人员如何核算资金筹资业务？

任务要求

了解企业资金筹集的渠道，掌握资金筹集业务的核算。

知识准备

制造企业生产经营资金的主要来源包括：一是投资者投入的资本，包括国家投资、其他单位投资、个人投资、外商投资等；二是从债权人筹集的资金，如向银行等金融机构借入款项等。

一、投资者投入资本的核算

投资者投入资本的账户设置如下：

（一）“实收资本”账户

实收资本是指投资者按照企业章程或合同、协议的约定，实际投入企业的资本。实收资本的构成比例，即投资者的出资比例或股东的股权比例，是确定所有者在企业所有者权益中份额的基础，也是企业进行利润或股利分配的主要依据。

“实收资本”账户是所有者权益类账户，核算企业实际收到投资者投入的资本金的增减变动及余额情况。贷方登记投资者向企业投入的资金、实物及无形资产等投资，借方登记按法定程序返还的投资款，余额反映在贷方，表示企业期末实收资本总额（见图4-2）。本账户按投资者设置明细分类账，进行明细分类核算。

借方　　　　实收资本	贷方
实收资本的减少额	实收资本的增加额
	期末余额：实收资本总额

图4-2　“实收资本”账户

由于企业组织形式的不同，所有者投入资本核算的账户设置也有所不同，股份有限公司应将“实收资本”账户设置为“股本”账户。

（二）“资本公积”账户

“资本公积”账户属于所有者权益账户，核算企业的资本溢价，即企业收到投资者出资超过其在注册资本中所占份额的部分。贷方登记企业取得的资本公积数额，借方登记资本公积金的减少数，余额反映在贷方，表示企业资本公积的实际结存数。本账户应按投资者设置明细分类账，进行明细分类核算。

（三）“固定资产”账户

“固定资产”账户属于资产类账户，核算企业的固定资产原始价值。借方登记调进、投入、构建的固定资产原始价值增加额，贷方登记调出、投出、报废的固定资产原始价值减少额。借方余额反映实有固定资产的原始价值（见图 4-3）。本账户按照固定资产类别、使用部门等设置明细分类账，进行明细分类核算。

借方 固定资产	贷方
固定资产原值的增加额	固定资产原值的减少额
期末余额：企业现有固定资产的原值	

图 4-3 “固定资产”账户

（四）“无形资产”账户

“无形资产”账户属于资产类账户，核算企业的专利权、非专利技术、商标权、著作权、土地使用权等各种无形资产的价值。借方登记企业购入或自行创造并按法律程序申请取得和其他单位投资转入的无形资产原值，贷方登记向外投资等减少的无形资产，余额反映在借方，表示无形资产的实有数额。本账户按无形资产的项目设置明细分类账，进行明细分类核算。

（五）“库存现金”账户

“库存现金”账户属于资产类账户，核算企业的库存现金收入、支出和结存的情况。借方登记现金的增加额，贷方登记现金的减少额。期末余额在借方，表示企业期末库存的现金数额（见图 4-4）。

借方 库存现金	贷方
库存现金的增加额	库存现金的减少额
期末余额：库存的现金金额	

图 4-4 “库存现金”账户

（六）“银行存款”账户

“银行存款”账户属于资产类账户，核算银行存款的增减变动和结余情况。借方登记银行存款的增加，贷方登记银行存款的减少；余额反映在借方，表示期末银行存款的实有数额（见图 4-5）。本账户应按开户银行及银行存款的种类分别设置“银行存款日记账”。

借方 银行存款	贷方
银行存款的增加额	银行存款的减少额
期末余额：结存的银行存款金额	

图 4-5 “银行存款”账户

微课视频

公司老板核算投资者投入资金业务

知识拓展

账户理解四要点

理解一个账户需要从以下四个方面着手：一是账户性质；二是核算内容；三是账户结构；四是明细设置。

二、借入资金的核算

企业的借入款项包括短期借款与长期借款两种。因此，应设置“短期借款”与“长期借款”两个账户进行核算。另外，还应设置“财务费用”和“应付利息”等账户。

(一)“短期借款”账户

短期借款是指企业为了满足生产经营的需要，向银行或其他金融机构借入的期限在1年以下（含1年）的各种借款。

“短期借款”账户属于负债类账户，核算企业短期借款的取得、偿还和余额情况，贷方登记借入短期借款本金数额，借方登记偿还短期借款本金数额，余额反映在贷方，表示尚未偿还的短期借款本金数额（见图4-6）。本账户应按照债权人和借款种类设置明细分类账，进行明细分类核算。

借方　　　　　　短期借款	贷方
短期借款本金的减少额	短期借款本金的增加额
	期末余额：尚未偿还的短期借款本金

图4-6　“短期借款”账户

(二)“财务费用”账户

“财务费用”账户属于损益类账户。核算企业为筹集生产经营所需资金等而发生的筹资费用，包括利息支出（减利息收入）汇兑差额以及相关的手续费、企业发生的现金折扣或收到的现金折扣等财务费用。为构建或生产满足资本化条件的资产发生的应予资本化借款费用，在“在建工程”“制造费用”等科目核算，不在“财务费用”科目核算。发生财务费用时，借记本账户，贷记银行存款等账户。结转本年利润时，借记本年利润，贷记本账户，期末结转后本账户应无余额（见图4-7）。财务费用账户应按费用项目设置明细账。

借方　　　　　　财务费用	贷方
财务费用的增加额	财务费用的减少额

图4-7　“财务费用”账户

(三)“应付利息”账户

“应付利息”账户属于负债类账户，核算企业按照合同约定预先提取但尚未实际支出的利息。账户的贷方登记应按月预先提取的利息费用，借方登记已支付的利息，期末贷方余额表示已经预提但尚未支付的利息（见图4-8）。

借方　　　　　　应付利息	贷方
应付利息的减少额	应付利息的增加额
	期末余额：尚未支付的利息

图4-8　“应付利息”账户

(四)“长期借款”账户

长期借款是指企业为了满足生产经营的需要，向银行或其他金融机构借入的期限在1

年以上（不含 1 年）的借款。

“长期借款”账户属于负债类账户，核算企业长期借款的取得、偿还和余额情况。贷方登记企业借入的长期借款及应付未付的利息，借方登记企业偿还的长期借款本金和利息，余额反映在贷方，表示企业尚未偿还的长期借款本金和利息（见图 4-9）。本账户按照借款单位和借款种类（本金、利息调整、应计利息）设置明细分类账，进行明细分类核算。

借方　　　　长期借款	贷方
长期借款本金和利息的减少额	长期借款本金和利息的增加额
	期末余额：尚未偿还的长期借款本金和利息

图 4-9　“长期借款”账户

长期借款的利息通常是分期付息的，所以一般通过“应付利息”这个短期负债账户来核算。不过一次还本付息的长期借款，计提的利息属于长期负债，则通过“长期借款——应计利息”账户核算更为合理。

典型任务操作示范

1. 投入资本业务核算

1.1　接受现金资产投资的账务处理

【典型任务 1】12 月 1 日，根据柯鲁丝公司董事会增加注册资本的决议，A 公司以货币资金增加投入柯鲁丝公司公司资本金 200 000 元，柯鲁丝公司已将此项货币资金存入银行（见表 4-1、表 4-2）。

表 4-1　　中国工商银行进账单（收账通知）　　3

2020 年 12 月 1 日

出票人	全　称	A 公司	收款人	全　称	柯鲁丝公司
	账　号	720303123456		账　号	111000654321
	开户银行	工行万商支行		开户银行	工行袍江支行

金额	人民币（大写）贰拾万元整	千	百	十	万	千	百	十	元	角	分
			¥	2	0	0	0	0	0	0	0

票据种类	转账支票	票据张数	壹张
票据号码	1001		
复核　记账			中国工商银行绍兴市袍江支行 转讫 收款人开户银行盖章

此联是收款人开户银行交给收款人的收账通知

【任务分析】企业收到投资者以货币性资金投入的资本时，按实际收到的金额，借记“银行存款”账户，按投资合同或协议约定的投资者在企业注册资本或股本中所占份额的部分，贷记“实收资本”账户进行核算。

这项经济业务的发生，一方面使企业的银行存款增加 200 000 元，另一方面使企业实收资本增加200 000元。这项经济业务涉及“银行存款”和“实收资本”两个账户，银行存款的增加应记入“银行存款”账户的借方，实收资本的增加应记入“实收资本”的贷方。应编制会计分录如下：

借：银行存款　　200 000

　贷：实收资本——A公司　　200 000

表4-2　　记账凭证

记字第01号

2020年12月01日　　附件1张

摘要	总账科目	明细科目	借方金额									贷方金额									记账符号
			百	十	万	千	百	十	元	角	分	百	十	万	千	百	十	元	角	分	
收到投资款	银行存款			2	0	0	0	0	0	0	0										
	实收资本	A公司											2	0	0	0	0	0	0	0	
合计			¥	2	0	0	0	0	0	0	0	¥	2	0	0	0	0	0	0	0	

会计主管：肖波　记账：张珂　稽核：肖波　出纳：王丽　制单：张珂

【典型任务2】12月10日，为扩大经营规模，经有关部门批准，柯鲁丝公司董事会决定接受B公司的投资，将公司注册资本增加到400 000元。按照投资协议约定，B公司需缴入资金180 000元，同时享有该公司35%的股份。柯鲁丝公司已收到投资款并存入银行，不考虑其他因素（见表4-3、表4-4）。

表4-3

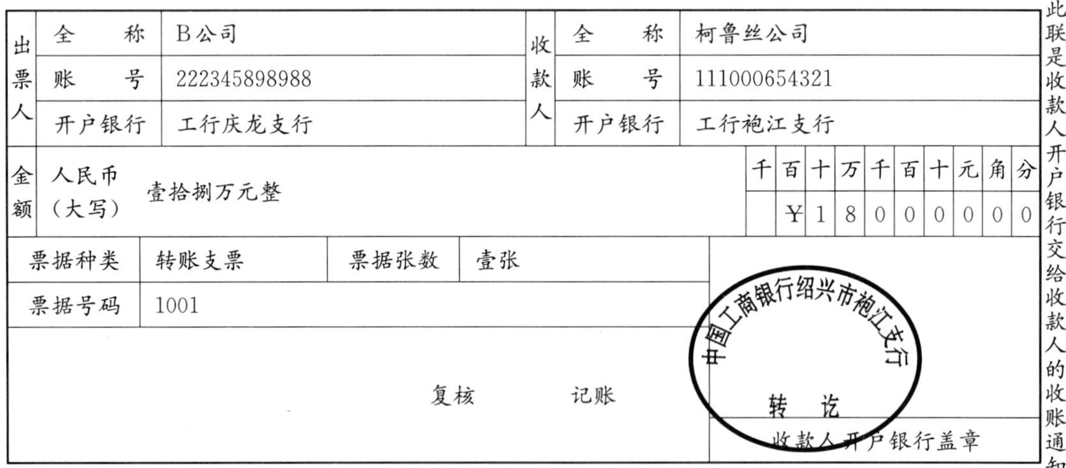

中国工商银行进账单（收账通知）　　3

2020年12月10日

出票人	全称	B公司	收款人	全称	柯鲁丝公司
	账号	222345898988		账号	111000654321
	开户银行	工行庆龙支行		开户银行	工行袍江支行

金额	人民币（大写）	壹拾捌万元整	千	百	十	万	千	百	十	元	角	分
				¥	1	8	0	0	0	0	0	0

票据种类	转账支票	票据张数	壹张
票据号码	1001		

复核　记账

中国工商银行绍兴市袍江支行 转讫

收款人开户银行盖章

此联是收款人开户银行交给收款人的收账通知

【任务分析】对于实际收到的金额超过投资者在企业注册资本中所占份额的部分，贷记“资本公积——资本溢价”账户。应编制会计分录如下：

借：银行存款　　180 000

　　贷：实收资本——B公司（400 000×35%）　　140 000

　　　　资本公积——资本溢价　　40 000

表 4-4　　**记账凭证**

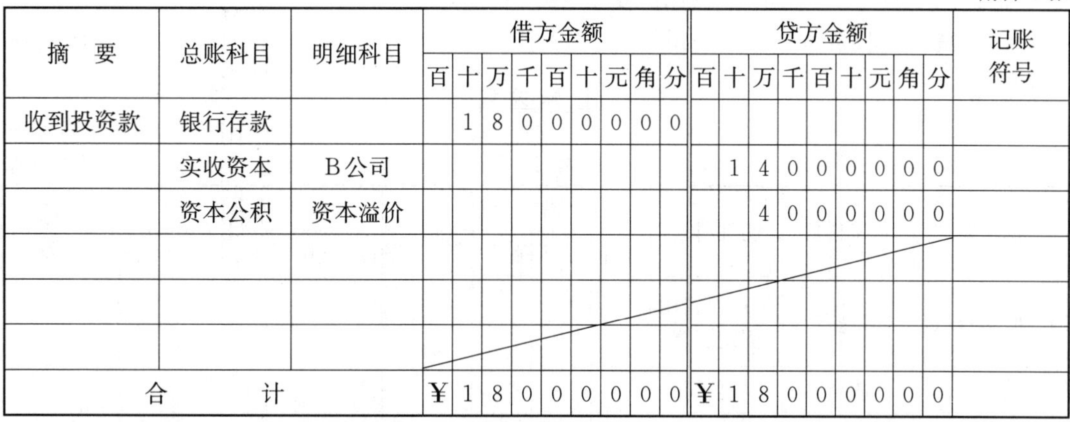

记字第 03 号

2020 年 12 月 10 日　　附件 1 张

摘　要	总账科目	明细科目	借方金额									贷方金额									记账符号
			百	十	万	千	百	十	元	角	分	百	十	万	千	百	十	元	角	分	
收到投资款	银行存款			1	8	0	0	0	0	0	0										
	实收资本	B公司											1	4	0	0	0	0	0	0	
	资本公积	资本溢价												4	0	0	0	0	0	0	
合　　计			¥	1	8	0	0	0	0	0	0	¥	1	8	0	0	0	0	0	0	

会计主管：肖波　　记账：张珂　　稽核：肖波　　出纳：王丽　　制单：张珂

1.2　接受非现金资产投资的账务处理

【典型任务 3】 12 月 5 日，C 公司按投资协议（见表 4-5）与董事会决议，投入柯鲁丝公司全新设备一台，经确认价值为 150 000 元，已交付生产车间使用。

表 4-5　　**投资协议**

投资协议

投资方（以下简称甲方）：C 公司

地址：上海浦东

电话：021-88657732

法人代表：蔡尚书

受资方（以下简称乙方）：柯鲁丝公司

地址：浙江绍兴

电话：0575-86596532

法人代表：柯鲁丝

甲乙双方经过友好协商，本着互惠互利、优势互补的合作原则，甲方向乙方投资。投资情况如下：

投资方式	品名	计量单位	数量	市场参考单价	协议单价	投资金额	出资期限
设备		台	1	150 000	150 000	150 000	12 月 5 日前

甲方缴清出资后，占乙方总资本的　　　%

一、双方的权利各义务

……

甲方：C 公司　　乙方：柯鲁丝公司

法定代表（授权代表）人：蔡尚书　　法定代表（授权代表）人：柯鲁丝

日期：2020.12.1　　日期：2020.12.1

（印章：上海浦东 C 公司）（印章：柯鲁丝公司）

【任务分析】企业接受以固定资产、原材料、无形资产等方式投入的资本，应按照投资合同或协议约定价值确认接受的非现金资产的价值，并确定在注册资本或股本中应该享有的份额，借记“固定资产”“无形资产”等账户，按照应享有的份额，贷记“实收资本”账户，两者之间的差额记入“资本公积——资本溢价”账户（见表4-6）。应编制会计分录如下：

借：固定资产——生产经营用固定资产　　150 000

　　贷：实收资本——C公司　　150 000

表4-6　　记账凭证

记字第02号

2020年12月5日　　附件1张

摘要	总账科目	明细科目	借方金额									贷方金额									记账符号
			百	十	万	千	百	十	元	角	分	百	十	万	千	百	十	元	角	分	
收到设备投资	固定资产	生产经营用固定资产		1	5	0	0	0	0	0	0										
	实收资本	C公司											1	5	0	0	0	0	0	0	
合计			¥	1	5	0	0	0	0	0	0	¥	1	5	0	0	0	0	0	0	

会计主管：肖波　　记账：张珂　　稽核：肖波　　出纳：王丽　　制单：张珂

学中做1

柯鲁丝公司刚设立时由甲、乙两人共同出资200万元，现有丙投资人看到企业经营效益不错也想加入，甲、乙同意丙加入，但是，丙需要出资150万元，其中，100万元作为实收资本，50万元作为资本溢价。现收到丙的投资，存入银行。

学中做2

某外商投资者以一项专利技术投资于柯鲁丝公司，按确认的价值100 000元入账，并经会计师事务所出具报告确认。

学中做3

柯鲁丝公司经决定用资本公积100 000元转增资本。

2. 向债权人借入资金的核算

【典型任务4】 4月1日，柯鲁丝公司向银行申请流动资金借款30 000元（见表4-7），借款期限3个月，已办妥借款手续，款项转存银行。年利率6%，按季付息。

表 4-7　中国工商银行　　　　**借款借据**　　　　（收账通知）

No0001234

银行编号：

科目		2020 年 4 月 1 日			字 0151201 号
借款人	柯鲁丝公司	利率（%）	6%	放款账号	111000654321
				结算账号	

借款金额（大写）	三万元整	万	千	百	十	万	千	百	十	元	角	分
					¥	3	0	0	0	0	0	0

用　　途	流动资金周转借款	约定偿还日期	2020 年 7 月 1 日

上列借款已核准发放，并已转入账户。

此致

单位

银行签章

中国工商银行绍兴市袍江支行　2020 年 04 月 01 日　转讫

此联由银行盖章后退回借款单位收执

【任务分析】这项经济业务的发生，一方面使企业的资产——银行存款增加 30 000 元，另一方面使企业的负债——短期借款增加 30 000 元。因此，这笔经济业务涉及“银行存款”与“短期借款”两个账户，银行存款的增加应记入“银行存款”账户的借方，短期借款的增加应记入“短期借款”账户的贷方（见表 4-8）。应编制会计分录如下：

借：银行存款　　30 000

　贷：短期借款　　30 000

表 4-8　　　　**记账凭证**

记字第 01 号

2020 年 4 月 1 日　　附件 1 张

摘　要	总账科目	明细科目	借方金额									贷方金额									记账符号
			百	十	万	千	百	十	元	角	分	百	十	万	千	百	十	元	角	分	
借入短期借款	银行存款				3	0	0	0	0	0	0										
	短期借款													3	0	0	0	0	0	0	
合　　计				¥	3	0	0	0	0	0	0		¥	3	0	0	0	0	0	0	

会计主管：肖波　　记账：张珂　　稽核：肖波　　出纳：王丽　　制单：张珂

【典型任务 5】4 月 2 日，柯鲁丝公司向银行申请购置设备款 200 000 元（见表 4-9），借款期限两年，已经批准并办妥手续，借款暂转存银行。

表4-9 中国工商银行 **借款借据** （收账通知）

No0001234

银行编号：

科目	2020年4月2日														字0151202号
借款人	柯鲁丝公司	利率（%）	6%	放款账号	111000654321										
				结算账号											
借款金额（大写）	贰拾万元整				万	千	百	十	万	千	百	十	元	角	分
							￥	2	0	0	0	0	0	0	0
用　　途	购置设备借款	约定偿还日期	2022年4月2日												

上列借款已核准发放，并已转入账户。
此致
单位
银行签章

中国工商银行绍兴市袍江支行 2020年04月02日 转讫

此联由银行盖章后退回借款单位收执

【任务分析】这项经济业务的发生，使企业的银行存款增加200 000元，使企业的长期借款增加200 000元。因此，这项经济业务涉及“银行存款”与“长期借款”两个账户，银行存款的增加应记入“银行存款”账户的借方，长期借款的增加应记入“长期借款”账户的贷方（见表4-10）。应编制会计分录如下：

借：银行存款　　200 000

　　贷：长期借款　　200 000

表4-10 记账凭证

记字第02号

2020年4月2日　　附件1张

摘要	总账科目	明细科目	借方金额									贷方金额									记账符号
			百	十	万	千	百	十	元	角	分	百	十	万	千	百	十	元	角	分	
借入长期借款	银行存款			2	0	0	0	0	0	0	0										
	长期借款												2	0	0	0	0	0	0	0	
合　　计			￥	2	0	0	0	0	0	0	0	￥	2	0	0	0	0	0	0	0	

会计主管：肖波　　记账：张珂　　稽核：肖波　　出纳：王丽　　制单：张珂

【典型任务4】中，编制4月末、5月末预提利息费用的会计分录。

【典型任务4】中，编制6月末支付利息费用的会计分录。

【典型任务4】中，编制到期还款的会计分录。

任务三　供应过程的核算

任务引领

供应过程是企业资金周转的第一个阶段。在供应过程中，企业要用货币资金建造或购买厂房、机器设备等固定资产和各种原材料、燃料、低值易耗品等，完成生产准备过程。在这一过程中，企业要支付购买固定资产和存货的价款、税金，要支付运输费、装卸费等各种采购费用，要与供货单位发生货款结算业务。

任务要求

理解材料采购成本的构成与计算，掌握材料采购成本的账户设置，掌握供应过程的核算。

知识准备

一、材料采购成本的计算

材料采购成本的计算，就是把企业在供应过程中所支付的材料买价和各项采购费用，按照材料的品种并根据成本项目计算各种材料的采购总成本和单位成本。

材料采购成本由下列各项组成：

（1）买价；

（2）运杂费（包括运输费、装卸费、保险费、包装费、仓储费等）；

（3）运输途中的合理损耗；

（4）入库前的整理挑选费用（包括整理挑选中发生的工时、费用支出和必要的耗费，并扣除回收的下脚废料价值）；

（5）购入材料负担的税金和其他费用。

采购人员的差旅费、专设机构的经费、企业供应部门和仓库的经费（包括入库后对材料的整理挑选费用），列作管理费用，不列入材料采购成本。

对两种以上的材料共同负担的费用，应进行必要的计算和分配。分配的标准：运输费、包装费、装卸搬运费等一般按材料重量比例分配，整理挑选费一般按买价比例分配。

二、账户设置

（一）“在途物资”账户

“在途物资”账户属于资产类账户，专门核算企业采用实际成本法时外购材料已采购但尚未到达验收入库的买价和采购费用，是计算和确定材料实际成本的账户。借方登记本期因采购材料支付的材料买价和采购费用。贷方登记已验收入库转入原材料账户的实际采购成本。月末，账户一般无余额，如有余额，则反映期末尚未验收入库的在途材料实际成本（见图4-10）。为了具体核算和监督各种材料的实际采购成本，应按购入材料的种类或主要品种设置明细分类账户，进行明细分类核算，计算每种材料的实际采购成本。

借方　　　　　　在途物资	贷方
购入材料发生的买价和采购费用	验收入库的材料的实际成本
期末余额：尚未验收入库的材料的实际成本	

图4-10　“在途物资”账户

（二）“原材料”账户

“原材料”账户属于资产类账户，核算企业库存的各种材料，包括原材料及主要材料、辅助材料、外购半成品、修理用备件、包装材料、燃料等的收入、发出和结存情况，借方登记由“在途物资”账户贷方转入的外购已验收入库原材料的实际成本，贷方登记发出原材料实际成本，期末借方余额，反映库存原材料的实际成本，即原材料储备资金的占用额（见图4-11）。本账户应按原材料的保管地点、类别、品种及规格设置材料明细分类账户，进行明细分类核算。

借方　　　　　　原材料	贷方
验收入库材料的成本	仓库发出材料的成本
期末余额：库存材料的成本	

图4-11　“原材料”账户

（三）“应付账款”账户

“应付账款”账户属于负债类账户，核算企业因购买材料、商品和接受劳务供应等而应付给供应单位的款项。贷方登记应付供应单位款项的增加，借方登记应付供应单位款项的减少，月末贷方余额，表示尚未偿还的应付款的结余数，本账户应按照供应单位设置明细账（见图4-12）。

借方　　　　　　应付账款	贷方
偿还的应付账款	应付账款的增加额
	期末余额：尚未偿还的应付账款

图4-12　“应付账款”账户

（四）“应付票据”账户

“应付票据”账户属于负债类账户，核算企业购买材料、商品和接受劳务供应等而开出、承兑的商业汇票，包括银行承兑汇票和商业承兑汇票。贷方登记企业开出的应付票据的面值，借方登记偿还的应付票据的金额，期末贷方余额，表示企业尚未偿还的应付票据的金额（见图4－13）。同时，企业还应设置应付票据备查簿，详细登记每一应付票据的种类、号数、签发日期、到期日、票面金额，合同交易号、收款人姓名或单位名称，以及付款日期和金额等资料。应付票据到期付清后，应当及时在备查簿中逐笔注销。该账户按债权人进行明细核算。

借方　　　　应付票据	贷方
偿还的应付票据的金额	应付账款的面值增加额
	期末余额：尚未偿还的应付票据金额

图4－13　“应付票据”账户

（五）“预付账款”账户

“预付账款”账户属于资产类账户，核算企业按照购货合同规定预付给供应单位的款项。借方登记企业因购货而预付或补付给供应单位的款项，贷方登记收到所购货物的货款和退回多付的款项，期末余额在借方，表示企业预付的款项，期末如为贷方余额，表示企业尚未支付的款项（见图4－14）。本账户应按供应单位设置明细账。

借方　　　　预付账款	贷方
预付账款的增加额	预付账款的减少额
期末余额：月末止已经支付的款项	期末余额：尚未补付的款项

图4－14　“预付账款”账户

（六）“应交税费”账户

“应交税费”账户属于负债类账户，总括核算企业应缴纳的各种税费。贷方登记应缴纳的税金，借方登记实际缴纳的税金，余额在贷方，表示应缴未缴的税金；如余额在借方，表示多缴或尚未抵扣的税金。本账户按税种设置明细账，进行明细分类核算。

其中“应交税费——应交增值税”账户用来核算企业应缴纳的增值税，借方登记企业采购材料物资时向供应单位支付的进项税额、实际缴纳的增值税等，贷方登记企业销售商品时向购买单位收取的销项税额、出口货物退税等，期末一般为贷方余额，表示本期应交未交的增值税（见图4－15）。期末若为借方余额表示未抵扣完的增值税。

借方　　　　应交税费——应交增值税	贷方
购进货物负担的增值税进项税额 实际缴纳的增值税	销售货物应收取的增值税销项税额 出口货物退税
期末余额：尚未抵扣完的增值税	期末余额：应交未交的增值税

图4－15　“应交税费——应交增值税”账户

三、材料采购业务的核算

企业从外部购入的材料，由于采用的结算方式不同，材料入库与付款的时间可能一致，也可能存在先后，因此，在会计处理上也有所差异。

微课视频

先提货后交钱
（核算未付款采购业务）

典型任务操作示范

柯鲁丝公司（增值税一般纳税人）2020年12月发生下列经济业务：

【典型任务1】 5日，从佳而美公司购入甲材料20吨，单价500元，共计货款10 000元，增值税进项税额1 300元（见表4-11），款项用银行存款支付（见表4-12），材料同时验收入库。

表4-11

增值税专用发票　NO021209312

发票联

开票日期：2020年12月05日

购买方	名　　称：绍兴柯鲁丝纺织品有限公司 纳税人识别号：913306023553277238896 地 址 、电 话：绍兴市凤林西路2500号B区六大道2F2386 15925815896 开户行及账号：农行绍兴越州支行19500901040011896			密码区	67/*+3*0/611*++0/+0*/*+3+2/9 *11*+666666**066611*+66666* 1**+216***6000*261*2*4/*547 203994+-42*64151*6915361/3*		
货物或应税劳务、服务名称	规格型号	单位	数量	单价	金额	税率	税额
甲材料		吨	20	500	10 000.00	13%	1 300
合　计					¥10 000		¥1 300
价税合计（大写）	⊗壹万壹仟叁佰元整				（小写）¥11 300.00		
销售方	名　　称：浙江佳而美纺织有限公司 纳税人识别号：91330781779356990E 地 址 、电 话：兰溪市永昌街道红店头0579-88389306 开户行及账号：中国工商银行兰溪支行120805—9200132565			备注	浙江佳而美纺织有限公司 91330781779356990E 发票专用章		

收款人：徐君　　复核：姚冠生　　开票人：余佳丽　　销售方：章

第三联：发票联　购买方记账凭证

表4-12　中国农业银行转账支票存根

中国农业银行 转账支票存根
附加信息
出票日期　2020年12月05日
收款人：佳而美公司
金额：¥11 300.00
用途：支付材料款
单位主管　　会计

【任务分析】 对于购进材料支付货款，同时验收入库的经济业务，按应计入材料采购成本的金额，借记“原材料”账户，根据增值税专用发票准予抵扣的税额，借记“应交税费——应交增值税（进项税额）”账户，按照实际支付或开出并承兑商业汇票的金额，贷记“银行存款”“应付票据”等账户。

这项经济业务的发生，一方面是仓库里的甲材料增加 10 000 元，记入“原材料”账户的一方，另一方面使将来应缴纳的增值税减少 1 300 元，记入“应交税费”的借方，同时，使银行存款减少 11 300 元，记入“银行存款”账户的贷方（见表 4－13）。应编制会计分录如下：

借：原材料——甲材料　　10 000
　　应交税费——应交增值税（进项税额）　　1 300
　　贷：银行存款　　11 300

表 4－13　　**记账凭证**

记字第 01 号

2020 年 12 月 5 日　　附件 2 张

摘　要	总账科目	明细科目	借方金额									贷方金额									记账符号
			百	十	万	千	百	十	元	角	分	百	十	万	千	百	十	元	角	分	
购进材料	原材料	甲材料			1	0	0	0	0	0	0										
	应交税费	应交增值税（进）				1	3	0	0	0	0										
	银行存款													1	1	3	0	0	0	0	
合　　计				¥	1	1	3	0	0	0	0		¥	1	1	3	0	0	0	0	

会计主管：肖波　　记账：张珂　　稽核：肖波　　出纳：王丽　　制单：张珂

【典型任务 2】 8 日，从佳而美公司购入甲材料 100 吨，单价 500 元，共计货款 50 000 元，增值税进项税额 6 500 元，佳而美公司代垫运杂费 4 000 元。材料同日到达，验收入库，款项暂欠（收料单见表 4－14）。

表 4－14　　**收　料　单**

发票号码：　　2020 年 12 月 8 日　　编号：001

供应单位：佳而美公司　　收料仓库：1 号

材料类别：原料及主要材料

材料编号	物料名称	规格型号	单位	数量		实际成本				
				应收	实收	买价		运杂费	其他	合计
						单价	金额			
010	甲材料		吨	100	100	500	50 000			50 000
合计						500	50 000			50 000

第三联　记账

采购员：张三　　发料：李四　　记账员：王二　　保管员：陈庆

【任务分析】 对于材料物资已经收到并验收入库，但货款尚未支付的经济业务，应按计入材料采购成本的金额，借记“原材料”账户，根据增值税专用发票准予抵扣的税额，借记“应交税费——应交增值税（进项税额）”账户，按应支付的价税款合计数额，贷记“应付账款”账户。

经济业务的发生，一方面使仓库里的甲材料增加 54 000 元，记入“原材料”账户的借方，另一方面使增值税进项税额增加 6 500 元，记入“应交税费”账户的借方，同时，使负债增加 60 500 元，记入“应付账款”账户的贷方（见表 4－15）。应编制会计分录如下：

借：原材料——甲材料　　54 000
　　应交税费——应交增值税（进项税额）　　6 500
　　贷：应付账款　　60 500

表 4－15

记账凭证

记字第 02 号

2020 年 12 月 8 日　　附件 3 张

摘　要	总账科目	明细科目	借方金额									贷方金额									记账符号
			百	十	万	千	百	十	元	角	分	百	十	万	千	百	十	元	角	分	
购进材料	原材料	甲材料			5	4	0	0	0	0	0										
	应交税费	应交增值税（进）				6	5	0	0	0	0										
	应付账款													6	0	5	0	0	0	0	
合　　计				¥	6	0	5	0	0	0	0		¥	6	0	5	0	0	0	0	

会计主管：肖波　　记账：张珂　　稽核：肖波　　制单：张珂

【典型任务 3】10 日，向 A 企业购入乙、丙两种材料，材料尚未到达。其中：乙材料 1 200 千克，单价 30 元，共 36 000 元；丙材料 1 000 千克，单价 50 元，共 50 000 元；总计 86 000 元。增值税率 13%，增值税额 11 180 元。以上价款均以银行存款支付。

【任务分析】某些情况下，由于异地购货等原因，企业外购材料物资，货款已经支付，但材料物资仍在途中或虽已到达，但尚未验收入库等，企业应先根据结算凭证、发票账单等，借记“在途物资”账户，按税法规定可抵扣的增值税进项税额，借记“应交税费——应交增值税（进项税额）”账户，按实际支付的货款，贷记“银行存款”等账户；待材料到达并且验收入库后再根据收料单，按材料实际成本，借记“原材料”账户，贷记“在途物资”账户。

经济业务的发生，一方面使乙、丙两种材料采购成本增加 86 000 元，增值税进项税额增加 11 180 元；另一方面，使银行存款减少 97 180 元。材料采购成本和增值税进项税额增加，分别记入“在途物资”账户和“应交税费”账户借方，银行存款减少，记入“银行存款”账户贷方（见表 4－16）。应编制会计分录如下：

借：在途物资——乙材料　　36 000
　　　　　　——丙材料　　50 000
　　应交税费——应交增值税（进项税额）　　11 180
　　贷：银行存款　　97 180

表 4-16

记账凭证

记字第 03 号

2020 年 12 月 10 日　　　　附件 3 张

摘　要	总账科目	明细科目	借方金额									贷方金额									记账符号
			百	十	万	千	百	十	元	角	分	百	十	万	千	百	十	元	角	分	
购进材料	原材料	乙材料			3	6	0	0	0	0	0										
		丙材料			5	0	0	0	0	0	0										
	应交税费	应交增值税（进）			1	1	1	8	0	0	0										
	银行存款													9	7	1	8	0	0	0	
合　　计				¥	9	7	1	8	0	0	0		¥	9	7	1	8	0	0	0	

会计主管：肖波　　记账：张珂　　稽核：肖波　　出纳：王丽　　制单：张珂

【典型任务 4】12 日，以银行存款支付购入上述乙材料、丙材料的运杂费 440 元。

【任务分析】一批购入的材料品种在两种以上时，所发生的共同性采购费用应选用合适恰当的分配标准，在该批材料的各品种之间进行合理分配，以便分别计算确定它们的采购成本。就材料而言，分配标准有重量、体积、件数和价值等。假定本典型任务的运杂费按乙、丙材料的重量分配，其方法如下：

分配率＝运杂费/乙、丙材料的重量

＝440 元/(1 200 千克＋1 000 千克）＝0.20 元/千克

则：

乙材料应分配的运杂费＝1 200 千克×0.20 元/千克＝240 元

丙材料应分配的运杂费＝1 000 千克×0.20 元/千克＝200 元

合计＝440 元

根据以上分摊结果应在“在途物资”总分类账户的借方登记 440 元，银行存款账户的贷方登记 440 元。同时在“在途物资——乙材料”明细账户借方运杂费登记 240 元，在“在途物资——丙材料”明细账户借方运杂费登记 200 元，以便分别计算确定它们的实际采购成本（见表 4-17)。应编制会计分录如下：

表 4-17

记账凭证

记字第 04 号

2020 年 12 月 12 日　　　　附件 1 张

摘　要	总账科目	明细科目	借方金额									贷方金额									记账符号
			百	十	万	千	百	十	元	角	分	百	十	万	千	百	十	元	角	分	
支付运杂费	原材料	乙材料					2	4	0	0	0										
		丙材料					2	0	0	0	0										
	银行存款															4	4	0	0	0	
合　　计						¥	4	4	0	0	0				¥	4	4	0	0	0	

会计主管：肖波　　记账：张珂　　稽核：肖波　　出纳：王丽　　制单：张珂

借：在途物资——乙材料　　240
　　　　　　——丙材料　　200
　贷：银行存款　　440

【典型任务 5】15 日，乙、丙材料验收入库并结转材料采购成本。

根据乙、丙两种材料的在途物资明细账资料，编制材料采购成本计算表（见表 4－18）。

表 4－18

材料采购成本计算表

2020 年 12 月

成本项目	乙材料		丙材料	
	总成本（1 200 千克）	单位成本	总成本（1 000 千克）	单位成本
买价	36 000	30	50 000	50
运杂费	240	0.2	200	0.2
材料采购成本	36 240	30.2	50 200	50.2

【任务分析】实际操作中，凭材料采购成本计算表及有关单据填制记账凭证（见表 4－19），办理入库手续。应编制会计分录如下：

借：原材料——乙材料　　36 240
　　　　　——丙材料　　50 200
　贷：在途物资——乙材料　　36 240
　　　　　　　——丙材料　　50 200

表 4－19

记 账 凭 证

记字第 05 号

2020 年 12 月 15 日　　附件 1 张

摘　要	总账科目	明细科目	借方金额									贷方金额									记账符号
			百	十	万	千	百	十	元	角	分	百	十	万	千	百	十	元	角	分	
材料验收入库	原材料	乙材料			3	6	2	4	0	0	0										
		丙材料			5	0	2	0	0	0	0										
	在途物资	乙材料												3	6	2	4	0	0	0	
		丙材料												5	0	2	0	0	0	0	
合　　计				¥	8	6	4	4	0	0	0		¥	8	6	4	4	0	0	0	

会计主管：肖波　　记账：张珂　　稽核：肖波　　制单：张珂

【典型任务 6】柯鲁丝公司与 B 企业签订合同，订购材料 400 000 元。按照合同规定，柯鲁丝公司先预付货款的 60％，并通过汇兑方式预付货款 240 000 元。10 天后，柯鲁丝公司收到 B 企业发来的材料，已验收入库，取得增值税专用发票注明的货款为 400 000 元，增值税额为 52 000 元。柯鲁丝公司已将所欠款项以银行存款付讫。

【任务分析】某些情况下，当材料物资比较紧俏时，企业通常与购货单位签订经济合同，并按照购货合同预先支付给供应单位一笔货款，等收到货物之后再进行结算，多退少补。

应编制会计分录如下：

（1）预付货款时：

借：预付账款——B 企业 240 000

　　贷：银行存款 240 000

（2）材料验收入库时：

借：原材料 400 000

　　应交税费——应交增值税（进项税额） 52 000

　　贷：预付账款——B 企业 452 000

（3）补付货款时：

借：预付账款——B 企业 212 000

　　贷：银行存款 212 000

某公司购入甲材料 120 吨，每吨 500 元，运杂费 900 元，增值税进项税额 7 800 元。材料已入库，贷款尚未支付。假如你是该公司会计人员，应如何编写会计分录？

任务四　生产过程的核算

任务引领

在生产过程中，一方面，生产工人需要借助机器设备对各种原材料进行加工，制造各种产品，发生材料消耗的材料费、固定资产磨损的折旧费、生产工人劳动耗费的人工费等；同时，还要发生企业与工人之间的工资结算关系、与有关单位之间的劳务结算关系等。虽然这些费用具有不同的经济用途，发生在生产过程的不同环节，但均需要按照产品的种类进行归集和分配，最终计算出产品的生产成本。

任务要求

了解产品生产成本的构成，掌握制造费用的归集与分配，掌握生产过程业务的核算。

知识准备

领用材料
（核算领料业务）

生产过程的核算，主要是生产费用归集、分配和产品生产成本的计算。

生产费用进一步可以分为直接费用和间接费用。直接费用包括直接材料和直接人工，可以直接计入某种产品的生产成本；间接费用，又称制造费用，必须先归集当期发生的各项制造费用，期末再按照一定分配标准分配到不同产品的生产成本中。

一、产品生产成本的构成

产品生产成本是指产品在其生产过程中所发生的各种生产费用。计入产品成本的生产费用按其用途不同，可划分为若干个项目，这些项目作为产品成本的构成内容，会计上称为成本项目。成本项目一般可分为直接材料、直接人工和制造费用等。

直接材料是指直接用于产品生产的各种材料消耗，如构成产品实体的原材料、主要材料、燃料以及有助于产品形成的辅助材料。

直接人工是指直接从事产品生产人员的工资及其他职工薪酬。

制造费用是指企业内部的生产部门为组织和管理生产活动而发生的各项间接费用，如车间管理人员的薪酬及福利、车间房屋建筑物和机器设备的折旧费、车间修理费、车间办公费、车间水电费、车间机物料消耗和劳动保护费等。

知识拓展

何种计入产品生产成本

企业行政管理部门为组织和管理生产经营活动而发生的管理费用，应作为期间费用，直接计入当期损益，不计入产品生产成本。按照成本项目将所发生的产品生产费用归集分配到成本计算对象上，就构成了这一对象的生产成本。

二、账户设置

（一）“生产成本”账户

“生产成本”账户属于成本类账户，用来核算企业进行工业性生产，包括生产各种产品（如产成品、自制半成品、提供劳务等）、自制材料、自制工具、自制设备等所发生的各项生产费用。本账户的借方登记生产产品发生的各种直接材料、直接人工和其他直接费用以及分配转入的制造费用，贷方登记结转完工产品的实际生产成本，月末借方余额，表示尚未完工的在产品成本，也就是生产资金的占用额（见图4-16）。本账户应当按照基本生产成本和辅助生产成本进行明细核算。基本生产成本应当分别按照基本生产车间和成本核算对象（如产品的种类、类别、订单、批别、生产阶段等）设置明细账，并按照规定的成本项目设置专栏。

借方　　　　生产成本	贷方
生产过程中发生的直接材料费、直接人工费、分配转入的制造费用的数额	完工并验收入库的产品的实际成本
期末余额：尚未完工的在产品成本	

图4-16　“生产成本”账户

（二）“制造费用”账户

“制造费用”账户属于成本类账户，用来核算企业生产部门为组织和管理生产而发生的各种间接费用，包括车间管理人员的工资和福利费、机器设备及车间厂房的折旧费、车间办公费、车间水电费、劳动保护费、季节性及修理期间的停工损失、机器物料消耗费等。这些费用先通过本账户进行归集，然后按照一定分配标准，在各种产品之间进行分配。账户借方登记本月车间发生的各项间接费用，贷方登记期末分配转入“生产成本”账户的数额，除季节性生产企业外，本账户月末应无余额（见图 4－17）。本账户应当按照不同的生产车间（部门）和费用项目进行明细核算。

借方	制造费用　　　　　　　　贷方
本期发生的各种间接费用	期末分配转入“生产成本”账户借方的数额

图 4－17　“制造费用”账户

（三）“管理费用”账户

“管理费用”账户核算企业行政管理部门为组织和管理生产经营活动而发生的管理费用，属于损益类账户。借方登记企业发生的各项管理费用，贷方登记期末全部转入“本年利润”账户的管理费用，期末结转后该账户无余额（见图 4－18）。该账户应按费用项目设置明细账进行明细核算。

借方	管理费用　　　　　　　　贷方
本期发生的各项管理费用	期末转入“本年利润”的管理费用

图 4－18　“管理费用”账户

企业与固定资产有关的后续支出，包括固定资产发生的日常修理费、大修理费用、更新改造支出、房屋的装修费用等，没有满足固定资产准则规定的固定资产确认条件的，也在“管理费用”账户核算。

（四）“应付职工薪酬”账户

职工薪酬是指企业根据有关规定应付给职工的各种薪酬。为了核算和监督企业应付给职工的各种薪酬的提取、结算、使用等情况，需要设置“应付职工薪酬”账户，并按照“短期薪酬”“带薪缺勤”“离职后福利”“辞退福利”和“其他长期职工福利”等项目进行明细核算。根据企业实际业务需要在二级账户下开设三级明细账户进行核算，如在“短期薪酬”下设置“工资”“职工福利”“社会保险费”“住房公积金”“工会经费”“职工教育经费”“设定提存计划”等三级明细账户。

该账户属于负债类账户，贷方登记已分配记入有关成本费用账户的职工薪酬的数额，借方登记职工薪酬的实际支付款项和扣收的各种款项，月末余额反映本月已分配的职工薪酬和已发放职工薪酬之间的差额，借方余额表示实际多支付的职工薪酬数，贷方余额表示应付未付的职工薪酬数（见图 4－19）。

借方	应付职工薪酬　　　　　　　　贷方
本期实际支付的职工薪酬数额	本期应付职工的薪酬总额（或应分配记入有关成本费用账户的职工薪酬）
期末余额：实际多付的薪酬	期末余额：应付未付的薪酬

图 4－19　“应付职工薪酬”账户

（五）“累计折旧”账户

“累计折旧”账户属于资产类备抵账户，用来核算企业固定资产因使用而发生价值损耗及其转销情况。贷方登记计提的累计折旧数和增加固定资产而相应增加的折旧数，借方登记因出售、报废、毁损及盘亏而相应减少的固定资产转出的累计折旧数，期末余额一般在贷方，表示现有固定资产的累计折旧数（见图4-20）。“累计折旧”账户可按固定资产的类别和项目设置明细账户，进行明细分类核算。

借方　　　　累计折旧	贷方
转销的固定资产折旧额	本期计提的固定资产折旧额
	期末余额：现有固定资产已提折旧的累计数

图4-20　“累计折旧”账户

能力提升

固定资产折旧为什么不直接记入“固定资产”账户？

（六）“库存商品”账户

为了核算和监督库存的各种产成品的实际成本的增减变动情况，需要设置和运用“库存商品”账户。该账户属于资产类账户，借方登记生产完工并已验收入库的产成品实际生产成本，贷方登记销售发出产品的实际成本，借方余额表示库存产成品的实际生产成本，该账户可按产品品种规格设置明细分类账户，进行明细核算（见图4-21）。

借方　　　　库存商品	贷方
本期完工入库产品的成本	本期发出产品的成本
期末余额：现有库存商品的成本	

图4-21　“库存商品”账户

（七）“其他应收款”账户

“其他应收款”账户核算企业除应收账款、应收票据、预付账款等商品交易业务以外发生的其他各种应收和暂付款项，属于资产类账户。借方登记企业应收的各种赔款、罚款、出租包装物租金、职工向企业借款、为职工垫付的款项等，贷方登记收回的其他应收款，期末为借方余额，表示企业尚未收回的其他应收款（见图4-22）。该账户应按应收项目和对方单位（个人）设置明细账进行明细核算。

借方　　　　其他应收款	贷方
其他应收款的增加额	其他应收款的减少额
期末余额：尚未收回的其他应收款	

图4-22　“其他应收款”账户

典型任务操作示范

1. 材料费用归集与分配的账务处理

柯鲁丝公司2020年12月发生下列经济业务：

【典型任务1】从仓库领用材料，见表4-20（假设领用的材料单价与供应过程无联系）。

表 4－20

发料凭证汇总表

2020 年 12 月 5 日

金额单位：元

用途	甲材料		乙材料		丙材料		合计
	数量	金额	数量	金额	数量	金额	
生产 A 产品耗用	30 吨	15 255	1 000 千克	31 000			46 255
生产 B 产品耗用	20 吨	10 170	1 000 千克	31 000			41 170
车间一般耗用					400 千克	20 080	20 080
管理部门耗用					100 千克	5 020	5 020
合计	50 吨	25 425	2 000 千克	62 000	500 千克	25 100	112 525

【任务分析】材料费用应按受益对象进行归集和分配，仓库发出材料使库存原材料减少，应记入“原材料”账户的贷方；凡是为生产产品直接耗用的材料，应记入“生产成本”账户的借方；车间消耗的材料属于间接费用，应记入“制造费用”账户的借方；管理部门消耗的材料属于期间费用，应记入“管理费用”账户的借方。

由于生产 A、B 两种产品，在“生产成本”总分类账户下，应分设“A 产品”“B 产品”两个明细分类账户。

这笔经济业务编制会计分录如下：

借：生产成本——A 产品　46 255
　　　　　　——B 产品　41 170
　　制造费用　20 080
　　管理费用　5 020
　　贷：原材料——甲材料　25 425
　　　　　　　——乙材料　62 000
　　　　　　　——丙材料　25 100

2. 职工薪酬归集和分配的账务处理

【典型任务 2】月末，根据工时和考勤记录，计算应付职工工资（见表 4－21）。

表 4－21

职工工资分配汇总表

2020 年 12 月 31 日

单位：元

项目	工资
生产 A 产品生产工人工资	34 000
生产 B 产品生产工人工资	46 000
车间管理人员工资	20 000
厂部行政管理人员工资	12 000
合　计	112 000

财会主管：肖波　　会计：张珂　　复核：肖波　　制表：张珂

【任务分析】在生产经营活动中，企业发生的职工薪酬费用应按照各项薪酬的用途进行分配。其中，生产工人的工资属于直接费用，应记入“生产成本”账户的借方；车间管理人员的工资属于间接费用，应记入“制造费用”账户的借方；公司总部管理人员的工资属于期间费用，应记入“管理费用”账户的借方。通常企业计算工资费用与实际发放的时间是不一致的，一般是先计算本期应负担的工资费用，实际发放工资的时间则滞后。所以，计算工资费用时，就形成企业对职工的负债。

这笔经济业务编制会计分录如下：

借：生产成本——A产品　　34 000
　　　　　　——B产品　　46 000
　　制造费用　　20 000
　　管理费用　　12 000
　　贷：应付职工薪酬——工资　　112 000

【典型任务3】向银行提取现金112 000元，备发本月薪酬。

【任务分析】这项经济业务的发生，使企业的库存商品增加了112 000元，银行存款减少了112 000元。现金的增加，应记入“库存现金”账户的借方；银行存款的减少，应记入“银行存款”账户的贷方。

这笔经济业务编制会计分录如下：

借：库存现金　　112 000
　　贷：银行存款　　112 000

【典型任务4】以现金支付本月职工薪酬112 000元。

【任务分析】这笔经济业务编制会计分录如下：

借：应付职工薪酬　　112 000
　　贷：库存现金　　112 000

3. 固定资产折旧的账务处理

【典型任务5】31日，企业按照规定的折旧率，计提本月固定资产折旧额（见表4-22）。

表4-22 固定资产折旧计算表

2020年12月31日　　单位：元

固定资产类别	使用部门	月折旧额
房屋建筑物	生产车间	8 000
	行政管理部门	2 000
设备	生产车间	6 640
	行政管理部门	1 000
合计		17 640

财会主管：肖波　　会计：张珂　　复核：肖波　　制表：黄龙

【任务分析】固定资产在生产过程中，由于使用而损耗的价值叫作固定资产折旧。生产车间的折旧费是产品成本的组成部分，应按期计入产品成本。由于折旧费不能直接确定计入哪一种产品，因此，先记入“制造费用”账户。

这笔经济业务编制会计分录如下：

借：制造费用　　14 640
　　管理费用　　3 000
　　贷：累计折旧　　17 640

4. 其他费用的账务处理

在生产过程中，除材料费、人工费、固定资产折旧费外，还会发生一些其他耗费，如水电费、修理费、财产保险费等，这些费用通常按受益对象进行分摊。

【典型任务 6】柯鲁丝公司接电力公司通知，本月电费 26 500 元（见表 4－23），按照电表上的耗电量分别计算耗用金额（见表 4－24）。

表 4－23　　**供电公司机打发票**

国网　供电公司机打发票

发票联

发票代码　3300171320

发票号码　06790676

开票日期：2020 年 12 月 18 日　　行业分类：

户　号	025	电费年月	2020 年 12 月	抄表段		
户　名	柯鲁丝公司				识别号	
局号	上期示数	本期示数	倍率	单价	电量	金额
0585				1.3266	19 970.66	26 500
备注						
金额合计（大写）	贰万陆仟伍佰元整					

（手开无效）

收费员：　　开票员：　　此发票限在 2020 年 10 月 31 日前开具有效　　收款单位盖章

表 4－24　　**电力分配汇总表**

2020 年 12 月 31 日　　单位：元

项目	金额
应由 A 产品负担的动力用电	12 500
应由 B 产品负担的动力用电	7 500
车间照明及机修部门用电	5 000
公司本部用电	1 500
合　　计	26 500

财会主管：肖波　　会计：张珂　　复核：肖波　　制表：宋毅

【任务分析】这笔经济业务编制会计分录如下：

借：生产成本——A 产品　　12 500

　　　　　　——B 产品　　7 500

　　制造费用　　5 000

　　管理费用　　1 500

　　贷：应付账款——电力公司　　26 500

【典型任务 7】月末，柯鲁丝公司接银行通知，从银行存款中已代付电费 26 500 元

（见表4－25）。

表4－25　　中国农业银行转账支票存根

中国农业银行 转账支票存根
附加信息
出票日期　2020年12月22日
收款人：借电公司
金额：¥26 500.00
用途：支付电费
单位主管　　会计

【任务分析】这笔经济业务编制会计分录如下：

借：应付账款——电力公司　　26 500

　　贷：银行存款　　26 500

【典型任务8】月末，以银行存款支付生产车间设备维修费用2 250元（见表4－26）。

表4－26　　中国农业银行转账支票存根

中国农业银行 转账支票存根
附加信息
出票日期　2020年12月31日
收款人：东风公司
金额：¥2 250.00
用途：支付设备维修费
单位主管　　会计

【任务分析】这笔经济业务编制会计分录如下：

借：制造费用　　2 250

　　贷：银行存款　　2 250

5. 制造费用归集与分配的账务处理

企业发生的制造费用，应当按照合理的分配标准按月分配，计入各成本核算对象的生产成本，记入“生产成本”账户。企业可以采用的分配标准包括生产工人工资、生产工时、机器工时等。

制造费用分配的计算公式如下：

制造费用分配率＝制造费用总额/各产品生产工时（或直接人工）之和

某产品应分配的制造费用＝该产品生产工时（或直接人工）×分配率

【典型任务 9】月末，将本月发生的制造费用按生产工人工资比例进行分配（见表 4－27 和表 4－28）。

表 4－27 制造费用总账 单位：元

2020 年		凭证号数	摘要	借方金额	贷方金额	借或贷	余额
月	日						
12	5		耗用材料	20 080		借	20 080
	10		分配车间管理人员工资	20 000		借	40 080
	31		车间固定资产折旧	14 640		借	54 720
			车间照明及机修部门用电	5 000		借	59 720
			生产车间设备维修费用	2 250		借	61 970
			分配转出制造费用		61 970	平	0

表 4－28 制造费用分配汇总表

2020 年 12 月 31 日 单位：元

产品名称	生产工人工资	分配率	分配金额
A 产品	34 000		26 336
B 产品	46 000		35 634
合计	80 000	0.774 6	61 970

A 产品负担制造费用＝61 970×0.774 6＝26 336（元）

B 产品负担制造费用＝61 970－26 336＝35 634（元）

【任务分析】这笔经济业务编制会计分录如下：

借：生产成本——A 产品 26 336

——B 产品 35 634

贷：制造费用 61 970

6. 完工产品生产成本计算与结转的账务处理

产品生产成本计算是指将企业生产过程中为制造产品所发生的各种费用按照成本计算对象进行归集和分配，并计算各种产品的总成本和单位成本的过程。

企业应设置产品生产成本明细账，用来归集应计入各种产品的生产费用。通过对材料费用、职工薪酬和制造费用的归集和分配，企业各月生产产品所发生的生产费用均记入“生产成本”账户中。

【典型任务 10】本月生产 A 产品 1 000 件，全部完工并验收入库，生产总成本为 133 291 元，B 产品 1 500 件，尚未制造完工。

【任务分析】为了反映产成品的增加，就要将完工的 A 产品的实际生产成本从“生产成本”账户的贷方转入“库存商品”账户的借方。B 产品尚未完工，其生产费用（在产品成本）全部结转下期，不必编制会计分录。

这笔经济业务编制会计分录如下：

借：库存商品——A 产品 133 291

贷：生产成本——A 产品　　133 291

根据**【典型任务 1】**至**【典型任务 10】**，柯鲁丝公司 12 月生产过程的总分类核算和“生产成本”明细分类账户中的记录见表 4－29 和表 4－30。

表 4－29　　A 产品生产成本明细分类账

产品名称：A 产品

2020 年		凭证号数	摘要	借方			
月	日			直接材料	直接人工	制造费用	合计
12	1		期初余额	10 000	4 000	200	14 200
		8	生产投料	46 255			46 255
		11	生产工人工资		34 000		34 000
		31	耗用电费			12 500	12 500
		31	分配制造费用			26 336	26 336
		20	结转完工产品	56 255	38 000	39 036	133 291
	31		期末余额	0	0	0	0

表 4－30　　B 产品生产成本明细分类账

产品名称：B 产品

2020 年		凭证号数	摘要	借方			
月	日			直接材料	直接人工	制造费用	合计
12	1		期初余额	3 500	500	150	4 150
		8	生产投料	41 170			41 170
		11	生产工人工资		46 000		46 000
		15	耗用电费			7 500	7 500
		19	分配制造费用			35 634	35 634
		20	结转完工产品				
	31		期末余额	44 670	46 500	43 284	134 454

根据生产成本明细分类账户的资料，编制产品生产成本的计算表，计算完工的 A 产品实际生产总成本和单位成本，编制产品生产成本计算表（见表 4－31）。

表 4－31　　产品生产成本计算表

产品名称：A 产品　　2020 年 12 月　　单位：元

成本项目	总成本（1 000 件）	单位成本
直接材料	56 255	56.255
直接人工	38 000	38.00
其他直接费用	12 500	12.50
制造费用	26 366	26.366
产品生产成本	133 291	133.291

学中做 8

某公司分配为职工计提的社会保险费 13 384 元。其中，A 产品 4 004 元、B 产品 3 388 元、生产车间管理人员 2 492 元、行政管理人员 3 500 元。假如你是该公司会计人员，应如何编写会计分录?

任务五 销售过程的核算

任务引领

产品销售过程是企业资金周转的第三个阶段，也是企业产品价值和经营成果的实现过程。企业在销售过程中，一方面销售产品取得收入，办理货款结算；另一方面要支付各项销售费用，结转产品的销售成本。同时，还要根据税法规定计算缴纳企业销售活动应负担的税金及附加。除了主要销售业务活动以外，企业还会发生一些其他销售业务，如材料销售、固定资产和无形资产出租等，在这些业务活动中会取得其他业务收入并发生其他业务成本。

任务要求

理解商品销售税金的计算，掌握商品销售成本计算，掌握销售业务的核算。

知识准备

一、销售过程税金的计算

在销售过程中，企业要依税法规定缴纳销售税金，按纳税对象划分为增值税、消费税、城市维护建设税等。下面以增值税计算为例进行说明。

增值税是以商品生产流通和劳动服务各个环节的增值因素为增值对象的一种流转税。所有销售增值税应税产品和应税劳务的工商企业单位及个人均为增值税纳税义务人。增值税实行价外计税，即以不含增值税税金的价格为计税依据，基本税率 13%、低税率 9%。一般纳税人（不包括小规模纳税人）销售货物或应税劳务采用销售额和销项税额合并定价方法。增值税应纳税额计算公式如下：

当期税额＝当期销项税额－当期进项税额

销项税额＝销售额×适用税率

销售额如果包含增值税额，则应换算为不含税销售额，计算方法为：

不含税销售额＝含税销售额÷(1＋税率)

进项税额为当期购进货物时从销售方取得的增值税专用发票上注明的增值税额。

二、账户设置

（一）“主营业务收入”账户

“主营业务收入”账户是损益类账户中的收入类账户，核算企业根据收入准则确认的销售商品、提供劳务等日常活动中的主要业务交易所取得的收入。贷方登记企业实现的主营业务收入，借方登记发生销售折让或退回时冲减的主营业务收入，以及期末转入“本年利润”账户的主营业务收入，期末结转后无余额（见图4-23）。为了具体核算每种产品的销售收入情况和企业提供劳务的收入情况，本账户按照销售产品和提供劳务的种类设置明细账，进行明细核算。

借方　　　　主营业务收入	贷方
主营业务收入的减少和转销	本期实现的主营业务收入

图4-23　“主营业务收入”账户

企业销售商品或提供劳务实现的销售收入，应按照实际收到或应收的价款，借记“银行存款”“应收账款”“应收票据”等账户，按实现的销售收入，贷记“主营业务收入”账户，按专用发票上注明的增值税额，贷记“应交税费——应交增值税（销项税额）”账户。企业本期发生的销售退回或销售折让，按因冲减的销售商品收入借记“主营业务收入”账户，按专用发票上注明的应冲减的增值税销项税额，借记“应交税费——应交增值税（销项税额）”，按实际支付或应退还的价款，贷记“银行存款”“应收账款”等账户。

（二）“主营业务成本”账户

“主营业务成本”账户是损益类账户中的费用类账户，核算企业根据收入准则确认销售商品、提供劳务等主营业务收入时应结转的成本。该账户借方登记本期结转的已销售商品、已提供劳务的实际成本，贷方登记因销售退回而冲减的成本和期末转入“本年利润”账户的成本，期末结转后无余额（见图4-24）。为了正确计算每种产品的销售成本，该账户应按产品或劳务类别设置明细账，进行明细分类核算。

借方　　　　主营业务成本	贷方
已销售产品和提供劳务的实际成本	冲减的成本和期末结转的主营业务成本

图4-24　“主营业务成本”账户

（三）“销售费用”账户

“销售费用”账户属于损益类账户中的费用类账户，用来核算企业产品销售过程中发生的各种费用，包括运输费、包装费、展览费、广告费、保险费等。本账户借方登记发生的销售费用，贷方登记结转的销售费用，期末结转后无余额（见图4-25）。销售费用应当按照产品费用项目进行明细核算。

借方　　　　销售费用	贷方
本期发生的销售费用	期末转入“本年利润”账户的销售费用

图 4-25　“销售费用”账户

(四)“税金及附加”账户

“税金及附加”账户属于损益类账户中的费用类账户，用来核算企业经营活动发生的消费税、城市维护建设税、资源税、教育费附加及房产税、土地使用税、车船税、印花税等相关税费。借方登记按规定计算的应交税费，贷方登记期末从本账户转入“本年利润”账户的数额，期末结转后无余额（见图 4-26）。该账户可以按照税费种类设置明细账，进行明细分类核算。

借方　　　　税金及附加	贷方
计算出的应交未交的税金及附加	期末转入“本年利润”账户的金额

图 4-26　“税金及附加”账户

(五)“应收账款”账户

“应收账款”账户属于资产类账户，用来核算企业因销售商品、产品、提供劳务等应向购货单位或接受劳务单位收取的款项。借方登记在销售过程中发生的应向购货单位收取的款项，贷方登记收回的应收账款和因确认为坏账而注销的应收账款，期末余额一般在借方，表示企业期末尚未收回的应收账款（见图 4-27）。为了详细核算与各购货单位的债权的发生与结算情况，该账户应当按照购货欠款单位设置明细账，进行明细分类核算。

借方　　　　应收账款	贷方
本期应收账款的增加	本期收回和注销的应收账款
期末余额：尚未收回的应收账款总额	

图 4-27　“应收账款”账户

知识拓展

职业判断

因销售商品、提供劳务等，合同或协议价款的收取采用递延方式、实质上具有融资性质的，在“长期应收款”账户核算，不在“应收账款”账户核算。不单独设置“预收账款”账户的企业，预收账款也在“应收账款”账户核算。不单独设置“预付账款”账户的企业，预付账款也在“应付账款”账户核算。

(六)“应收票据”账户

“应收票据”账户属于资产类账户，核算企业因销售商品、提供劳务等而收到的对方单位交来的商业汇票，包括银行承兑汇票和商业承兑汇票。借方登记企业因销售商品、提供劳务而收到购货单位交来的商业汇票票面金额，贷方登记收回的商业汇票金额，或者因贴现、转入等转出的商业汇票票面金额（见图4-28）。本账户期末借方余额，反映企业持有的商业汇票的票面金额。企业应当按照开出、承兑商业汇票的单位进行明细核算。

借方 应收票据	贷方
收到承兑方签字商业汇票的金额	票据到期、背书或贴现减少的金额
期末余额：尚未收款的票据金额	

图4-28 “应收票据”账户

（七）“预收账款”账户

“预收账款”账户属于负债类账户，用来核算企业按照合同规定预收的款项。预收账款不多的，可不单独设置“预收账款”账户，将预收的款项直接记入“应收账款”账户。该账户贷方登记企业向购货单位预收的款项，借方登记销售实现时，按实现的收入转销的预收账款。本账户期末余额如在贷方，表示企业预收的款项；如在借方，表示企业已转销但尚未收取的款项。该账户可按购货单位名称设置明细账户，进行明细分类核算。

（八）“应交税费”账户

“应交税费”账户属于负债类账户，核算企业按照税法规定计算应缴纳的各种税费，包括增值税、消费税、所得税、资源税、土地增值税、城市维护建设税、房产税、土地使用税、车船使用税、教育附加税、矿产资源补偿费等。企业代扣代缴的个人所得税，也通过本账户核算。本账户应当按照应缴纳的税费的税种进行明细核算。应缴纳的增值税还应分别以“进项税额”“销项税额”“出口退税”“进项税额转出”“已交税金”等设置专栏进行明细核算。本账户贷方登记应缴纳的税费，借方登记应缴纳的税费的减少缴纳数。本账户期末贷方余额，反映企业尚未缴纳的税费；期末如为借方余额，反映企业多或尚未抵扣的税金。

（九）“其他业务收入”账户

“其他业务收入”账户属于损益类账户，用来核算企业除主营业务活动以外的其他经营活动实现的收入。贷方登记本期实现的其他业务收入，借方登记期末结转到“本年利润”账户中已实现的其他业务收入，期末结转后无余额（见图4-29）。

借方 其他业务收入	贷方
其他业务收入的减少或转销	本期实现的其他业务收入

图4-29 “其他业务收入”账户

（十）“其他业务成本”账户

“其他业务成本”账户属于损益类账户，用来核算企业确认的除主营业务活动以外的其他经营活动所发生的支出。借方登记其他业务成本的增加，贷方登记期末结转到“年利润”账户的其他业务成本，结转后期末无余额（见图4-30）。

借方 其他业务成本	贷方
其他业务成本的增加	期末结转的其他业务成本

图4-30 “其他业务成本”账户

典型任务操作示范

现仍以柯鲁丝公司（增值税为一般纳税人）业务为例，将销售过程的业务核算举例说明如下：

1. 主营业务的账务处理

柯鲁丝公司 2020 年 12 月发生下列经济业务：

【典型任务 1】 8 日，售出 A 产品 800 件，每件售价 300 元，货款 240 000 元，增值税率 13%，增值税额 31 200 元（见表 4－32），款项存入银行（见表 4－33）。

表 4－32

增值税专用发票 NO13182763

记账联

开票日期：2020 年 12 月 08 日

购买方	名　　称：欣鼎公司 纳税人识别号：91330603056854590N 地 址 、电 话：湖州市南浔区练市镇工业园区 0572－2923059 开户行及账号：建行湖州青铜路支行 33001649137053001731				密码区	67/*＋3*0/611*＋＋0/＋0*/*＋3＋2/9 *11*＋666666**066611*＋66666* 1**＋216***6000*261*2*4/*547 203994＋－42*64151*6915361/3*		
货物或应税劳务、服务名称		规格型号	单位	数量	单价	金额	税率	税额
A 产品			件	800	300	240 000.00	13%	31 200
合　计						¥ 240 000		¥ 31 200
价税合计（大写）		⊗贰拾柒万壹仟贰佰元整				（小写）　¥ 271 200.00		
销售方	名　　称：绍兴柯鲁丝纺织品有限公司 纳税人识别号：91330602355327723889 6 地 址 、电 话：绍兴市凤林西路 2500 号 B 区六大道 2F2386 15925815896 开户行及账号：农行绍兴越州支行 19500901040011896				备注	绍兴柯鲁丝纺织品有限公司 913306023553277238896 发票专用章		

收款人：周长玉　　复核：周长玉　　开票人：王香燕　　销售方：章

第一联：记账联　销售方记账凭证

表 4－33　　中国农业银行　进账单　（回　单）　　1

2020 年 12 月 8 日

出票人	全称	欣鼎公司	收款人	全称	柯鲁丝公司
	账号	33001649137053001731		账号	19500901040011896
	开户银行	建行湖州青铜路支行		开户银行	农行绍兴越州支行

金额	人民币（大写）	贰拾柒万壹仟贰佰元整	亿	千	百	十	万	千	百	十	元	角	分
					¥	2	7	1	2	0	0	0	0

票据种类	转账支票	票据张数	壹张	受理银行签章 中国建设银行湖州青铜路支行 转　讫
票据号码	1002			
备注：				

此联是受理银行交给持（出）票人的回单

注意：本回单不作进账、提货的证明。不作账务处理的依据。仅供查询用。

【业务分析】 该业务的发生，一方面表明企业取得销售收入 240 000 元、销项增值税额 31 200 元，另一方面表明企业银行存款增加 271 200 元，取得的销售收入应记入“主营业务收入”账户贷方，增值税额记入“应交税费”账户贷方。货款存入银行，记入“银行存款”账户借方。编制会计分录如下：

借：银行存款　　271 200

　　贷：主营业务收入　　240 000

　　　　应交税费——应交增值税（销项税额）　　31 200

【典型任务 2】 10 日，售给大华公司 A 产品 500 件，每件售价 300 元，货款 150 000 元。增值税额 19 500 元，货款尚未收讫。

【业务分析】 这项经济业务的发生，一方面表明企业取得销售收入和销项增值税额，另一方面款项暂欠，表示企业对购买单位债权增加。取得的销售收入和增值税销项税额分别记入“主营业务收入”和“应交税费”账户贷方，债权增加，记入“应收账款”账户借方。编制会计分录如下：

借：应收账款——大华公司　　169 500

　　贷：主营业务收入　　150 000

　　　　应交税费——应交增值税（销项税额）　　19 500

【典型任务 3】 18 日，售给大丰公司 A 产品 100 件，单价 300 元，货款 30 000 元，增值税额 3 900 元（见表 4－34）。采用商业汇票结算，当即收到票面为 33 900 元的商业汇票一张（见表 4－35），承兑 3 个月。

【业务分析】 这笔经济业务的发生，使企业的销售收入、增值税额、应收票据同时增加。

编制会计分录如下：

借：应收票据——商业承兑汇票（大丰公司）　　33 900

　　贷：主营业务收入　　30 000

　　　　应交税费——应交增值税（销项税额）　　3 900

表 4－34

增值税专用发票　　NO13182763

记账联

开票日期：2020 年 12 月 18 日

购买方	名　　称：大丰公司 纳税人识别号：91330603056854590N 地 址 、电 话：台州市南浔区练市镇工业园区内 0572－2923069 开户行及账号：工行台州青铜路支行 33001649137053001731				密码区	67/*+3*0/611*++0/+0*/*+3+2/9 *11*+666666**066611*+66666* 1**+216***6000*261*2*4/*547 203994+－42*64151*6915361/3*		
货物或应税劳务、服务名称		规格型号	单位	数量	单价	金额	税率	税额
A 产品			件	100	300	30 000.00	13%	3 900
合　计						¥ 30 000		¥ 3 900
价税合计（大写）		⊗叁万叁仟玖佰元整				（小写）　¥ 33 900.00		
销售方	名　　称：绍兴柯鲁丝纺织品有限公司 纳税人识别号：913306023553277238896 地 址 、电 话：绍兴市凤林西路 2500 号 B 区六大道 2F2386 15925815896 开户行及账号：农行绍兴越州支行 19500901040011896				备注	绍兴柯鲁丝纺织品有限公司 913306023553277238896 发票专用章		

第一联：记账联　销售方记账凭证

收款人：周长玉　　复核：周长玉　　开票人：王香蕊　　销售方：章

表 4-35　　商业承兑汇票　　2 $\frac{A}{0}\frac{B}{1}$ 00354729

出票日期（大写）　贰零贰零　年零壹拾贰月零壹拾捌日

付款人	全称	大丰公司	收款人	全称	柯鲁丝公司
	账号	33001649137053001731		账号	1950090140011896
	开户银行	工行台州青铜路支行		开户银行	农行绍兴越州支行

出票金额	人民币（大写）	叁万叁仟玖佰元整	亿	千	百	十	万	千	百	十	元	角	分
							3	3	9	0	0	0	0

汇票到期日（大写）	贰零贰壹年零叁月零壹拾捌日	付款行	行号	工行 012
交易合同号码			地址	青铜路
本汇票已经承兑，到期无条件支付票款 承兑人签章： 承兑日期：　年　月　日		本汇票请予以承兑于到期日汇款 出票人签章		

此联收款人开户行随托收凭证寄付款行作借方凭证附件

【典型任务 4】月终结算已售 A 产品 1 400 件的实际生产成本 172 004 元（根据生产过程计算的 A 产品单位成本为 122.86 元（见表 4-36 至表 4-39)。本月销售数量 1 400 件×122.86 元/件=172 004 元。

表 4-36　　出　库　单

会计部门编号

仓库部门编号　　2020 年 12 月 8 日

编号	名称	规格	单位	出库数量	单价	金额	备注
	A 产品		件	800			
合　计				800			

第二联交财务部

生产车间或部门：周舟　　仓库管理员：张丽

表 4-37　　出　库　单

会计部门编号

仓库部门编号　　2020 年 12 月 10 日

编号	名称	规格	单位	出库数量	单价	金额	备注
	A 产品		件	500			
合　计				500			

第二联交财务部

生产车间或部门：周舟　　仓库管理员：张丽

表4-38

出　库　单

会计部门编号
仓库部门编号　　　　2020年12月18日

编号	名称	规格	单位	出库数量	单价	金额	备注
	A产品		件	100			
合　计				100			

第二联交财务部

生产车间或部门：周舟　　　　仓库管理员：张丽

表4-39

主营业务成本计算表

2020年12月31日　　　　单位：元

产品名称		A产品
应本月销售产品	数量（件）	1 400
	单位成本	122.86
	总成本	172 004

财会主管：肖波　　会计：张珂　　复核：肖波　　制表：陈鹏

【业务分析】销售产品使企业的库存产品减少，应记入“库存商品”账户贷方，已售产品的生产成本是产品销售成本的增加，应记入“主营业务成本”账户借方。编制会计分录如下：

借：主营业务成本　　172 004
　　贷：库存商品　　172 004

2. 销售费用与税金的账务处理

【典型任务5】以银行存款支付宣传费600元。

【业务分析】企业销售过程发生的宣传费，属于广告销售费用，应记入“销售费用”账户借方，费用银行存款支付，应记入“银行存款”账户贷方。编制会计分录如下：

借：销售费用　　600
　　贷：银行存款　　600

【典型任务6】月末按主营业务收入的5%计算A产品消费税21 000元（420 000×5%）。

【业务分析】这项经济业务的发生，一方面表明企业税金及附加增加，应记入“税金及附加”账户借方；另一方面，计提的消费税未上缴之前，属于企业欠税务机关的款项，应记入“应交税费”账户贷方。编制会计分录如下：

借：税金及附加　　21 000
　　贷：应交税费——应交消费税　　21 000

【典型任务7】月末按应上缴增值税额54 230元。

表 4-40

城市维护建设税及教育费附加计算表

2020 年 12 月 31 日

单位：元

项目	金额
销项税额	54 600
进项税额	13 130
应纳增值税额	41 470
应纳消费税额	21 000
流转税额合计	62 470
应交城市维护建设税额	4 372.90
应交教育费附加	1 874.10

财会主管：肖波　　会计：张珂　　复核：肖波　　制表：陈鹏

【业务分析】 [销售过程销项税额（31 200＋19 500＋3 900）－供应过程进项税额（1 300＋650＋11 180）＝41 470]，计提的消费税 21 000 元，按两项税额之和 62 470 元的 7%计提城市维护建设税，按 3%计提教育费附加。

计提城市维护建设税额＝62 470×7%＝4 372.90（元）

计提教育费附加＝62 470×3%＝1 874.10（元）

计提的城市维护建设税及教育费附加，一方面表明企业税金及附加增加，记入“税金及附加”账户借方；另一方面，计提的城市维护建设税和教育费附加未上缴之前，属于企业欠税务机关的款项，应记入“应交税费”账户贷方。编制会计分录如下：

借：税金及附加　　6 247

　贷：应交税费——应交城市维护建设税　　4 372.90

　　　　　　——应交教育费附加　　1 874.10

除了主营业务收入以外，企业有时还会发生多余的材料、包装物等出售收入，或者经营出租固定资产、无形资产取得租金收入等。当企业发生其他业务收入时，应按实际收到或应收的金额，记入“其他业务收入”账户。

编制下列业务的会计分录：

销售乙材料 200 千克，每千克售价 50 元，价税合计 11 300 元，收到款项存入银行。

结转已售乙材料 200 千克的成本 6 200 元。

任务六　财务成果形成及分配的核算

任务引领

财务成果是企业生产经营活动的最终成果，是按照配比原则的要求，将一定时期内存在因果关系的收入与费用进行配比而产生的，收入大于费用支出的部分为利润。获得利润是企业生产经营的主要目标之一。企业获得的利润还要提取盈余公积并向投资者分配。

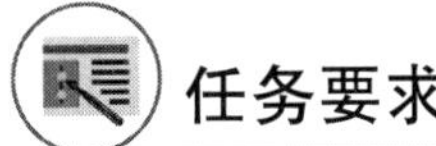

任务要求

理解财务成果的形成，正确计算企业的营业利润、利润总额和净利润，掌握利润形成和分配过程业务的核算。

知识准备

一、财务成果的形成

企业在取得经营资金以后，进入供、产、销过程，生产社会所需要的商品，在销售过程中实现商品价值，使生产耗费得到补偿，同时实现价值增值。企业新增的价值，在会计上体现为企业的财务成果。

财务成果，又称利润，是指企业在一定会计期间实现的经营成果，包括收入减去费用后的净额、直接计入当期利润的利得和损失等。直接计入当期利润的利得和损失，是指应当计入当期损益、会导致所有者权益发生增减变动、与所有者投入资本或向所有者分配利润无关的利得和损失。

在利润表中，利润由营业利润、利润总额和净利润三个层次构成。

（1）营业利润，是指企业在销售商品、提供劳务等日常活动中所取得的利润。营业利润是企业利润的主要来源。

营业利润＝营业收入－营业成本－税金及附加－销售费用－管理费用－财务费用－资产减值损失＋公允价值变动净收益(－公允价值变动净损失)＋投资收益(－投资损失)＋资产处置净收益(－资产处置净损失)＋其他收益

其中：　营业收入＝主营业务收入＋其他业务收入

营业成本＝主营业务成本＋其他业务成本

知识拓展

投资收益、投资损失和投资净收益

投资收益是指企业对外投资分得的利润或者股利及债券投资的利息收入。投资损失是指企业转让、出售股票、债务，其收回投资小于投出资金数额的差额。投资净收益是指投资收益扣除投资损失后的数额。

（2）利润总额，又称所得税前利润总额，是企业一定期间的营业利润加上营业外收入减去营业外支出后的金额。

利润总额＝营业利润＋营业外收入－营业外支出

营业外收支净额＝营业外收入－营业外支出

（3）净利润，又称税后利润，是企业一定期间的利润总额减去所得税费用后的净额。

净利润＝利润总额－所得税费用

二、利润分配的概念与顺序

微课视频

利润分红
（核算利润分配业务）

利润分配是企业根据法律、董事会等决议提请股东大会批准，对企业可供分配利润指定其特定用途，或分配给投资者的行为，包括企业按规定提取法定公积金和分配给投资者等。

根据《中华人民共和国公司法》的规定，企业实现的净利润首先应弥补以前年度发生的亏损，然后按照下列程序进行分配。

（一）提取法定盈余公积

企业必须按照当年净利润的10%提取法定盈余公积，当法定盈余公积累计额达到企业注册资本50%以上时，可以不再提取。

（二）提取任意盈余公积

任意盈余公积是根据公司章程及股东会（或股东大会）的决议，从公司净利润中提取的公积金。任意盈余公积的提取与否及提取比例由股东会或股东大会根据公司发展的需要和盈余情况决定，法律不作强制规定。

（三）向投资者分配利润

在提取法定盈余公积和任意盈余公积后，企业经股东大会或类似机构决议，可采用现金股利、股票股利和财产股利等形式向投资者分配利润或股利。

（四）未分配利润

留下一定比例的利润作为未分配利润，留待以后年度分配。

上述利润的分配顺序是企业以前年度亏损未弥补完，不得提取法定公积金，在未提法定公积金前，不得向投资者分配利润。提取的公积金可以用于弥补亏损、扩大生产经营、转增资本（法定公积金转为资本时，所留存的该项公积金不得少于转增前公司注册资本的25%）等用途。

企业以前年度未分配的利润可以并入本年度向投资者分配，当年无利润时，一般不向投资者分配利润。公司持有的本公司股份不得分配股利。

三、账户设置

（一）“营业外收入”账户

“营业外收入”账户属于损益类账户，用来核算企业发生的与其经营活动无直接关系的各项收入，主要包括债务重组利得、盘盈利得、捐赠利得、确实无法支付而按规定程序经批准后转作营业外收入的应付款项等。本账户贷方登记本期实现的各项营业外收入，借方登记期末转入“本年利润”账户的数额，结转后账户无余额（见图4-31）。该账户按照营业外收入项目进行明细分类核算。

借方　　　　营业外收入	贷方
期末转入“本年利润”账户的数额	企业发生的各项营业外收入

图4-31　“营业外收入”账户

（二）“营业外支出”账户

“营业外支出”账户属于损益类账户，用来核算企业发生的与其生产经营活动无直接关系的各项支出，包括债务重组损失、非常损失、盘亏损失、公益性捐赠支出等。本账户借方登记本期发生的各项营业外支出，贷方登记期末转入“本年利润”账户的营业外支出数额，结转后本账户应无余额（见图4-32）。本账户按照营业外支出项目进行明细分类核算。

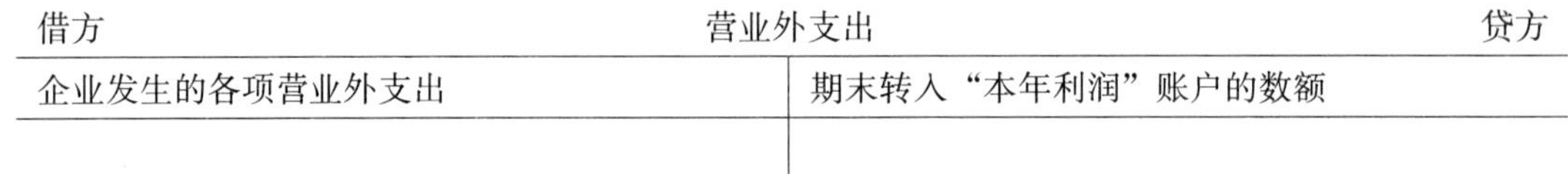

借方　　　　营业外支出	贷方
企业发生的各项营业外支出	期末转入“本年利润”账户的数额

图4-32　“营业外支出”账户

（三）“投资收益”账户

“投资收益”账户属于损益类账户，用来核算企业对外投资所取得的收益或发生的损失。本账户借方登记发生的投资损失，贷方登记取得的投资收益，期末结转后本账户无余额（见图4-33）。本账户按照投资收益项目进行明细分类核算。

借方　　　　投资收益	贷方
对外投资发生的损失	对外投资取得的收益

图4-33　“投资收益”账户

（四）“所得税费用”账户

“所得税费用”账户属于损益类账户，用来核算企业根据税法规定应从当期利润总额中扣除的所得税费用。本账户借方登记企业发生的应记入当期损益的所得税费用，贷方登记期末转入“本年利润”账户的数额，结转后本账户应无余额（见图4-34）。

借方　　　　所得税费用	贷方
企业发生的所得税费用	期末转入“本年利润”账户的数额

图4-34　“所得税费用”账户

（五）“本年利润”账户

“本年利润”账户属于所有者权益类账户，用来核算企业当年实现的净利润（或发生的净亏损），贷方登记转入的“主营业务收入”“其他业务收入”“投资收益（净收益）”“营业外收入”等账户的金额，借方登记转入的“主营业务成本”“其他业务成本”“税金及附加”“销售费用”“管理费用”“财务费用”“投资收益（净损失）”“营业外支出”“所得税费用”等账户的金额（见图4-35）。

账户的贷方余额表示从年初至本月末累计实现的净利润，借方余额表示从年初至本月末累计实现的净亏损。年度终了，应将“本年利润”账户的累计余额转入“利润分配——未分配利润”账户，期末结转后本账户无余额。

借方	本年利润 贷方
从“主营业务成本”“其他业务成本”“税金及附加”“销售费用”“管理费用”“财务费用”“投资收益（净损失）”“营业外支出”“所得税费用”等账户转入的金额	从“主营业务收入”“其他业务收入”“投资收益（净收益）”“营业外收入”等账户转入的金额
净亏损	净利润

图 4-35 “本年利润”账户

（六）“利润分配”账户

“利润分配”账户属于所有者权益类账户，用来核算企业利润的分配（或亏损的弥补）和历年分配（或弥补亏损）后的结余余额。本账户的借方登记已分配利润额以及年末由“本年利润”账户转入的净亏损，贷方登记弥补的亏损数以及从“本年利润”账户转入的当年实现的净利润（见图 4-36）。年末贷方余额为历年积存未分配利润，借方余额为未弥补亏损。该账户可设置“提取法定盈余公积”“提取任意盈余公积”“应付利润或应付股利”“盈余公积补亏”和“未分配利润”等明细账户进行明细分类核算。

年度终了，应将利润分配下的“提取法定盈余公积”“提取任意盈余公积”“应付利润或应付股利”等明细账户的余额，转入“未分配利润”明细账户。结转后，“提取法定盈余公积”“提取任意盈余公积”“应付利润或应付股利”三个明细账户无余额，“未分配利润”明细账户如果为贷方余额，表示未分配利润的累计数额，如果为借方余额表示未弥补亏损的数额。

借方	利润分配 贷方
（1）年末由“本年利润”账户转入的净亏损 （2）结转的已分配利润额 提取法定盈余公积 提取任意盈余公积 应付利润或应付股利	由“本年利润”账户转入的当年实现的净利润
期末余额：年末未弥补亏损	期末余额：年末未分配利润

图 4-36 “利润分配”账户

（七）“盈余公积”账户

“盈余公积”账户属于所有者权益类账户，用来核算企业从净利润中提取的盈余公积及其使用情况。本账户的贷方登记提取的盈余公积，借方登记盈余公积的补亏数额和转增资本数额，期末贷方余额为尚未使用的盈余公积余额（见图 4-37）。本账户分别设置“法定盈余公积”“任意盈余公积”等进行明细分类核算。

借方	盈余公积 贷方
实际使用的盈余公积	从净利润中提取的盈余公积
	期末余额：盈余公积的结余数额

图 4-37 “盈余公积”账户

（八）“应付股利（利润）”账户

“应付股利（利润）”账户属于负债类账户，用来核算企业经董事会或类似机构决议确定分配的利润。本账户的贷方登记应付的利润，借方登记实际支付的利润，期末余额在贷方，表示尚未支付给投资者的利润（见图4-38）。

借方　　　　应付股利（利润）	贷方
实际支付给投资者的利润	应付给投资者的利润
	期末余额：表示尚未支付的利润

图4-38　“应付股利（利润）”账户

典型任务操作示范

1. 利润形成的账务处理

1.1　营业外收支的核算

【典型任务1】收到某单位的违约罚款收入1 800元，存入银行。

【任务分析】罚款收入属于企业的营业外收入。这项经济业务的发生，一方面使得企业的银行存款增加1 800元，另一方面使得企业的营业外收入增加1 800元，因此该项经济业务涉及“银行存款”和“营业外收入”两个账户。银行存款的增加是资产的增加，应记入“银行存款”账户的借方，营业外收入的增加是收益的增加，应记入“营业外收入”账户的贷方。所以，这项经济业务应编制的会计分录如下：

借：银行存款　　1 800

　　贷：营业外收入　　1 800

【典型任务2】经批准，转销上月运输原材料发生的海事沉船损失1 400元。

【任务分析】上月发生的海事沉船损失，已记入“待处理财产损益”账户的借方，海事沉船损失属于非常损失，本月批准转销，是营业外支出——非常损失的增加，应记入“营业外支出”账户的借方，转销这笔财产损失，应记入“待处理财产损溢”账户的贷方。

这笔经济业务应编制会计分录如下：

借：营业外支出　　1 400

　　贷：待处理财产损溢　　1 400

【典型任务3】本月以现金支付罚款500元（见表4-41）。

表4-41　　行政事业单位资金往来结算票据

财政票据监制　实训　**发票联**　财政监制

付款单位　柯鲁丝公司　　　2020年12月25日　　　NO：157524

收款项目	数量	金额									
		千	百	十	万	千	百	十	元	角	分
罚款							5	0	0	0	0
金额合计（小写）						¥	5	0	0	0	0
金额合计（大写）　仟　佰　拾　万 ⊗　仟伍　佰　零　拾　零　元　零　角											

第二联　报销凭证

收款单位（盖章）：绍兴环保　　　复核人：张燕　　　收款人：肖玲

【任务分析】罚款支出与正常的生产经营属于营业外支出内容，营业外支出的增加记入“营业外支出”账户借方，现金减少记入“库存现金”账户贷方。

借：营业外支出　　500
　　贷：库存现金　　500

1.2 期末各项收入和支出结转的账务处理

柯鲁丝公司 2020 年 12 月底进行期末结账。

【典型任务 4】月末，将所有收入账户与支出账户结转“本年利润”账户。

（1）月末，将收入账户发生额转入“本年利润”账户贷方，编制会计分录如下：

借：主营业务收入　　420 000
　　营业外收入　　1 800
　　贷：本年利润　　421 800

（2）月末，将支出账户发生额转入“本年利润”账户借方，编制会计分录如下：

借：本年利润　　224 647
　　贷：主营业务成本　　172 004
　　　　销售费用　　600
　　　　税金及附加　　28 523
　　　　营业外支出　　1 900
　　　　财务费用　　2 300
　　　　管理费用　　19 320

【任务分析】经过上述结转，各损益类账户均不再有余额，在“本年利润”账户中，集中反映了柯鲁丝公司 2020 年 12 月的全部收支。

根据以上业务的会计分录，登入有关收支总分类账户（明细分类账户登记从略）及“本年利润”账户。假设“本年利润”账户期初余额为 1 000 000 元，并结算出本年利润总额为 197 153 元。

1.3 所得税费用的账务处理

为了核算企业按规定从本期损益中减去的所得税费用的情况，应设置“所得税费用”账户。“所得税费用”账户是损益类账户，按所得税条例的规定计算确定应缴纳的所得税额。借记“所得税费用”账户，贷记“应交税费——应交所得税”账户。缴纳所得税时，借记“应交税费——应交所得税”账户，贷记“银行存款”等账户。期末将“所得税费用”账户余额转入“本年利润”账户，借记“本年利润”账户，贷记“所得税费用”账户，结算后“所得税费用”账户无余额。

【典型任务 5】根据上述损益账户计算出本年利润总额为 197 153 元，按 25%计提所得税。

本月应缴纳所得税＝197 153×25%＝49 288.25（元）

【任务分析】这笔经济业务，编制会计分录如下：

借：所得税费用　　49 288.25
　　贷：应交税费——应交所得税　　49 288.25

【典型任务 6】月末将“所得税费用”账户余额 52 188.88 元转入“本年利润”账户。

【任务分析】这笔经济业务，编制会计分录如下：

借：本年利润　　52 188.88

　　贷：所得税费用　　52 188.88

1.4　结转净利润的账务处理

从“本年利润”账户中可知，本月企业共实现利润总额为197 153元，减去计提的所得税49 288.25元，净利润为147 864.75元。

2. 利润分配的核算

【典型任务7】企业按净利润的10%提取盈余公积。

【任务分析】本月净利润为是147 864.75元，则

应提取的盈余公积＝147 864.75×10%＝14 786.48（元）

企业提取法定盈余公积是盈余公积的增加，应记入“盈余公积”账户的贷方，企业的利润经过分配以后，可供所有者分配的税后利润减少，应记入“利润分配”账户的借方。这笔经济业务，应编制会计分录如下：

借：利润分配——提取盈余公积　　14 786.48

　　贷：盈余公积——法定盈余公积　　14 786.48

【典型任务8】企业计算出应付给投资者的利润20 000元。

【任务分析】应付给投资者的利润是通过“应付股利”账户核算的。

“应付股利”账户属于负债类账户，用来核算企业应付给投资者的利润，按出资比例计算其应分得的利润，记入本账户的贷方，支付股利时，记入本账户的借方。本账户期末余额一般在贷方，表示应付而暂未付的利润。这笔经济业务，应编制会计分录如下：

借：利润分配——应付股利　　20 000

　　贷：应付股利　　20 000

年度终了时，企业还应将本年收入和支付相抵后结出的本年实现的净利润（或亏损总额）全部转入“利润分配”账户。结转后，“本年利润”账户不再有余额。编制的会计分录如下：

借：本年利润　　×××

　　贷：利润分配——未分配利润　　×××

若为亏损，须做相反分录。

年度终了，企业同时还应将“利润分配”账户内的其他明细科目余额转入“未分配利润”明细账户。其结转的分录如下：

借：利润分配——未分配利润　　×××

　　贷：利润分配——提取法定盈余公积　　×××

　　　　　　　　——应付股利　　×××

经过上述结转后，“利润分配”账户除了“未分配利润”明细账外，其他各明细账户的余额都已结平。在“未分配利润”明细账户中若为贷方余额，则为未分配的利润；若为借方余额，则为未弥补的亏损。

某公司年末主营业务收入 269 600 元、其他业务收入 5 400 元、营业外收入 40 000 元、主营业务成本 180 218 元、其他业务成本 5 100 元、税金及附加 2 000 元、销售费用 3 000 元、管理费用 38 000 元、财务费用 3 000 元、营业外支出 4 000 元。所得税税率 25%，无纳税调整项目。假如你是该公司的会计人员，应如何进行账务处理？

任务七　资金退出企业的核算

任务引领

制造业的主要经济业务，除了上述供应、生产、销售三个经营过程的业务以外，还有资金投入与资金退出企业的业务。资金退出企业的业务，包括缴纳税金和利润、归还银行借款和其他单位的应付款项以及固定资产的报废和按照法定程序批准退还投资者投入的资本等。

任务要求

理解资金退出业务的内容，掌握资金退出业务的核算。

知识准备

企业资金退出的业务主要包括缴纳税金、归还银行借款、支付利润、退还投资款、偿还应付款项和固定资产处置等。

银行借款利息的计算方式有单利和复利两种。单利计息只计算本金部分的利息，利息不再计息；复利计息不但要计算本金的利息，还要计算利息的利息。短期借款发生的利息一般按单利计算，其计算公式为：

利息额＝借款本金×利率×借款期限

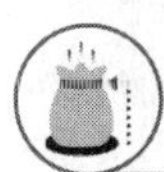

典型任务操作示范

1. 缴纳税金的核算

制造企业应按规定的日期，将应缴纳的税金及时足额上缴国家财税部门。

【典型任务 1】将应缴纳的所得税 52 188.88 元，以银行存款解缴国库。

【任务分析】上缴税金是应缴纳税费的减少，应记入“应交税费”账户的借方，银行存款同时减少，应记入“银行存款”账户的贷方。这笔经济业务编制会计分录如下：

	借方	贷方
借：应交税费——应交所得税	52 188.88	
贷：银行存款		52 188.88

2. 归还银行借款的核算

【典型任务2】用银行存款12 000元，归还银行短期借款10 000元、利息2 000元（利息已预提）。

【任务分析】归还银行短期借款是短期借款的减少，应记入“短期借款”账户的借方。应归还的利息按权责发生制原则，原已预提记入“应付利息”账户贷方，归还则记入“应付利息”账户借方。银行存款的减少，记入“银行存款”账户的贷方。这笔经济业务编制会计分录如下：

借：短期借款　　10 000
　　应付利息　　2 000
　　贷：银行存款　　12 000

3. 支付利润的核算

【典型任务3】以银行存款支付应付给投资者股利20 000元。

【任务分析】企业按规定计算应付给投资者的股利，包括应付国家、其他单位以及个人的投资股利，应如期支付。支付投资者股利是应付股利的减少，应记入“应付股利”账户的借方，同时记入“银行存款”账户的贷方。这笔经济业务编制会计分录如下：

借：应付股利　　20 000
　　贷：银行存款　　20 000

4. 退还投资款的核算

投资者投入企业的资本，一般不得随意变动，如因企业营业期届满，或违反国家法律被依法撤销，或企业宣告破产，则应退还投资者投入的资本，企业经法定程序报经批准减少注册资本的，可以发还部分投资。

【典型任务4】企业经法定程序批准，发还定向募集内部职工的投资款100 000元，向银行提取现金支付。

【任务分析】退还职工个人投资是实收资本的减少，应记入“实收资本”账户借方，以现金支付应记入“库存现金”账户的贷方。退还投资款的现金是从银行提取的，反映现金的增加和银行存款的减少，应借记“库存现金”账户，贷记“银行存款”账户。

【任务分析】这笔经济业务，应编制如下会计分录：

（1）借：库存现金　　100 000
　　　　贷：银行存款　　100 000
（2）借：实收资本　　100 000
　　　　贷：库存现金　　100 000

5. 偿还应付款项的核算

企业在购销过程中形成的应付款项，应遵循结算规定，及时办理结算，不应相互拖欠货款。

【典型任务5】以银行存款偿还原欠光明工厂货款8 000元。

这笔经济业务的发生，一方面使银行存款减少8 000元，应记入“银行存款”账户的贷方，同时使“应付账款”减少8 000元，应记入“应付账款”账户的借方。

【任务分析】这笔经济业务，编制会计分录如下：

借：应付账款　　8 000

贷：银行存款 8 000

6. 固定资产出售、报废、损毁的核算（财产清查里有涉及）

固定资产由于丧失生产能力需要清理报废，或者由于不需用而出售，都会使其退出企业的生产过程。出售、报废和损毁的固定资产转入清理时，应设置“固定资产清理”账户进行核算。“固定资产清理”账户属于资产类账户，用来核算企业因出售、报废、损毁等原因转入清理的固定资产净值及其在清理过程中发生的清理费用和清理收入。账户借方登记发生的清理费用和转入营业外收入账户的固定资产清理收益，贷方登记收回出售固定资产的价款、残料价值的变动收入以及转入营业外支出账户的固定资产清理净损失。本账户应按清理的固定资产设置明细账。

【典型任务 6】经批准报废机器一台，原价 50 000 元，已提折旧 48 000 元。以银行存款支付清理费用 500 元，机器残值变价收入 2 000 元，款项存入银行。

【任务分析】（1）注销报废机器的账面价值，将其净值转入“固定资产清理”账户。其结转的会计分录如下：

借：固定资产清理 2 000

累计折旧 48 000

贷：固定资产 50 000

（2）以银行存款支付清理费用时，会计分录如下：

借：固定资产清理 500

贷：银行存款 500

（3）发生的变价收入，存入存款户时，会计分录如下：

借：银行存款 2 000

贷：固定资产清理 2 000

上述固定资产清理业务结束后，“固定资产清理”账户上有借方余额 500 元，表示清理净损失，转至“营业外支出”账户，其结转的会计分录如下：

借：营业外支出 500

贷：固定资产清理 500

会计职业判断能力训练

一、单项选择题

1.“实收资本”账户一般按（　　）设置明细账户。

A. 企业　　B. 投资者　　C. 捐赠者　　D. 受资企业

2. 为了反映企业固定资产的（　　），应设置“固定资产”账户。

A. 磨损价值　　B. 累计折旧　　C. 原始价值　　D. 净值

3. 短期借款的应计利息支出应记入（　　）账户的借方。

A. 管理费用　　B. 制造费用　　C. 生产成本　　D. 财务费用

4. 下列费用中，不构成产品成本，而应直接计入当期损益的是（　　）。

A. 直接材料费　　B. 直接人工费　　C. 期间费用　　D. 制造费用

5. 当生产车间和管理部门领用材料时，该项材料应作为（　　）加以确认。

A. 资产　　B. 负债　　C. 费用　　D. 收入

6. 以现金支付购入材料费用，材料尚未达到时，应用的借方账户是（　　）。

A. 在途物资　　B. 库存商品　　C. 原材料　　D. 库存现金

7. “在途物资”账户的借方登记（　　）。

A. 材料的买价及采购人员的差旅费

B. 材料的买价和自制材料的生产成本

C. 材料的买价和采购费用

D. 材料买价、市内运输费用、进项税额

8. “生产成本”账户是用来核算（　　）的账户。

A. 生产产品所发生的直接费用，计算产品成本

B. 生产产品所发生的各项费用，确定产品实际生产成本，并反映在产品资金占用情况

C. 生产产品所发生的直接费用、间接费用及期间费用，计算产品实际成本

D. 生产过程中发生的除待摊费用，预提费用外的所有费用

9. “制造费用”账户是用来核算（　　）的账户。

A. 生产产品所发生的各项直接费用

B. 发生在生产车间用于生产产品的全部费用

C. 车间因生产产品而发生的各项间接生产费用

D. 企业因生产产品而发生的间接费用和直接费用

10. “固定资产”账户的借方余额减去“累计折旧”账户的贷方余额的差额是（　　）。

A. 固定资产的损耗价值　　B. 固定资产的现有原始价值

C. 固定资产的折余价值，即净值　　D. 固定资产的重置价值

11. “应付职工薪酬”账户是核算应付给职工的（　　）的账户。

A. 工资及福利费

B. 工资及奖金

C. 工资总额

D. 根据有关规定应付给职工的各种薪酬

12. “预收账款”账户属于（　　）账户。

A. 负债类　　B. 资产类　　C. 收入类　　D. 成本类

13. “预付账款”账户属于（　　）账户。

A. 资产类　　B. 负债类　　C. 盘存类　　D. 收入类

14. 某制造业企业为一般纳税人，本期外购原材料一批，发票注明买价 20 000 元，增值税税额为 2 600 元，入库前发生的挑选整理费用为 1 000 元。则该批原材料的入账价值为（　　）元。

A. 20 000　　B. 23 600　　C. 21 000　　D. 24 200

15. （　　）是指某种产品所承担的费用按其经济用途所作的分类。

A. 制造成本　　B. 生产成本　　C. 成本项目　　D. 成本计算

16. 应付职工薪酬账户期末余额在（　　）。

A. 借方　　B. 贷方

C. 借方或贷方或无余额　　D. 无余额

17. “累计折旧”账户属于（　　）类账户。

A. 资产　　B. 负债　　C. 费用　　D. 成本

18. 产品生产间接耗用的费用，先在（　　）归集，然后计入有关产品成本。

A. 间接费用　　B. 直接费用　　C. 制造费用　　D. 期间费用

19. 结转已销售产品的生产成本时，应贷记（　　）账户。

A. 生产成本　　B. 本年利润　　C. 主营业务成本　　D. 库存商品

20. 下面属于其他业务收入的是（　　）。

A. 利息收入　　B. 投资收益

C. 清理固定资产净收益　　D. 出售材料收入

二、多项选择题

1. 材料采购成本包括（　　）。

A. 采购人员的差旅费用和活动经费

B. 仓库保管费

C. 材料的买价

D. 采购过程中发生的材料的短缺、损毁等各种损失

E. 材料采购费用

2. 下列费用项目，属于制造费用的有（　　）。

A. 车间生产工人的工资及提取的福利费

B. 车间辅助人员的工资及提取的福利费

C. 车间办公费及其物料消耗

D. 车间机器设备的折旧费

3. 下列项目中，属于产品成本项目的有（　　）。

A. 直接材料　　B. 直接人工　　C. 管理费用　　D. 销售费用

E. 制造费用

4. 核算期间费用的账户有（　　）。

A. 制造费用　　B. 管理费用　　C. 财务费用　　D. 销售费用

E. 生产费用

5. 下列费用应记入管理费用账户的有（　　）。

A. 车间辅助人员的工资及福利费

B. 企业行政管理部门固定资产的折旧费、修理费

C. 企业行政管理部门的办公费和差旅费

D. 企业行政管理部门的长病人员的工资

6. 下列费用最终计入产品生产成本的有（　　）。

A. 短期借款的利息支出

B. 车间发生办公费、水电费

C. 厂部固定资产的折旧费和修理费

D. 车间消耗的各种材料的费用

E. 厂部人员的劳动保险费和劳动保护费

7. 下列账户中，一般月末应无余额的有（　　）。

A. 生产成本账户　　B. 管理费用账户

C. 财务费用账户　　D. 制造费用账户

E. 应付利息账户

三、判断题

1. 企业可设置“实收资本”账户来核算实际收到投资投入的资本。（　　）

2. 一般纳税企业购入材料时支付的增值税不计入材料的采购成本。（　　）

3. 期间费用中发生在生产车间的部分要计入产品的生产成本。（　　）

4. “累计折旧”账户的贷方登记折旧额的增加，借方登记折旧额的减少，因此属于负债类账户。（　　）

5. 产品制造成本既包括为生产产品所发生的各种直接费用，也应该包括为生产产品所发生的各种间接费用。（　　）

6. 资本公积金包括盈余公积、实收资本及接受捐赠的资产价值。（　　）

7. “应交税费——应交增值税”的对应账户不可能是“在途物资”账户。（　　）

8. 期间费用包括管理费用、财务费用、销售费用。（　　）

9. 制造费用只能按照生产工人工资标准在各种产品之间进行分配。（　　）

10. 制造费用是期间费用。（　　）

11. 企业财务成果就是企业生产和销售产品所取得的利润或发生的亏损。（　　）

12. 企业从事生产经营活动所取得的一切收入，都属于主营业务收入。（　　）

13. 销售费用是因销售产品而发生的费用，因此，如果本期没有取得主营业务收入，自然就不会有销售费用发生。（　　）

四、问答题

1. 什么是权责发生制和收付实现制？两者有何区别？

2. 供应过程通常要发生哪些主要经济业务？要设置哪些账户进行供应过程的核算？

3. 生产过程通常要发生哪些主要经济业务？要设置哪些账户进行生产过程的核算？

4. 销售过程通常要发生哪些主要经济业务？要设置哪些账户进行销售过程的核算？

5. 资金进入企业和退出企业要设置哪些账户进行核算？

6. “应付利息”账户如何进行核算？

7. 材料采购成本由哪些内容组成？如何进行材料采购费用的分配？

8. 如何计算营业利润？

9. 什么叫投资净收益？什么叫营业外收支净额？

10. 利润总额是怎样组成的？

11. 期末如何结转本年利润？

12. 利润分配账户下应设置哪些明细分类账户？

13. 期末应如何进行利润分配？

14. 资金进入企业与资金退出企业应编制哪些会计分录？

会计职业实践能力训练

一、练习不同的会计处理对收入、费用和损益的影响

［资料］某公司 202×年 3 月发生下列经济业务：

（1）销售产品 7 000 元，货款存入银行。

（2）销售产品 13 000 元，货款尚未收到。

（3）预付 7 月至 12 月的租金 12 000 元，本月承担 2 000 元。

（4）本月应计提银行借款利息 1 000 元。

（5）收到上月应收的销货款 15 000 元。

（6）收到购货单位的预付货款 10 000 元，下月交货。

［要求］根据上述经济业务内容，按权责发生制和收付实现制原则确认和计算企业本月（3 月）的收入和费用，将计算结果填入表 4-42。

表 4-42　　某公司 3 月收入和费用

业务号	权责发生制		收付实现制	
	收入	费用	收入	费用
1				
2				
3				
4				
5				
6				
损益				

二、练习资金筹资的核算

［资料］A 公司 2020 年 12 月发生下列经济业务：

（1）3 日，收到万盈公司投入的机床一台，经评估确认价值为 87 000 元。

（2）10 日，收到方里公司投入的货币资金 300 000 元，已存入银行。

（3）15 日，向银行借入一年期借款 50 000 元，年利率 5.5%，款项已存入银行。

（4）31 日，计提应有本月负担的短期借款利息。

（5）31 日，支付第四季度借款利息 30 000 元（其中 15 000 元已预提）。

（6）31 日，归还已到期的短期借款本金 25 000 元。

（7）31 日，经决定用资本公积 60 000 元转增企业资本。

［要求］根据上述经济业务编制会计分录。

三、练习供应过程的核算（假定材料按实际成本核算）

［资料］东风工厂 202×年 4 月发生下列经济业务：

（1）向东方工厂购进 A 材料，20 000 千克，每千克 5 元，计 100 000 元；B 材料

10 000 千克，每千克 20 元，计 200 000 元，合计货款 300 000 元，增值税 48 000 元，运杂费 9 000 元，款项当即以银行存款支付。材料尚未到达（其中共同发生的运杂费按材料重量比例分配）。

（2）向东方工厂购进的 A 材料、B 材料均已运到，并已验收入库，按其实际采购成本入账。

（3）向新华工厂购进 C 材料 1 600 千克，每千克 10 元，共计 16 000 元；D 材料 800 千克，每千克 16 元，共计 12 800 元；合计 28 800 元，增值税率 13%。材料尚未到达，货款暂欠。

（4）上述 C、D 材料运到，以现金支付上述材料运杂费 720 元（其中共同发生的运杂费按材料重量比例分配）。

（5）C、D 材料验收后，按实际采购成本转账。

（6）向亚东公司购进 E 材料，1 000 千克，每千克 15 元，增值税率 13%，运杂费 500 元，材料已验收入库，货款暂欠。

［要求］ 根据以上资料编制会计分录。

四、练习生产过程的核算和产品生产成本的计算

［资料］ 华通工厂 202×年 4 月发生如下经济业务：

（1）华通工厂 202×年 4 月 1 日“生产成本——甲产品”明细账余额为 23 000 元，其中直接材料 14 000 元，直接人工 6 000 元，制造费用 3 000 元；“生产成本——乙产品”明细账余额 5 000 元，其中直接材料 3 000 元，直接人工 1 500 元，制造费用 500 元。

（2）华通工厂 202×年 4 月发生下列部分经济业务：

1）4 月 4 日经批准从银行借入为期 6 个月的短期借款 100 000 元。

2）4 月 9 日以银行存款支付本月份车间水电费 10 000 元，增值税进项税 1 600 元。

3）4 月 11 日以银行存款支付银行承兑手续费 300 元。

4）4 月 13 日从银行提取现金 40 000 元，备发本月工资。

5）4 月 13 日以现金发放本月职工工资 40 000 元。

6）4 月 15 日采购员李光借支差旅费 500 元，已现金支付。

7）4 月 20 日采购员李光回厂报销差旅费 460 元，退回现金 40 元。

8）4 月 30 日汇总本月仓库发出材料见表 4-43。

表 4-43　本月仓库发出材料汇总表

用途	A材料		B材料		金额合计（元）
	数量（千克）	金额（元）	数量（千克）	金额（元）	
生产甲产品领用	48 000	96 000	4 000	64 000	160 000
生产乙产品领用	5 000	10 000	2 000	32 000	42 000
车间一般耗用			200	3 200	3 200
行政部门维修耗用	1 000	2 000			2 000
合计	54 000	108 000	6 200	99 200	207 200

9）4 月 30 日，计提本月固定资产折旧费共 24 000 元，其中生产车间固定资产折旧共

16 000 元，企业行政管理部门固定资产折旧 8 000 元。

10）4 月 30 日，预提本月应负担的短期借款利息 500 元。

11）4 月 30 日，以银行存款支付车间劳动保护费 2 000 元。

12）4 月 30 日结转本月应付职工工资 4 万元。其中，甲产品生产工人工资 2.2 万元，乙产品生产工人工资 1 万元，车间管理人员工资 0.5 万元，企业行政管理人员工资 0.3 万元。

13）4 月 30 日，按甲、乙产品生产工时比例，分配结转本月制造费用，其中甲产品生产工时为 6 000 小时，乙产品生产工时为 4 000 小时。

14）根据成本计算表，结转本月完工入库产品制造成本；甲产品 800 台全部完工，乙产品全部未完工。

［要求］

（1）根据上述资料编制会计分录。

（2）根据上述资料登记“生产成本”明细账户。计算本期完工产品的单位成本及期末在产品总成本。

五、练习销售过程的核算

［资料］东华工厂 202×年 7 月发生下列部分经济业务：

（1）向甲公司出售 A 产品 1 000 件，每件售价 120 元。增值税率 13%。货款已收到，存入银行。

（2）向乙工厂出售 B 产品 600 件，每件售价 300 元，增值税率 13%。货款尚未收到。

（3）按出售的 A、B 两种产品的实际成本转账（A 产品每件 90 元，B 产品每件 230 元）。

（4）以银行存款支付 A、B 两种产品在销售过程中的运输费 1 600 元，包装费 400 元。

（5）结算本月份销售机构职工工资 2 000 元。

（6）向丙工厂出售甲材料 200 千克，每千克售价 24 元，增值税率 13%。货款已收，存入银行。

（7）按出售的甲材料的实际成本转账（每千克 20 元）。

（8）按本月出售的 A、B 两种产品销售收入的 5%计算结转应缴纳的消费税。

［要求］根据上述经济业务编制会计分录。

六、练习财务成果的核算

［资料］顺达工厂 202×年 12 月发生下列部分经济业务：

（1）以银行存款 800 元支付业务招待费。

（2）分配本月应负担厂部管理人员工资 2 280 元。

（3）计提本月应负担的短期借款利息 2 400 元。

（4）以银行存款支付银行手续费 600 元。

（5）清理一笔长期无法支付的应付账款 4 000 元，作为营业外收入转账。

（6）银行存款 3 000 元支付罚款。

（7）该厂 12 月末结账前有关账户余额如下：主营业务收入 400 000 元，其他业务收入 40 000 元，投资收益 4 400 元（贷方），营业外收入 5 600 元，主营业务成本 280 000 元，销售费用20 000元，税金及附加2 000元，其他业务成本10 000元，管理费用10 800元，财务费用3 600元，营业外支出7 000元。结转本月收入和费用。

（8）按25%的所得税率计算结转全年应纳税所得税（假定1—11月实现利润总额为48 640元）。

（9）年终决算时，将本年实现的净利润转入“利润分配”账户。

（10）按本年税后利润的10%提取盈余公积。

（11）按利润分配方案，将本年税后利润的50%向投资者分配。

（12）年末将“利润分配”账户下的有关明细账户转入“未分配利润”明细账户。

［要求］（1）根据上述经济业务编制会计分录。

（2）开设并登记“本年利润”“利润分配”总分类账户及“利润分配”明细分类账户（假定“利润分配”账户年初为贷方余额88 000元）。

七、综合练习制造企业主要经营过程的核算和成本计算

［资料］1. 宏达工厂202×年11月30日各总分类账户余额及有关明细账资料见表4-44。

表4-44　　宏达工厂202×年11月30日各总分类账户余额　　单位：元

账户名称	借方余额	账户名称	贷方余额
库存现金	1 000	短期借款	41 000
银行存款	163 500	应付账款	2 900
应收账款	8 000	其他应付款	500
应收股利	10 000	应交税费	1 000
原材料	100 000	应付利息	500
库存商品	150 000	实收资本	1 000 000
固定资产	900 000	盈余公积	13 700
利润分配	308 500	本年利润	427 000
		累计折旧	154 400
合计	1 641 000	合计	1 641 000

“库存商品”账户余额150 000元，其中，A产成品4 000件，单价20元，计80 000元；B产成品7 000件，单价10元，计70 000元。“应收账款”账户余额8 000元，系新华工厂欠款；“应付账款”账户余额2 900元，系欠五一工厂货款。

2. 本年12月内发生下列经济业务：

（1）仓库发出材料80 000元，用于生产A产品43 800元，B产品36 200元。

（2）仓库发出辅助材料4 000元，供车间使用。

（3）从银行提取现金48 000元。

（4）以现金支付职工工资48 000元。

（5）向兴明工厂购入甲材料10 000元，增值税率13%，该厂垫付运费500元，货款以银行存款支付。材料验收入库，按其实际采购成本转账。

（6）向五一工厂购入乙材料20 000元，增值税率13%。材料尚未到达，货款通过银行存款支付。

（7）上述乙材料到达，验收入库。

（8）收到新华工厂还来欠款 8 000 元，存入银行。

（9）以银行存款偿还上月欠五一工厂的货款 2 900 元。

（10）本月分配应付职工工资如下：A 产品生产工人工资 20 000 元，B 产品生产工人工资 20 000 元，车间职工工资 6 000 元，行政管理部门职工工资 2 000 元，合计 48 000 元。

（11）计提本月固定资产折旧 12 320 元，其中车间使用固定资产折旧 4 760 元，管理部门使用固定资产折旧 7 560 元。

（12）以银行存款支付车间水电费 2 800 元。

（13）将本月制造费用总额按生产工人工资比例分配计入 A、B 两种产品成本。

（14）A 产品 4 000 件已全部完成，按其实际生产成本转账。

（15）出售产成品给新华工厂，计 A 产品 3 600 件，每件售价 56 元；B 产品 4 000 件，每件售价 28 元，共计售价 313 600 元，增值税率 13%，货款尚未收到。

（16）用银行存款支付销售产品的包装费、装卸费等销售费用 1 200 元。

（17）用银行存款支付本季度临时借款利息 800 元，前 2 个月已预提利息费用 500 元。

（18）用银行存款支付厂部水电费 1 000 元。

（19）用银行存款向希望工程捐款 2 000 元。

（20）没收某单位逾期未退包装物的押金 500 元。

（21）结转本月出售产成品的生产成本，计 A 产品每件 20 元，B 产品每件 10 元，共计 112 000 元。

（22）出售多余材料一批，价款 2 000 元，增值税率 13%，价税款已存入银行，同时结转该批材料的实际成本 1 200 元。

（23）收到被投资单位转来应分得的税后股利 10 000 元，存入银行。

（24）将 12 月除所得税费用外的各损益类账户余额结转至“本年利润”账户，并计算 12 月利润总额。

（25）计算结转 12 月的应缴纳的所得税（所得税率 25%），并将“所得税费用”账户余额结转至“本年利润”账户。

（26）按 12 月净利润的 10%提取盈余公积。

（27）按全年净利润的 30%计算结转应付投资者股利。

（28）将全年实现的净利润自“本年利润”账户结转至“利润分配”账户。

（29）收到某工厂以银行存款 300 000 元对本企业进行投资，已存入银行。

［要求］（1）根据上述经济业务编制会计分录。

（2）开设 T 形总分类账户并进行登记。

（3）根据总分类账编制总分类账户本期发生额及余额试算平衡表。

项目五 登记会计账簿

项目导航

通过本项目的学习，使学生了解会计账簿的基本内容，掌握会计账簿的登记、错账更正、结账和对账方法。

职业能力目标

知识目标：掌握不同会计账簿的登记方法；掌握错账更正方法；掌握结账和对账方法。

技能目标：能登记不同类型会计账簿；能正确进行错账更正；能进行对账和结账。

素质目标：培养细心、耐心的职业品质，培养一丝不苟的职业精神和提升人际沟通能力。

任务一 期初建账

任务引领

确定一个企业要建哪几本账，采用何种格式的账页，如何完成具体的账簿设置工作，是会计人员在建账过程中要解决的主要问题和要完成的主要任务。

任务要求

能根据企业的具体情况正确选择账页或账簿，并完成具体的建账工作。

知识准备

一、会计账簿的含义

会计账簿是指由一定格式的账页组成的，以经过审核的会计凭证为依据，全面、系统、连续地记录各项经济业务的簿籍，简称账簿或账本。在形式上，会计账簿是若干账页的组合；在实质上，会计账簿是会计信息形成的重要环节，是会计资料的主要载体之一，也是会计资料的重要组成部分。

把会计凭证所记录的经济业务，登记到会计账簿的相关账户中，就是我们平常所说的登记账簿，简称记账。设置和登记账簿是会计核算工作的一种专门方法。

二、会计账簿的意义

会计账簿和会计凭证都是记录经济业务的会计资料，但两者记录的方式不同。企事业单位发生的经济业务，实际上已经记录到会计凭证上了。但是，由于会计凭证的数量比较多，而且每一张会计凭证往往只反映一项或若干项同类经济业务的发生情况，我们从会计凭证中得到的会计信息比较零碎、分散，缺乏系统性，不能满足管理需要。会计账簿将分散记载于会计凭证中的大量核算资料进行整理，对经济业务进行分类、有序、全面、连续的记录，从而为经营管理提供系统、完整的会计信息。

微课视频

细节决定成败：认识账簿

设置和登记会计账簿是编制会计报表的基础，是连接会计凭证与会计报表的中间环节，在会计核算中具有非常重要的意义。

（一）能够提供全面、系统、分类的会计信息

会计账簿把企业所发生的全部经济业务按照各个总分类账户和明细分类账户的不同性质进行分类，并连续不断地进行记录和反映，从而能够提供全面、系统、分类的会计信息，有关会计信息使用者通过账簿记录就可以了解该企业的经济活动情况，便于对经济活动进行管理和控制。

（二）编制财务报表的主要依据

会计账簿中的有关资料是编制财务报表的主要数据来源，是编制财务报表的主要依据。因此，账簿记录是否真实、正确、及时，将会直接影响财务报表的真实性、正确性和及时性。

（三）能够监督财产物资的安全完整

在会计账簿中，通过设置和登记有关财产物资的明细分类账簿，能够比较详细地反映有关财产物资的增减变动和实存情况，监督其使用，如果出现问题能够及时发现，有利于保护财产物资的安全完整。

（四）有利于进一步发挥会计的管理职能

会计账簿提供了企业最基本的核算资料，通过对会计账簿有关数据的分析，可以发现企业生产经营活动的执行情况和存在问题，从而有利于会计预测、会计决策、会计控制等管理职能的发挥。

我国《会计法》第三条明确规定各单位必须依法设置会计账簿，并保证其真实、完整。

三、会计账簿的分类

（一）按用途分类

会计账簿按其用途不同，可分为序时账簿、分类账簿和备查账簿。

1. 序时账簿

序时账簿，又称日记账，是按经济业务发生或完成时间的先后顺序，逐日逐笔进行登记的账簿。按其记录的内容不同，序时日记账又分为普通日记账和特种日记账。

（1）普通日记账。普通日记账是指用来逐笔记录全部经济业务的序时账簿。即把每天发生的各项经济业务逐日逐笔地登记在日记账中，并确定会计分录，然后据以登记分类账。

（2）特种日记账。特种日记账是用来逐笔记录某一经济业务的序时账簿。在我国企事业单位中，必须设置库存现金日记账（见表5-1）和银行存款日记账（见表5-2）。

表5-1 **库存现金日记账** 第 页

20 年		凭证号数	摘要	对方科目	借方金额										√	贷方金额										√	结余										√
月	日				千	百	十	万	千	百	十	元	角	分		千	百	十	万	千	百	十	元	角	分		千	百	十	万	千	百	十	元	角	分	

表5-2 **银行存款日记账** 第 页

账 号________

存款种类________

20 年		凭证号数	支票号数	摘要	对方科目	借方金额											√	贷方金额											√	结余金额											√
月	日					亿	千	百	十	万	千	百	十	元	角	分		亿	千	百	十	万	千	百	十	元	角	分		亿	千	百	十	万	千	百	十	元	角	分	

2. 分类账簿

分类账簿，简称分类账，是对全部经济业务按照会计要素的具体类别而设置的分类账户进行分类登记的账簿。

按其提供核算指标的详细程度不同，分类账簿又分为总分类账和明细分类账。

（1）总分类账。总分类账又称总账，是根据总分类账户开设的，总括反映某类经济活动，提供总括核算资料的分类账簿，通常采用三栏式。总分类账见表5-3。

（2）明细分类账。明细分类账，又称明细账，是根据明细分类账户（二级、三级会计科目）开设的，反映经济业务详细内容，提供明细核算资料的分类账簿。其格式有三栏式（见表5-4）、数量金额式（见表5-5）、多栏式（见表5-6）等。

表 5-3　　　　　　　　　　　　　　**总分类账**

科目名称________
科目编号________
第　页

20 年		凭证号数	摘要	借方金额										√	贷方金额										√	借或贷	余额										√
月	日			千	百	十	万	千	百	十	元	角	分		千	百	十	万	千	百	十	元	角	分			千	百	十	万	千	百	十	元	角	分	

表 5-4　　　　　　　　　　　　　　**明细账**

总第____页　分第____页
一级科目________
二级科目或明细科目________

20 年		凭证		摘要	借方金额												√	贷方金额												√	借或贷	余额												√
月	日	种类	号数		十	亿	千	百	十	万	千	百	十	元	角	分		十	亿	千	百	十	万	千	百	十	元	角	分			十	亿	千	百	十	万	千	百	十	元	角	分	

3. 备查账簿

备查账簿，又称辅助账簿，简称备查账，是对某些不能在序时账簿和分类账簿等主要账簿中进行记载或者记载不全的经济业务事项进行补充登记时使用的账簿，对序时账簿和分类账簿起补充作用。备查账簿与其他账簿之间不存在严密的依存勾稽关系，备查账簿的记录与编制会计报表也没有直接关系，所以它是一种表外账簿。备查账簿没有固定格式要求，可由各单位根据管理的需要自行设置与设计。常见的备查账簿主要有租入固定资产登记簿、应收票据备查簿、委托加工材料登记簿、代销商品登记簿等。

（二）按外表形式分类

会计账簿按其外表形式不同，可以分为订本式账簿、活页式账簿和卡片式账簿。

1. 订本式账簿

订本式账簿，又称订本账，是指在账簿启用前就把具有账户基本结构并连续编号的若干张账页固定地装订成册的账簿。这种账簿的优点是：可以避免账页散失，防止账页被随意抽换，保证账簿记录资料的安全性。缺点是：必须事先估计每个账户所需要的账页张数，如果预留账页过多，会造成浪费，如果预留账页太少，又会影响账户登记的连续性；同时，由于这种账簿在同一时间只能由一个人登记，因此不便于分工记账。这种账簿一般适用于总分类账、库存现金日记账和银行存款日记账等。

表 5-5

明细账

第____页

最高储备量____________ 类别____________ 储备定额____________ 编号____________ 规格____________

最低储备量____________ 存放地点____________ 计划单位____________ 计量单位____________ 名称____________

20 年		凭证		摘要	收入（借方）												√	支出（贷方）												√	结存												√
月	日	种类	号数		数量	单价	金额											数量	单价	金额											数量	单价	金额										
							千	百	十	万	千	百	十	元	角	分				千	百	十	万	千	百	十	元	角	分				千	百	十	万	千	百	十	元	角	分	

表 5-6

多栏式明细账

总第____页 分第____页

________级科目编号及名称________

________级科目编号及名称________

20 年		凭证号数	摘要	借方（收方）										贷方（付方）										借或贷	余额																																																
月	日																																																																								
				千	百	十	万	千	百	十	元	角	分	千	百	十	万	千	百	十	元	角	分		千	百	十	万	千	百	十	元	角	分	千	百	十	万	千	百	十	元	角	分	千	百	十	万	千	百	十	元	角	分	千	百	十	万	千	百	十	元	角	分	千	百	十	万	千	百	十	元	角	分

2. 活页式账簿

活页式账簿，又称活页账，是指年度内账页不固定装订成册，而是将其放置在活页账夹中，可根据需要随时加入或取出部分账页的账簿。当账簿登记完毕之后（通常是一个会计年度结束之后），才能将账页予以装订，加具封面，并给各账页连续编号。这种账簿的优点是：随时取放，便于账页的增加和重新排列，便于分工记账和记账工作电算化。缺点是：如果管理不善，账页容易散失和被随意抽换。活页账在年度终了时，应及时装订成册，妥善保管。活页式账簿主要适用于登记各种明细账。

3. 卡片式账簿

卡片式账簿，又称卡片账，是指由许多分散的、具有一定格式的卡片组成，存放在一定卡片箱内的可随时取用的账簿。卡片账的卡片一般装在卡片箱内，不用装订成册，随时可存放，也可跨年度长期使用，不需要每年更换。严格地说，卡片式账簿是一种特殊的活页式账簿，只是它的账页是卡片，并且是存放在卡片箱中。所以说，卡片式账簿具有活页式账簿的优缺点。这种账簿的优点是：便于随时查阅，也便于按不同要求归类整理，不易损坏。缺点是：账页容易散失和随意抽换。因此，在使用时应对账页连续编号，并加盖有关人员签章，卡片箱应由专人保管，更换新账后也应封扎保管，以保证其安全。在我国，企业一般只对固定资产和低值易耗品等资产明细账采用卡片账形式。

（三）按账页格式分类

会计账簿按其账页格式不同，可以分为三栏式账簿、数量金额式账簿、多栏式账簿。

1. 三栏式账簿

三栏式账簿是将账页中登记金额的部分分为借方、贷方和余额三栏的账簿。这种格式适用于只提供价值核算信息、不需要提供数量核算信息的账簿，它主要适用于库存现金日记账、银行存款日记账、总分类账以及资本、债权债务明细账等。

2. 数量金额式账簿

数量金额式账簿是指在账页中分设“借方”“贷方”“余额”或者“收入”“发出”“结存”三大栏，并在每一大栏内分设数量、单价和金额等三小栏，用以登记财产物资的数量、单价和总金额的账簿。这种格式适用于既提供价值信息，又需要提供数量信息的账簿。原材料明细账和库存商品明细账一般采用数量金额式账簿。

3. 多栏式账簿

多栏式账簿是指根据经济业务的内容和管理的需要，在账页的“借方”和“贷方”的某一方或两方下面分设若干栏目，详细反映借贷方金额的组成情况的账簿。这种格式适用于核算项目较多，且管理上要求提供各核算项目详细信息的账簿，如收入、成本、费用明细账一般均采用这种格式的账簿。

四、会计账簿的基本内容

各种账簿所记录的经济内容不同，账簿的格式又多种多样，不同账簿的格式所包括的具体内容也不尽一致，但一般账簿应具备以下基本内容：

（1）封面。封面内容主要有账簿名称、单位名称和账簿使用年度等。主要用于表明账簿的名称，如库存现金日记账、银行存款日记账、总分类账、应收账款明细账等。

（2）扉页。扉页一般在封面的次页，印有“账簿启用表”或“账簿启用及交接登记表”字样，其应填列的内容主要有：单位名称、账簿名称、账簿编号、账簿页数、启用日期、单位公章、经管人员、移交人和移交日期、接管人和接管日期等。

（3）账页。账页是用来记录具体经济业务的载体，其格式因记录经济业务的内容不同而有所不同，但每张账页上应载明的主要内容有：账户的名称（即会计科目）、日期栏、记账凭证种类和号数栏、摘要栏（经济业务内容的简要说明）、金额栏、总页次和分户页次等。

五、会计账簿的设置方法

设置会计账簿，又称建账，就是建立账簿体系，登记各账户期初余额。设置和登记账簿是账务处理的一个重要环节，也是会计核算的专门方法之一，会计人员应当根据审核无误的会计凭证登记会计账簿，为编制会计报表提供依据。因此，会计人员进行会计处理之前，应首先建立账簿，为会计处理做好准备。

（一）会计账簿的启用规则

（1）启用会计账簿时，应当在账簿封面上写明单位名称和账簿名称。

（2）填写扉页，扉页上有账簿启用及交接表（见表5-7）。主要填写两方面内容：一是要详细填写单位名称、账簿名称、账簿编号、账簿页数和启用日期等；二是要填写单位主管财务主管和记账人员等并加盖姓名章和单位公章。登记账簿要有专人负责，记账人员调动工作时，应由会计机构负责人监交，由交接双方填写交接日期并签名盖章，以明确双方的经济责任。

表5-7　　账簿启用及交接表

<table>
<tr><td>单位名称</td><td colspan="6">××有限公司</td><td colspan="6">单位印鉴</td></tr>
<tr><td>账簿名称</td><td colspan="6">总账</td><td colspan="6" rowspan="4"></td></tr>
<tr><td>账簿编号</td><td colspan="6">20××年总　册第　册</td></tr>
<tr><td>账簿页数</td><td colspan="6">本账簿共计××页（本账簿页数
检点人盖章）</td></tr>
<tr><td>启用日期</td><td colspan="6">公元20××年　月　日</td></tr>
<tr><td rowspan="3">经管人员</td><td colspan="3">责任人</td><td colspan="3">主办会计</td><td colspan="3">复核</td><td colspan="3">记账</td></tr>
<tr><td colspan="2">姓名</td><td>盖章</td><td colspan="2">姓名</td><td>盖章</td><td colspan="2">姓名</td><td>盖章</td><td colspan="2">姓名</td><td>盖章</td></tr>
<tr><td colspan="2"></td><td></td><td colspan="2"></td><td></td><td colspan="2"></td><td></td><td colspan="2"></td><td></td></tr>
<tr><td rowspan="6">交接记录</td><td colspan="4">经管人员</td><td colspan="4">接管</td><td colspan="4">移交</td></tr>
<tr><td colspan="2">职别</td><td colspan="2">姓名</td><td>年</td><td>月</td><td>日</td><td>盖章</td><td>年</td><td>月</td><td>日</td><td>盖章</td></tr>
<tr><td colspan="2"></td><td colspan="2"></td><td></td><td></td><td></td><td></td><td></td><td></td><td></td><td></td></tr>
<tr><td colspan="2"></td><td colspan="2"></td><td></td><td></td><td></td><td></td><td></td><td></td><td></td><td></td></tr>
<tr><td colspan="2"></td><td colspan="2"></td><td></td><td></td><td></td><td></td><td></td><td></td><td></td><td></td></tr>
<tr><td colspan="2"></td><td colspan="2"></td><td></td><td></td><td></td><td></td><td></td><td></td><td></td><td></td></tr>
<tr><td>备注</td><td colspan="12"></td></tr>
</table>

（3）填写“账户目录”，为了查找与方便登账，在启用总账时，应按照会计科目的编号顺序填写科目名称及启用页码。启用明细账时，应按照所属会计科目填写科目名称和页码。

（4）粘贴印花税票，按照规定的应缴税额，购买相应金额的印花税票并粘贴在扉页上，并且自行划线注销。应交税金额较大的，使用缴款书缴纳印花税，将一联粘贴在账簿上代替贴花。

（5）启用订本式账簿应当按从第一页到最后一页顺序编写页数，不得跳页、缺号。使用活页式账簿应当按账户顺序编号，并须定期装订成册，装订后再按实际使用的账页顺序编定页码，另加目录以便于记录每个账户的名称和页次。

（6）开始启用新账簿时，应将上一期的期初余额结转到新账的第一行，并在摘要栏注明“期初余额”。

微课视频

有章可循：
登记账簿的规则

（二）开设总分类账户

总账是根据一级会计科目（总账科目）开设的账簿，具有分类汇总记录的特点。企业必须设置总账，用来分类登记企业全部经济业务，提供资产、负债、所有者权益、收入、费用、利润总括的核算资料。企业应根据自身行业特点和经济业务的内容建立总账，总账科目名称应与国家统一的会计制度规定的会计科目名称一致。本单位会计核算涉及的总账账户不论期初是否有余额，都需在总账中设置相应账户，并根据实际需要事先为每一个账户预留若干账页。为了保证总账记录的安全完整，总账一般采用订本式、三栏式账页格式。总账会计人员根据职责负责总账账簿的设置、登记和保管。总账会计在登记账簿启用表后，相关负责人签名并加盖人名章以及本单位公章。总账应每年更换一次。

（三）登记期初余额

总账会计人员根据职责及总账数据资料开立新账户并录入各个账户的期初余额。有多少个总账科目，就要开设多少个总账账户。对于上年年末有余额的总账账户，应将上年年末余额作为本年度期初余额登记在第一行。具体方法是：日期栏填入期初日期，摘要栏填入“上年结转”（非年初建账的填入“期初余额”），借或贷方向栏填入“借”或“贷”，余额栏填入余额。对于没有余额的账户，无须登记期初余额。设立账户时，书写认真规范，要注意账户借贷方向，注意文字高度为格高的1/2，不超过2/3。

（四）填写账户目录

所有总分类账户设置完毕后，应在账簿启用页后的目录（见表5-8）中填入各账户的编号、名称和页数，以便查找。日记账与明细账的启用方法、登记方法和填写方法同总分类账，不再重述。

库存现金日记账按现金币种开设账户，每个账户均需要预留一定数量的账页；银行存款日记账按单位在银行开立的账户和币种开设账户，每个账户均需要预留一定数量的账页。开设方法同总分类账。

设置明细分类账时，由于活页账可以在使用过程中根据需要增减账页，以及对账页的顺序进行调整，因此，无须给每一明细账户预留账页，可以先设置在相关账簿中有期初余额的明细账户。对期初无余额的明细账户，可暂不开设，待日常账务处理用到时再设置，并插入账簿中同属一个总分类账户的明细账户顺序中去。

表 5-8 **目录**

编号	科目	页码	编号	科目	页码	编号	科目	页码

思政案例

税务干部丢失纳税人账簿引发的诉讼

开设明细账账户时，在选定的明细账页上方填写该明细账户所属的总分类账户名称、明细分类账户名称、科目编码及该明细账户当前的页码。活页式明细账簿中每一页均有两个编码：“第　页”（“分第　页”），是指按明细分类账户对账页所进行的编码；“连续页”（“总第　页”），是指不区分明细分类账户，对账簿中包含的账页按排列顺序进行的编码。

典型任务操作示范

（1）柯鲁丝公司2020年3月31日有关账簿的总分类账户余额和原材料明细账见表5-9和表5-10。

表 5-9 **总分类账户余额**

账户	借方	贷方	余额
库存现金	45 000.00	10 000.00	35 000.00
银行存款	280 000.00	120 000.00	160 000.00
主营业务收入	9 625 000.00	9 625 000.00	

表 5-10　　原材料明细账（先进先出法）

明细账户	单位	数量	单价	金额
A 材料	千克	3 000	50	150 000
B 材料	千克	1 000	30	30 000
合计				180 000

（2）柯鲁丝公司 2020 年 4 月 1 日—30 日发生下列业务：

1）1 日，企业取得借款 50 000 元，存入银行存款账户，期限为 3 个月。

2）4 日，企业取得转账支票存根和增值税专用发票（发票联）。发票内容：购进 A 材料 5 000 千克，单价 55 元；B 材料 1 000 千克，单价 32 元。增值税率 13%。

3）7 日，企业从银行提取现金 5 000 元。

4）11 日，企业取得增值税普通发票一张（发票联）。业务内容：以现金 550 元购入办公用品直接交付使用。

5）20 日，企业取得进账单和增值税专用发票（记账联）。业务内容：销售一批产品收入 80 000 元，增值税率 13%。

6）30 日，企业取得增值税普通发票（记账联）。业务内容：销售废旧材料一批，收入现金 5 500 元。

7）30 日，将现金 5 500 元存入银行。

8）30 日，张富出差向财会部门借入现金 1 500 元。

9）30 日，企业以银行存款 100 000 元归还到期的银行短期借款。

10）30 日，会计部门取得工资结算单，以现金发放工资 35 000 元。

11）30 日，仓库发出 A 材料 1 500 千克，其中，车间一般消耗 500 千克，厂部一般耗用 1 000 千克。

12）30 日，仓库发出 B 材料 2 000 千克，其中，车间一般耗用 1 200 千克，行政管理部门一般耗用 800 千克。

13）30 日，计提本月固定资产折旧 4 000 元，其中，车间固定资产折旧 2 200 元，行政管理部门固定资产折旧 1 800 元。

14）30 日，分配本月份车间管理人员工资 11 300 元，行政管理部门人员工资 23 700 元。

15）30 日，按 14%的比例计提车间管理人员和行政管理部门人员的职工福利费。

16）30 日，按生产工时（甲产品生产工时 5 000 小时、乙产品生产工时 1 200 小时）的比例分配结转本月制造费用。

17）结转期间费用至本年利润账户。

【典型任务 1】根据以上资料，建库存现金日记账（见表 5-11）。

表 5-11　　库存现金日记账

2020 年		凭证号数	摘要	对方科目	借方	贷方	借或贷	余额
月	日							
3	31		本月累计		15 000.00	10 000.00	借	5 000.00
4	1		期初余额				借	5 000.00

【典型任务2】根据以上资料，建主营业务收入总账（见表5－12）。

表5－12　　　　　　　　　　　　　　**总分类账**

科目名称 主营业务收入

科目编号

第　页

2020年		凭证号数	摘　要	借方金额										√	贷方金额										√	借或贷	余额										√
月	日			千	百	十	万	千	百	十	元	角	分		千	百	十	万	千	百	十	元	角	分			千	百	十	万	千	百	十	元	角	分	
3	31		1—3月累计发生额		9	6	2	5	0	0	0	0	0			9	6	2	5	0	0	0	0	0		平								0			

【典型任务3】根据以上资料，建原材料明细账（见表5－13）。

表5－13　　　　　　　　　　　　　　**原材料明细账**　　　　　　　　　　　　　　第____页

最高储备量________　类别__________　储备定额________　编号________　规格________

最低储备量________　存放地点________　计划单价________　计量单位千克　名称A材料

2020年		凭证		摘　要	收入（借方）												支出（贷方）												结存											
月	日	种类	号数		数量	单价	金额										数量	单价	金额										数量	单价	金额									
							千	百	十	万	千	百	十	元	角	分			千	百	十	万	千	百	十	元	角	分			千	百	十	万	千	百	十	元	角	分
4	1			期初余额																									3000	50			1	5	0	0	0	0	0	0

任务实施

仿照以上操作，建立“银行存款”“生产成本”“库存商品”等其他相关账户的总账、日记账和明细账。

任务二　登记账簿

任务引领

日常登记日记账工作的主要任务是根据审核无误的与库存现金、银行存款收付有关的记账凭证，由出纳员登记库存现金日记账和银行存款日记账，并保证账簿登记的规范性和正确性。

日常登记明细账工作的主要任务是：根据审核无误的原始凭证和记账凭证，由会计人员登记各种明细账，并保证账簿登记的规范性和正确性。

日常登记总账工作的主要任务是：根据审核无误的记账凭证逐笔登记总账，由会计人员登记各种明细账，并保证账簿登记的规范性和正确性。

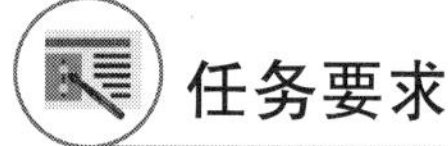

任务要求

要完成日记账的登记工作，必须掌握登记会计账簿的基本要求和日记账的登记方法。

要完成明细账的登记工作，必须掌握登记会计账簿的基本要求和各种明细账的登记方法。

要完成总账的登记工作，必须掌握登记会计账簿的基本要求和总账的登记方法。

知识准备

一、登记账簿的基本要求

（一）根据审核无误的会计凭证登记账簿

记账的依据是会计凭证。记账人员在登记账簿之前，应当首先审核会计凭证的合法性、完整性和真实性，这是确保会计信息真实完整的重要措施。

（二）记账时要做到准确完整

登记会计账簿时，应当将会计凭证的日期、编号、经济业务内容摘要、金额和其他有关资料逐项记入账内。每一会计事项，要按平行登记方法，一方面记入有关总账，另一方面记入总账所属的明细账，做到数字准确、摘要清楚、登记及时、字迹清晰工整。登记完毕后，要在记账凭证上签章或者盖章，并注明所记账簿的页数，或画“√”表示已经登记入账，避免重记、漏记。

（三）书写不能占满格

为了便于更正记账和方便查账，登记账簿时，书写的文字和数字上面要留有适当的空格，不要写满格，一般应占格距的1/2，最多不能超过2/3。

（四）按照顺序连续登记

会计账簿应当按照页次顺序连续登记，不得跳行、隔页。如果发生跳行、隔页，应当将空行、空页用红色墨水对角划线注销，在交叉点由记账人员签名或者盖章；或者注明“作废”字样，加盖“此行空白”“此页空白”字样，并由记账人员签名或盖章，以明确经济责任。

（五）正确使用蓝黑墨水和红墨水

登记账簿要用蓝黑墨水或碳素墨水书写，不得使用圆珠笔或者铅笔书写。这是因为各种账簿归档的保管年限，国家规定一般都在10年以上，有些关系到重要经济资料的账簿则要长期保管，因此要求账簿记录保持清晰、耐久，以便长期查核使用，防止涂改和褪色。上下栏内容相同的摘要，不得以省略号替代。

红色墨水只能在以下情况使用：

（1）按照红字冲账的记账凭证，冲销错误记录（冲销错账）；

（2）在不设借贷栏目的多栏式账页中，登记减少数；

（3）在三栏式账户的余额栏前，如未印明余额方向的，在余额栏内登记负数余额；

（4）根据国家统一会计制度的规定可以使用红字登记的其他会计记录。

（六）结出余额

凡需要结出余额的账户，应按时结出余额，现金日记账和银行存款日记账必须逐日结出余额；债权债务明细账和各项财产物资明细账，每次记账后，都要随时结出余额；总账账户平时每月需要结出月末余额。结出余额后，应当在“借或贷”栏内写明“借”或“贷”字样以说明余额的方向。余额为零的账户，应当在“借或贷”栏内写“平”字，并在余额栏内用“0”表示，一般来说，“0”应放在“元”位。

（七）过次承前

各账户在每一账页登记完毕结转下页时，要在该账页的最末一行加计发生额合计数和结出余额，并在该行“摘要”栏注明“过次页”字样；然后把发生额合计数和余额填列在下一页的第一行内，并在“摘要”栏内注明“承前页”，以保证账簿记录的连续性。

对需要结计本月发生额的账户，结计“过次页”的本页合计数应当为自本月初至本月末止的发生额合计数；对需要结计本月本年累计发生额的账户，结计“过次页”的本页合计数应当为自本年初至本年末止的累计发生额合计数；对既不需要结计本月发生额的账户也不需要结计本年累计发生额的账户，可以只将每页末的余额结转次页。

（八）账簿记录错误应按规定的办法更正

账簿记录发生错误时，不得刮、擦、挖、补，不得随意涂改或用褪色药水更改字迹，应根据错误的情况，按规定的方法进行更正。

二、日记账的登记

日记账有普通日记账和特种日记账两类。

（一）普通日记账

普通日记账是逐日序时登记特种日记账以外的经济业务的账簿。在不设特种日记账的企业，则要序时地逐笔登记企业的全部经济业务，因此普通日记账也称分录簿。

普通日记账一般分为“借方金额”和“贷方金额”两栏，登记每一分录的借方账户和贷方账户及金额，这种账簿不结余额。

（二）特种日记账

常用的特种日记账是“库存现金日记账”和“银行存款日记账”。根据规定，库存现金日记账和银行存款日记账必须采用订本式账簿，不得用银行对账单或者其他方式代替日记账。库存现金日记账和银行存款日记账的格式主要为三栏式。

1. 库存现金日记账的登记方法

库存现金日记账是用来核算和监督库存现金每日的收入、支出和结存状况的序时账簿。它由出纳人员根据库存现金收款凭证、库存现金付款凭证和提现业务的银行存款付款凭证，按库存现金收、付款业务和银行存款付款业务发生时间的先后顺序，逐日逐笔进行登记。库存现金日记账只涉及“库存现金”一个账户，余额方向一般在借方。

库存现金日记账的结构一般采用三栏式账页格式。登记库存现金日记账时，除了遵循账簿登记的基本要求外，还应注意以下栏目的填写方法。

（1）日期栏、“凭证编号”栏和“摘要”栏。库存现金日记账中的日期栏、“凭证编号”栏和“摘要”等栏，根据有关记账凭证登记。

（2）对应科目栏。应填入会计分录中“库存现金”栏目的对应科目栏，用以反映库存现金增减变化的来龙去脉。

（3）“借方”栏和“贷方”栏。“借方”栏根据现金收款凭证和提现业务的银行存款付款凭证登记（从银行提取现金，只编制银行存款付款凭证）；“贷方”栏根据现金付款凭证登记。

（4）“余额”栏。每日终了，应结出当日现金收入、现金支出合计数及结余数，并将账面结存数与库存现金实存数相核对，做到账实相符。“余额”栏应根据“本行余额＝上行余额＋本行借方－本行贷方”计算填入。

正常情况下库存现金不允许出现贷方余额，因此库存现金日记账“余额”栏前未印有借贷方向，余额方向默认为借方。若在登记库存现金日记账过程中，由于登账顺序等特殊原因出现了贷方余额，则在“余额”栏用红字登记，表示贷方余额。

微课视频

日记账天天见：
登记日记账

每月期末，应结出当期“借方”栏和“贷方”栏的发生额和期末余额，并与“库存现金”总分类账户核对一致，做到日清月结、账实相符。如账实不符，应查明原因。

为了防止重记与漏记，记账完毕后，应在记账凭证上打“√”，表示已经记账，最后还要在记账凭证上签名和盖章，以明确经济责任。

【典型任务 1】库存现金日记账的日常登记，示例见表 5－14。

表 5－14　　**库存现金日记账**

币种：人民币　　　　第 10 页

2020 年		凭证编号	摘要	对方科目	借方	贷方	余额
月	日						
4	1		期初余额				3 000
	3	现付 1	预支差旅费	其他应收款		2 000	1 000
	8	现付 2	付交通费	管理费用		980	20
	8	银付 2	提现	银行存款	3 000		3 020
	…		…				

知识拓展

“对应科目”栏填写注意事项

第一，对应科目只填总账科目，不需要填明细科目。

第二，当对应科目有多个时，应填入主要对应科目。例如，销售产品收到现金，“库存现金”对应科目有“主营业务收入”和“应交税费”，此时可在对应科目栏中填入“主营业务收入”，在借方金额栏中填入取得现金的总额，而不能将一笔现金增加业务拆分成两个对应科目金额填入两行。

第三，当对应科目有多个且不能从科目上划分出主次时，可在对应科目栏中填入其中金额较大的科目，并在其后加上“等”字。例如，用现金 800 元购买零星办公用品，其中 300 元由车间负担，500 元由行政管理部门负担，则在库存现金日记账“对应科目”栏中填入“管理费用等”，在贷方金额栏中填入支付的现金总额 800 元。

2. 银行存款日记账的登记方法

银行存款日记账用来核算和监督银行存款每日的收入、支出和结存情况的账簿。它是由出纳人员根据银行存款收款凭证、银行存款付款凭证和库存现金付款凭证按经济业务发生时间的先后顺序，逐日逐笔进行登记的序时账簿。银行存款日记账只涉及“银行存款”一个账户，余额方向一般在借方。

银行存款日记账应按企业在银行开立的账户和币种分别设置，每个银行存款账户设置一本银行存款日记账。

银行存款日记账的结构一般也采用“收入”“支出”和“结余”三栏式，由出纳人员根据银行存款的收、付款凭证，逐日逐笔按顺序登记。

对于将现金存入银行的业务，因为习惯上只填制现金付款凭证，不填制银行存款收款凭证，所以此时的银行存款收入数应根据相关的现金付款凭证登记。另外，因在办理银行存款收付业务时，均根据银行结算凭证办理，为便于和银行对账，银行存款日记账还设有“结算凭证种类和号数”栏，单独列出每项存款收付所依据的结算凭证种类和号数。

银行存款日记账和库存现金日记账一样，每日终了时要结出余额，做到日清，以便检查监督各项收支款项，避免出现透支现象，同时也便于同银行对账单进行核对。银行存款日记账的格式同库存现金日记账的格式相似。

【典型任务2】银行存款日记账的日常登记，示例见表5-15。

表5-15 银行存款日记账

开户银行：中国工商银行 第12页

2020年		凭证编号	摘要	对方科目	借方	贷方	余额
月	日						
4	1		期初余额				800 000
	4	银收1	销售产品	主营业务收入	8 000		808 000
	6	银付1	付所得税	应交税费		35 400	772 600
	8	银付2	提现	库存现金		3 000	769 600
	…		…				

任务实施

仿照以上操作，完成“库存现金”和“银行存款”日记账的登记并结出每日发生额、余额及本月发生额和余额。

三、明细账的登记

明细账通常根据总账科目所属明细科目设置，用来分类登记某一类经济业务，提供明细核算资料。明细科目的名称应根据统一会计制度的规定和企业管理的需要设置。

明细账的格式，应根据它所反映经济业务的特点，以及财产物资管理的需要来选择，一般有三栏式明细账、数量金额式明细账、多栏式明细账，应将相同格式的账页装订成册。明细账的外表格式一般是活页账，主要是使用方便，便于账页的重新排列和记账人员的分工，但是活页账的账页容易散失和被随意抽换。因此，使用时应按顺序编号并装订成册，注意妥善保管明细账的账页。

（一）三栏式明细账的登记

三栏式明细账是在账页内只设“借方”“贷方”“余额”三个金额栏的明细账。它适用于只要求进行金额核算而不要求进行数量核算的明细分类账户，如“应收账款”“应收票据”“应付账款”“短期借款”和“长期借款”等反映应收应付等债权债务结算账户的明细分类账。

三栏式明细账一般根据记账凭证逐笔登记，登记方法与库存现金日记账基本相同，不同之处在于“余额”栏前的“借或贷”栏需要根据余额的方向填写“借”“贷”或“平”。

【典型任务 3】三栏式明细账的日常登记，以应收账款明细账为例，示例见表 5－16。

表 5－16　　**应收账款明细账**

总第____页　分第____页
一级科目____应收账款____
二级科目或明细科目________

2020 年		凭证		摘要	借方金额												√	贷方金额												√	借或贷	余额												√
月	日	种类	号数		十	亿	千	百	十	万	千	百	十	元	角	分		十	亿	千	百	十	万	千	百	十	元	角	分			十	亿	千	百	十	万	千	百	十	元	角	分	
4	1			期初余额																											借						3	0	0	0	0	0	0	
	5	收	4	收回欠款																			2	0	0	0	0	0	0		借						1	0	0	0	0	0	0	
	8	收	10	销售产品						5	8	5	0	0	0	0															借						6	8	5	0	0	0	0	

（二）数量金额式明细账的登记

数量金额式明细账账页格式在“收入”“发出”“结存”三栏内，再分别设置“数量”“单价”“金额”三个栏目，以分别登记财产物资的数量、单价和总金额。数量金额式明细账适用于既要进行金额明细核算，又要进行数量明细核算的财产物资项目。如“原材料”“库存商品”等账户的明细核算。

数量金额式明细账由会计人员根据审核无误的记账凭证及所附的原始凭证，按经济业务发生的时间先后顺序，逐日逐笔登记或定期汇总登记。具体登记时，需要根据记账凭证所附原始凭证的具体内容，详细登记每一笔经济业务收入或发出的数量、单价和金额，并根据选定的计价方法计算出结余的数量、单价和金额。需要说明的是，“日期”栏应填入据以记账的原始凭证的日期，“凭证字号”栏应填入据以记账的原始凭证的种类及编号。

【典型任务 4】数量金额式明细账的日常登记，以原材料明细账为例，示例见表 5－17。

表 5－17　　　　**原材料明细表**　　　　第____页

最高储备量________　类别__________　储备定额________　编号__________　规格________

最低储备量________　存放地点________　计划单价________　计量单位________　名称A材料

2020年		凭证		摘要	收入（借方）												支出（贷方）												结存											
月	日	种类	号数		数量	单价	金额										数量	单价	金额										数量	单价	金额									
							千	百	十	万	千	百	十	元	角	分			千	百	十	万	千	百	十	元	角	分			千	百	十	万	千	百	十	元	角	分
4	1			期初余额																									3 000	50			1	5	0	0	0	0	0	0
	3	付	1	购入材料	500	50				2	5	0	0	0	0	0													3 500	50			1	5	0	0	0	0	0	0
	8	转	5	领用材料													3 000	50											500	50				2	5	0	0	0	0	0

（三）多栏式明细账的登记

多栏式明细账是根据经济业务的特点和经营管理的需要，在一张账页的借方栏或贷方栏设置若干专栏，集中反映有关明细项目的核算资料。它主要适用于只记金额、不记数量，而且在管理上需要了解其构成内容的费用、成本、收入、利润账户，如“生产成本”“制造费用”“管理费用”“主营业务收入”等账户的明细分类账。

生产成本明细账一般是借方多栏式明细账，有专门的账页格式，按生产成本项目借方设“直接材料”“直接人工”“制造费用”三栏。

一般来说，应交税费——应交增值税明细账有专用的账页，用以登记应交增值税的增减变化情况，借方多栏，贷方也多栏。增值税一般纳税人应在“应交增值税”明细账内设置“进项税额”“销项税额抵减”“已交税金”“转出未交增值税”“减免税款”“出口抵减内销产品应纳税额”“销项税额”“出口退税”“进项税额转出”“转出多交增值税”等专栏。

根据经济业务内容的不同，多栏式明细分类账可以采用借方多栏式、贷方多栏式和借贷双方多栏式三种。除了生产成本和应交税费——应交增值税有专门的明细账页外，其他的多栏式明细账都采用通用多栏式明细账。一般来说，管理费用、制造费用、销售费用、财务费用等都采用多栏式明细账页，由于损益类账户没有期初余额，因此设账时不用录入期初余额，只开设账户即可。

多栏式明细账登记时需注意以下几点：

（1）根据记账凭证登记时，一方面要将具体内容记入相应的专栏，另一方面要将本行各专栏数字合计后记入本行“合计栏”。

（2）只设借方多栏或贷方多栏的账户，登记内容的方向与栏目设计方向相反时，用红字进行登记。

【典型任务5】多栏式明细账的日常登记，以生产成本明细账为例，示例见表5－18。

表 5－18　　　　**生产成本明细账**　　　　总第________页

________级科目编号及名称

________级科目编号及名称

2020年		凭证号数	摘要	直接材料										直接人工										制造费用										合计									
月	日			千	百	十	万	千	百	十	元	角	分	千	百	十	万	千	百	十	元	角	分	千	百	十	万	千	百	十	元	角	分	千	百	十	万	千	百	十	元	角	分
4	1		期初余额				4	0	0	0	0	0	0				3	2	0	0	0	0	0				1	5	6	0	0	0	0				8	7	6	0	0	0	0
	10		领用材料			1	2	0	0	0	0	0	0																							1	2	0	0	0	0	0	0

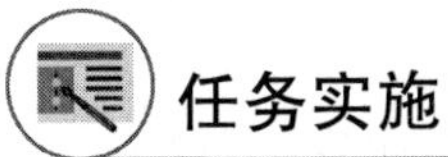

任务实施

仿照以上操作，登记“原材料——A 材料”“原材料——B 材料”明细账户，并结出本月发生额和余额；登记“制造费用”和“管理费用”明细账户，并结出本期发生额及期末余额。

四、总分类账的登记

(一) 总分类账的登记方法

总分类账可以直接根据记账凭证逐笔登记，也可以把各种凭证先行汇总，编制汇总记账凭证或科目汇总表后据以登记。具体登记方法与日记账的登记方法基本相同，只是总账不要求逐日结出发生额合计及余额。其他栏目的登记方法同日记账，不再重述。

【典型任务 6】总分类账的日常登记，以主营业务收入总账为例，示例见表 5-19。

表 5-19 **总分类账**

科目名称 主营业务收入

科目编号

第 页

2020 年		凭证号数	摘 要	借方金额										√	贷方金额										√	借或贷	余额										√
月	日			千	百	十	万	千	百	十	元	角	分		千	百	十	万	千	百	十	元	角	分			千	百	十	万	千	百	十	元	角	分	
3	31		1—3 月累计发生额		9	6	2	5	0	0	0	0	0			9	6	2	5	0	0	0	0	0		平								0			
4	3		销售产品															3	8	0	0	0	0	0		贷				3	8	0	0	0	0	0	
	5		销售产品															5	0	0	0	0	0	0		贷				8	8	0	0	0	0	0	

(二) 总分类账和明细分类账的平行登记

总分类账户是根据总分类科目开设，总括地反映资金运动的增减变化，能够提供某一具体内容的总括核算指标。明细分类账户根据明细分类科目设置，较为详细地反映资金运动情况，是对总分类账户的进一步分录反映。

总分类账户是明细分类账户的集中和概括，对所属的明细分类账户起着统御和控制作用；而明细分类账户是对总分类账户的详细说明，从属于总分类账户，起补充和辅助作用。总分类账户和所属明细分类账户核算的经济内容是一致的，只是详略程度不同，两者提供的资料相互补充，既概括又详细地说明经济业务。总分类账户和所属明细分类账户的这种关系，决定了总分类账户和明细分类账户应实行平行登记。

平行登记是指对发生的每项经济业务，都要以会计凭证为依据。一方面，要在有关的总分类账户进行总括登记；另一方面，要在总分类账户所属的明细分类账户进行详细登记。通过总分类账和明细分类账的平行登记，以及期末进行相互核对，可以及时发现错账并予以更正，从而保证账簿记录的准确性。

1. 平行登记的要点

总分类账与明细分类账平行登记的要点如下：

（1）依据相同。每一项经济业务，记入总分类账户和记入明细分类账户的原始凭证依据必须相同。

（2）期间相同。每一项经济业务，在同一会计期间，一方面要记入有关总分类账户，另一方面要记入总分类账户所属的有关各明细分类账户。实际工作中，两者记账的具体时间并不一定要求相同，但一定是在同一会计期间。

（3）方向相同。每一项经济业务，记入总分类账户和记入所属明细分类账户的借贷方向必须相同。如果在总分类账户中记入借方，则在所属明细分类账户中也记入借方；如果在总分类账户中记入贷方，则在所属明细分类账户中也记入贷方。

（4）金额相等。每一项经济业务，记入总分类账户中的金额要与记入所属明细分类账户的金额相等。如果同时涉及该总分类账户的若干明细分类账户，则该总分类账户登记的金额应与各个明细分类账户登记的金额之和相等。

2. 平行登记的结果

通过总分类账户和明细分类账户的平行登记，总分类账户的发生额及余额与其所属的明细分类账户的发生额及余额应存在以下相等关系：

总分类账户的期初余额＝所属明细分类账户的期初余额合计

总分类账户的本期借方发生额＝所属明细分类账户的本期借方发生额合计

总分类账户的本期贷方发生额＝所属明细分类账户的本期贷方发生额合计

总分类账户的期末余额＝所属明细分类账户的期末余额合计

任务实施

仿照以上操作，平行登记“原材料”总账与明细分类账；登记其他总分类账户，并结出本期发生额及期末余额。

任务三　更正错账

任务引领

日常更正错账的主要任务是运用正确的错账更正方法更正记账过程中产生的错误，保证账簿登记的规范性和正确性。

任务要求

要规范地更正错账，必须掌握正确的错账更正方法。

知识准备

登记会计账簿是一项很细致的工作。在记账工作中，可能由于种种原因使账簿记录发生错误：有的是填制凭证和记账时发生的单纯笔误；有的是写错了会计科目、金额等；有的是合计时计算错误；有的是过账错误，登记账簿中发生的差错。错误一经查出就应立即更正。《会计法》第十五条明确规定：会计账簿记录发生错误或隔页、缺号、跳行的，应当按照国家统一的会计制度规定的方法更正，并由会计人员和会计机构负责人（会计主管人员）在更正处盖章。对于账簿记录错误，不准涂改、挖补、刮擦或者用药水消除字迹，不准重新抄写，而必须根据错误的具体情况和性质，采用规范的方法予以更正。错账更正方法通常有划线更正法、红字更正法和补充登记法等。

一、划线更正法

划线更正法是指将原来账簿记录上的错误数字或文字用红线划掉，再用蓝黑字写上正确数字的一种更正方法。这种方法适用于记账凭证填制正确，在记账或结账过程中发现账簿记录中文字或数字有错误的情况。

划线更正法的具体做法是：先在错误的文字或数字上画一条红线，表示注销，画线时必须使原有字迹仍可辨认，以备日后查证；然后将正确的文字或数字用蓝字写在划线处的上方，并由记账人员在更正处盖章，以明确责任。对于错误的文字，可以只划去错误的部分，并更正错误的部分；对于错误的数字，应当全部画红线更正，不能只更正其中的个别错误数字。

例如，把“3 457”元误记为“8 457”元时，应将错误数字“8 457”全部用红线注销后，再写上正确的数字“3 457”，而不是只删改一个“8”字。如果记账凭证中的文字或数字发生错误，在尚未过账前，也可用划线更正法更正。

【典型任务1】记账人员将其他应收款明细账的金额850.00误记为250.00，更正时应将250.00用红线全部划掉，再在上方写上正确的数字850.00，不能只划掉2和5两个数字（见表5-20）。

表5-20 **其他应收款 明细账**

二级科目李刚

2020年		凭证号数	摘要	借方金额										√	贷方金额										√	借或贷	余额										√
月	日			千	百	十	万	千	百	十	元	角	分		千	百	十	万	千	百	十	元	角	分			千	百	十	万	千	百	十	元	角	分	
12	1		期初余额																							借					1	0	0	0	0	0	
	29	转6	报销差旅费																	8 ~~2~~	5 ~~5~~	0 ~~0~~	0 ~~0~~	0 ~~0~~													

二、红字更正法

红字更正法是指用红字冲销原有的错误的账簿记录来更正或调整原有账簿记录的一种方法。

红字更正法一般适用于以下两种情况下错账的更正。

情况一：记账后，如果发现记账凭证中的应借、应贷会计科目名称或金额有错误，并已登记入账，那么可以用红字更正法予以更正。

具体做法是：先用红字填写一张与原错误记账凭证科目、借贷方向一致的记账凭证，且在摘要栏注明“更正某月某日第×号记账凭证的错账”，并据以用红字金额登记入账，以冲销账簿中原有的错误记录，然后用蓝字重新填制一张正确的记账凭证，在摘要栏注明“更正某月某日第×号记账凭证的错账”，并据以登记入账。这样，原来的错误记录便得以更正。

【典型任务2】A车间领用甲材料3 000元用于一般消耗。

（1）填制记账凭证时，误将借方科目写成“生产成本”，并已登记入账。原错误记账凭证为：

借：生产成本　　3 000
　　贷：原材料　　3 000

（2）发现错误后，用红字填制一张与原错误记账凭证内容完全相同的记账凭证。

借：生产成本　　3 000
　　贷：原材料　　3 000

（3）用蓝字填制一张正确的记账凭证。

借：制造费用　　3 000
　　贷：原材料　　3 000

情况二：记账后，如果发现记账凭证和账簿记录中应借、应贷的科目名称没有错误，只是所记金额大于应记金额。

对于这种账簿记录的错误，更正的方法是：将多记的金额用红字填制一张与原有记账凭证应借、应贷科目名称相同的记账凭证，并在摘要栏注明“冲销某年某月某日第×号记账凭证多记金额”，并据以登记入账，以冲销多记的金额，使错账得以更正。

【典型任务3】仍以【典型任务2】为例，假设在编制记账凭证时应借、应贷账户没有错误，只是金额由3 000元写成了30 000元，并且已登记入账。

该笔业务只需用红字更正法编制一张记账凭证，将多记的金额27 000元用红字冲销即可。编制的记账凭证为：

借：制造费用　　27 000
　　贷：原材料　　27 000

三、补充登记法

补充登记法是在记账之后，如果发现记账凭证中应借、应贷的科目名称没有错误，但所记金额小于应记金额，造成账簿中所记金额也小于应记金额，这种错账应采用补充登记法进行更正。更正的方法是：将少记金额用蓝笔填制一张与原错误记账凭证会计科目相同的记账凭证，并在摘要栏内注明“补记某年某月某日第×号记账凭证”并予以登记入账，补足原少记金额，使错账得以更正。

【典型任务4】仍以【典型任务2】为例，假设在编制记账凭证时应借、应贷账户没有错误，只是金额由3 000元写成了300元，并且已登记入账。

该笔业务只需用补充登记法编制一张记账凭证，将少记的金额2 700元补足便可。其记账凭证为：

借：制造费用　　2 700

　　贷：原材料　　2 700

错账更正的三种方法中，红字更正法和补充登记法都是用来更正因记账凭证错误而产生的记账错误。如果非因记账凭证的差错而产生的记账错误，只能用划线更正法更正。

知识拓展

会计软件中发现记账错误的更正

会计软件中，记账过程由计算机系统自动进行，不存在凭证正确而登账错误的情况，因此划线更正法不适用。对于存在凭证科目错误或金额错误的情况，仍然可以使用红字更正法和补充登记法，编写相关红字冲销或蓝字补充登记凭证更正错误即可。

以上三种方法是对当年内发现填写记账凭证或者登记账错误而采用的更正方法，如果发现以前年度记账凭证中有错误（指会计科目和金额）并导致账簿登记出现差错，应当用蓝字或黑字填制一张更正的记账凭证。因错误的账簿记录已经在以前会计年度终了进行结账或决算，不可能将已经决算的数字进行红字冲销，只能用蓝字或黑字凭证对除文字外的一切错误进行更正，并在更正凭证上特别注明“更正××年度错账”的字样。

任务实施

1. 案例基本情况

某企业在记账后进行账证核对时发现下列错误，请采用适当的更正方法予以更正：

（1）职工李林借支差旅费 2 000 元，开出现金支票。误编记账凭证为：

借：其他应收款　　2 000

　　贷：库存现金　　2 000

（2）结转本月已售产品成本 7 000 元。误编记账凭证为：

借：主营业务成本　　70 000

　　贷：库存商品　　70 000

（3）计算本月短期借款利息 6 500 元。误编记账凭证为：

借：财务费用　　5 600

　　贷：预提费用应付利息　　5 600

（4）计算本月应交税费 3 400 元。所编记账凭证为（记账时，“应交税费”账户记录为 4 300 元）：

借：税金及附加　　3 400

　　贷：应交税费　　3 400

2. 任务要求

针对案例基本情况，运用正确的错账更正方法进行更正，并更正自己在业务记账过程中产生的错账。

任务四　对账和结账

任务引领

期末对账工作的主要任务是进行账证、账账、账实核对，编制总账发生额及余额试算平衡表、总账与明细账发生额及余额对照表、银行存款余额调节表等，以保证会计账簿记录的正确性。

任务要求

期末要完成对账工作，必须掌握账证、账账、账实核对的内容和方法。

知识准备

一、对账

对账，就是核对账目，是保证会计账簿记录真实、正确、可靠，对会计账簿中所做的记录进行全面的检查与核对，做到账证相符、账账相符和账实相符。在会计工作中，由于种种原因，难免会发生记账、计算等差错，也难免会出现账实不符的现象。为了保证各账簿记录和会计报表的真实、完整和正确，如实地反映和监督经济活动，各单位必须做好对账工作。

账簿记录的准确与真实可靠，不仅取决于账簿的本身，还涉及账簿与凭证的关系、账簿记录与实际情况是否相符的问题等。所以，对账应包括账簿与凭证的核对、账簿与账簿的核对、账簿与实物的核对。把账簿记录的数字核对清楚，做到账证相符、账账相符和账实相符。对账工作每年至少进行一次。

（一）账证核对

账证核对是指将各种账簿记录与记账凭证及其所附的原始凭证进行核对，以保证账证相符。账证核对主要在日常登记账簿时逐笔进行核对。保证账证相符是会计核算的基本要求之一，也是保证账账相符、账实相符和账表相符的基础。账证核对的方法一般可以采用逐笔核对法和抽查法。各单位应当定期将会计账簿记录与其相应的会计凭证记录（包括时间、凭证字号、会计科目、业务内容、数量金额、记账方向等）逐项核对，检查是否一致。如有不符之处，应当及时查明原因，予以更正。

（二）账账核对

账账核对是指将各种相关会计账簿之间的有关记录进行核对。由于会计账簿之间相对应的记录存在内在联系，因此，通过账账相对，可以检查、验证会计账簿记录的正确性，以便及时发现错账，予以更正，保证账账相符。账账核对的主要内容包括：

（1）总分类账内部的核对。主要核对总分类账中全部账户借方本期发生额合计数与贷方本期发生额合计数是否相等，核对总分类账中全部账户借方期初余额合计数与贷方期初余额合计数是否相等，核对总分类账中全部账户借方期末余额合计数与贷方期末余额合计数是否相等。一般通过编制总分类账户发生额及余额试算平衡表来进行核对。

（2）总分类账与明细分类账的核对。主要核对各个总分类账户的期初余额，与其所属明细分类账户的期初余额之和是否相等；核对各个总分类账户的期末余额，与其所属明细分类账户的期末余额之和是否相等；核对各个总分类账户的本期借方发生额，与其所属明细分类账户的本期借方发生额之和是否相等；核对各个总分类账户的本期贷方发生额，与其所属明细分类账户的本期贷方发生额之和是否相等。一般通过编制总分类账户与所属明细分类账户本期发生额及余额核对表来进行核对。

（3）总分类账与日记账的核对。主要分别将库存现金日记账的期末余额和银行存款日记账的期末余额与总分类账中“库存现金”和“银行存款”账户的期末余额进行核对，确认是否相等。

（4）会计部门财产物资明细账与财产物资保管和使用部门的有关明细账进行核对。主要核对会计部门的各种财产物资明细账的期末余额与财产物资保管和使用部门的有关明细账的期末余额是否相等。一般是将有关明细账的余额直接和保管账的余额进行核对。

（三）账实核对

账实核对是在账证相符、账账相符的基础上，将企业的各项财产物资的账面余额与实存数额进行核对。由于实物的增减变化、款项的收付都要在有关账簿中如实反映，因此，通过会计账簿记录与实物、款项的实有数进行核对，可以检查、验证款项、实物会计账簿记录的正确性，以便于及时发现财产物资和货币资金管理中存在的问题，查明原因，分清责任，改善管理，保证账实相符。账实核对的主要内容包括：

（1）库存现金日记账的账面余额与库存现金的实际库存数核对相符。

（2）银行存款日记账的账面余额与开户银行对账单核对相符。

（3）各种财产物资明细账的账面余额与财产物资的实存数核对相符。

（4）各种债权债务明细账的账面余额与有关债权、债务往来单位或个人的账面记录核对相符。

实际工作中，账实核对一般是通过财产清查进行。有关财产清查的内容和方法将在后文介绍。

二、结账

（一）结账的概念

结账，是指会计人员在会计期末（月末、季度末、年度末）将一定时期内发生的经济业务全部登记入账后，计算并记录各个账户的本期发生额和期末余额，并将其余额结转下期或者转入新账。

结账主要是为了将持续不断的经济活动按照会计期间进行分期总结和报告，反映一定会计日期的财务状况和一定期间的经营成果，并为编制会计报表提供依据。各个单位必须按照有关规定在会计期末结账，不得提前结账，也不得延后结账。

企业由于撤销、合并而办理账务交接时，也要办理结账。

（二）结账的基本程序

结账前，必须将属于本期内发生的各项经济业务和应由本期受益的收入、负担的费用全部登记入账。在此基础上，才可保证结账的有用性，确保会计报表的正确性。不得把将要发生的经济业务提前入账，也不得把已经在本期发生的经济业务延至下期（甚至以后期）入账。结账的基本程序具体表现为：

（1）将本期发生的经济业务事项全部登记入账，并保证其正确性。

（2）根据权责发生制的要求，调整有关账项，合理确定本期应记的收入和应记的费用。

《会计基础工作规范》规定，库存现金、银行存款日记账按日结账，其他账户按月、季、年结账。结账前，会计人员还应注意如下事项：

（1）检查本期发生的所有经济业务是否已经全部登记入账。如果发现有漏账，要及时按照有关规定补记；如果发现有错账，要按照相应的错账更正方法及时进行更正并登记入账。注意不得把将要发生的经济业务提前入账，也不得把本期发生的经济业务推至下期入账。

能力提升

账项调整

（2）按照权责发生制基础，对本期的一些收入、费用等进行相应的账项调整，要编制记账凭证并据以登记有关账簿。

（3）结转损益类账户的本期发生额，以反映本期的经营成果，应编制相应的记账凭证并据以登记入账。

（4）在本期所有经济业务都已入账的基础上，分别结算出所有账户的本期发生额和期末余额。

（5）按规定的结账方法进行划线结账。

（6）将各个账簿中的所有账户的期末余额结转下年。

《会计基础工作规范》规定，结账时应根据不同的账户的记录，分别采用不同的结账方法进行处理。

（1）凡需结出余额的账户，应当定期结出余额。现金日记账和银行存款日记账必须每天结出余额。每一账页登记完毕结转下页时，应当结出本页合计数和余额，写在本页最后一行和下页第一行有关栏内，并在摘要栏内注明“过次页”和“承前页”字样。

知识拓展

本页合计数如何计算？

对“过次页”的本页合计数如何计算，一般分为三种情况：第一，需要结计本月发生额的账户，结计“过次页”的本页合计数应为自本月初起至本页末止的发生额合计数；第二，需要结计本年累计发生额的账户，结计“过次页”的本页合计数应当为自年初起至本页末止的累计数；第三，既不需要结计本月发生额也不要结计本年累计发生额的账户，可以只将每页末的余额结转次页。

（2）对不需要按月结计本月发生额的账户，如各项债权、债务明细账和各项财产物资明细账等，每次记账以后，都要随时结出余额，每月最后一笔余额即为月末余额。也就是说，月末余额就是本月最后一项经济业务记录的同一行内的余额。月末结账时，只需要在最后一项经济业务记录之下画通栏单红线，不需要再结计一次余额。如库存商品明细账。画线的目的是突出有关数字，表示本期的会计记录已经截止或者结束，并将本期与下期的记录明显分开。

（3）库存现金、银行存款日记账和需要按月结计发生额的收入、费用等明细账，每月结账时，要在最后一项经济业务记录下面画通栏单红线，结出本月发生额和余额，在摘要栏内注明“本月合计”字样，在下面再画通栏单红线。

（4）需要结计本年累积发生额的某些明细账户，如收入、费用等明细账，每月结账时，应在“本月合计”行下结出自年初起至本月末止的累计发生额，登记在月份发生额下面，在摘要栏内注明“本年累计”字样，并在下面再划通栏单红线。12 月末的“本年累计”发生额就是全年累计发生额，全年累计发生额下画通栏双红线。如“主营业务收入”明细账。

（5）总账账户平时只需结出月末余额。年终结账时，为了总括反映本年全年各项资金运动情况的全貌，核对账目，要将所有总账账户结出全年发生额和年末余额，在摘要栏内注明“本年合计”字样，并在合计数下画通栏双红线。

（6）年度终了结账时，有余额的账户要将其余额结转下年。结转的方法是，在年结双红线下一行摘要栏内注明“结转下年”字样（金额不再抄写）。在下一会计年度新建有关会计账簿时，可直接将余额转到新账账户的第一行余额栏内，日期填写 1 月 1 日，同时在摘要栏注明“上年结转”字样。

典型任务操作示范

【典型任务 1】日记账的结账

库存现金日记账和银行存款日记账要按日结出余额，按月结计本月发生额，但不需要结计本年累计发生额。

（1）日结。日结可自然进行，即每日的最后一笔自然结出当日余额，不必另起一行。日结也可以逐笔结余额，或者每隔几笔结一次余额。

（2）月结。月结是在本月最后一笔记录下面画一条通栏单红线，并在下一行的摘要栏用红字居中书写“本月合计”，同时在该行结出本月发生额合计及余额，然后在“本月合计”行下面再画一条通栏单红线。

（3）年结。年末结账时，在 12 月份“本年合计”行下画通栏双红线，表示封账。

【典型任务 2】明细账的结账

明细账在月结时应区别以下几种情况：

（1）本月没有发生额的账户，不必进行月结（不画结账线）。

（2）不需按月结计本月发生额的账户，如各项应收、应付款及各项财产物资明细账等，每次记账都要随时结出余额，在月末最后一笔业务结出余额后，只需在本月最后一笔记录下面画一条通栏单红线，表示“本月记录到此结束”。

（3）需要按月结计本月发生额的账户，如生产成本、制造费用及各损益类明细账等，都要结计“本月合计”，具体结账方法与库存现金、银行存款日记账的月结方法相同。

（4）需要结计本年累计发生额的账户，如损益类明细账等，要按月结出本年累计发生额，在“本月合计”行下结出自年初至本月末止的累计发生额，登记在月份发生额下面，“摘要”栏内注明“本年累计”，并在下面画一条通栏单红线。

年末各账户按前述方法进行月结的同时，在各账户的本年最后一笔记录下面画一条通栏双红线，表示“年末封账”。

【典型任务3】总账的结账

（1）月结。总账账户月末一般可不结计“本月合计”，只需结计月末余额。结出月末余额后，只需在本月最后一笔记录下面画一条通栏单红线，表示“本月记录到此结束”。但若是需要结计“本月合计”及本年累计发生额的账户，如损益类账户，其结账方法与上述明细账所述结账方法相同。

（2）年结。年终结账时，为了反映全年各项资产、负债及所有者权益增减变动的全貌，便于核对账目，要将所有总账账户结计全年发生额和年末余额，在“摘要”栏内注明“本年合计”字样，并在合计数下画通栏双红线。

会计职业判断能力训练

一、单项选择题

1. 账簿按其外观形式可分为（　　）。

A. 序时账、订本账、活页账　　B. 序时账、分类账、备查账
C. 订本账、活页账、备查账　　D. 活页账、卡片账、订本账

2. 企业的银行存款日记账属于（　　）。

A. 特种日记账　B. 普通日记账　C. 分栏日记账　D. 备查账

3. 不宜采用多栏式明细分类账格式的科目是（　　）。

A. 利润分配　B. 库存商品　C. 材料采购　D. 制造费用

4. 受托加工材料备查账簿按用途分类属于（　　）。

A. 备查账簿　B. 序时账簿　C. 订本账簿　D. 分类账簿

5. “生产成本明细账簿”宜采用（　　）结构。

A. 三栏式　B. 多栏式　C. 数量金额式　D. 都可以选择使用

6. 库存现金日记账的日期栏应填列的日期是（　　）。

A. 结账日期　　B. 现金实际收付的日期
C. 登记账簿的日期　　D. 编制记账凭证的日期

7. 记账过程中，在哪种情况下不能使用红色的墨水？（　　）

A. 冲销账簿记录　　B. 改正错账
C. 出现隔页、跳页现象　　D. 平时登记明细账

8. 发现记账凭证应记科目正确，且已登记账簿，但所记金额大于应记余额，更正时一般采用（　　）。

A. 划线更正法　B. 红字更正法　C. 补充登记法　D. 平行登记法

9. 将现金存入银行，登记银行存款日记账的依据是（　　）。

A. 现金收款凭证　　B. 银行存款收款凭证

C. 银行存款付款凭证　　D. 现金付款凭证

10. 某会计人员根据记账凭证登记入账时，误将 600 元填写为 6 000 元，而记账凭证无误，应用（　　）予以更正。

A. 红字更正法　　B. 补充登记法　　C. 划线更正法　　D. 平行登记法

11. 用补充登记法纠正错账时，应编制（　　）记账凭证。

A. 红字　　B. 蓝字

C. 红字或蓝字　　D. 同时使用红、蓝字

12. 银行存款日记账同开户银行账目的核对，是（　　）的核对。

A. 账证　　B. 账账　　C. 账实　　D. 账表

13. 三栏式明细分类账簿，适用于（　　）。

A. “管理费用”明细账　　B. “本年利润”明细账

C. “累计折旧”明细账　　D. “生产成本”明细账

14. 固定资产明细账一般采用（　　）形式。

A. 订本式账簿　　B. 卡片式账簿

C. 活页账簿　　D. 多栏式明细分类账

15. 新的会计年度开始，启用新账时，（　　）可以继续使用，不必更换新账。

A. 日记账　　B. 总分类账　　C. 明细账　　D. 固定资产卡片

16. “管理费用”明细账一般采用的格式是（　　）。

A. 借、贷、余三栏式　　B. 数量金额式的明细账格式

C. 多栏式明细账格式　　D. 任意一种明细账格式

17. 记账员根据记账凭证登记账簿时，误将 3 000 元记为 300 元，而记账凭证无误，更正这种记账错误采用（　　）。

A. 红字更正法　　B. 补充登记法

C. 划线更正法　　D. 任意一种更正方法

18. 记账员根据记账凭证登记账簿时，误将应登入“其他应收款”的款项登入“应收账款”账户，更新这种记账错误应采用（　　）。

A. 红字更正法　　B. 补充登记法

C. 划线更正法　　D. 任意一种更正方法

19. 下列会计资料中，属于账簿的有（　　）。

A. 发出材料汇总表　　B. 银行存款余额调节表

C. 现金日记账　　D. 车间、班组生产进度记录

20. 结账以后，对于期末无余额的账户，应在“借或贷”栏内（　　）。

A. 写“无”字　　B. 写“平”字　　C. 写“借”字　　D. 写“贷”字

二、多项选择题

1. 库存现金日记账主要包括（　　）。

A. 日期栏　　B. “凭证编号”栏　　C. “摘要”栏　　D. “对方科目”栏

E. “借方”栏、“贷方”栏

2. 总分类账一般采用（　　）。

A. 三栏式　　B. 多栏式　　C. 数量金额式　　D. 订本式

E. 活页式

3. 关于总账和明细账的相互关系的说法中，正确的有（　　）。

A. 二者所反映的经济业务内容相同

B. 登记账簿的原始依据相同

C. 总账对明细账起着统驭作用

D. 设置总账必须以设置明细账为前提条件

E. 在会计核算工作中，对二者进行平行登记

4. 对账的主要内容有（　　）。

A. 账实核对　　B. 账账核对　　C. 往来款项的核对　D. 单证核对

E. 账证核对

5. 红字更正法适用于记账以后，发现（　　）。

A. 记账凭证中会计科目正确，但金额少记

B. 记账凭证中会计科目正确，但金额多记

C. 记账凭证正确，但过账时文字或数字笔误

D. 记账凭证中会计科目的运用出现错误

E. 记账凭证正确，但过错了账户

6. 银行存款日记账登记的一般依据是（　　）。

A. 原始凭证　　B. 收款凭证　　C. 付款凭证　　D. 转账凭证

E. 银行存款余额调节表

7. 任何会计主体必须设置的账簿有（　　）。

A. 库存现金日记账　　B. 银行存款日记账

C. 总分类账簿　　D. 备查账簿

E. 明细分类账簿

8. 明细分类账可以根据（　　）登记。

A. 原始凭证　　B. 汇总原始凭证　C. 记账凭证　　D. 经济合同

E. 日记账

9. 数量金额式明细分类账的账页格式适用于（　　）。

A. “库存商品”明细账　　B. “生产成本”明细账

C. “应付账款”明细账　　D. “原材料”明细账

E. “应收账款”明细账

10. 下列行为中，违反账簿登记规则的有（　　）。

A. 用蓝色圆珠笔记账

B. 用红色墨水笔冲销账簿记录

C. 一张账页记满后，在该页最末一行加计发生额合计数，结出余额，并在该行“摘要”栏内注明“承前页”字样

D. 抽换活页式账簿中的部分账页

E. 记账时按账户页次顺序逐页登记

三、判断题

1. 若发现记账凭证上应记科目和金额错误并登记入账，则可将填错的记账凭证销毁，并另填一张正确的记账凭证，据以入账。（　　）

2. 账簿记录是编制记账凭证和编制会计报表的直接依据。（　　）

3. 记账只能用蓝、黑色墨水钢笔书写，不允许用铅笔或圆珠笔记账。（　　）

4. 不论是总账和明细分类账，都要按一级会计科目开设账户。（　　）

5. 设立账簿可以将会计凭证所提供的繁多而分散的资料加以归类汇总。（　　）

6. 序时账簿和分类账簿是日记账经常采用的两种形式。（　　）

7. 年终结账以后，总账和日记账应当更换新账，明细分类账一般也应更换，但有些明细账可连续使用，不必更换。（　　）

四、名词解释

1. 账簿　　2. 序时账簿　　3. 分类账簿　　4. 备查账簿

5. 对账　　6. 结账

五、问答题

1. 什么是账簿？设置账簿有什么意义？

2. 设置账簿的依据是什么？

3. 账簿按用途分为哪几类？各是什么？

4. 试述现金日记账与银行存款日记账的内容和登记方法。

5. 试述总分类账户的格式。

6. 明细分类账有哪几种格式？各应怎样登记？

7. 试述总账账簿启用的规则和登记规则。

8. 更正错账的方法有哪几种？各种更正方法的特点和适用条件是什么？

9. 什么是对账？对账工作包括哪些内容？

10. 什么是结账？结账工作包括哪些内容？

会计职业实践能力训练

1. 某企业202×年3月初现金日记账余额为500元，银行存款日记账余额为978 000元。本月发生下列有关经济业务：

（1）1日，职工陈光预借差旅费200元，经审核以现金付讫。

（2）2日，签发现金支票4 000元，从银行提取现金，以备日常开支需要。

（3）4日，以银行存款2 400元缴纳增值税。

（4）5日，从银行取得短期借款80 000元，存入开户行。

（5）6日，签发现金支票46 000元，从银行提取现金，以备发放工资。

（6）7日，以现金46 000元发放本月职工工资。

（7）7日，生产车间报销日常开支费用，经审核，以现金190元支付。

（8）10日，收到银行通知，购货单位偿还上月所欠货款95 000元，已收妥入账。

(9) 11日，开出转账支票5 800元，支付本月发生的管理部门固定资产修理费。

(10) 12日，行政管理部门报销购买零星办公用品180元，经审核以现金收讫。

(11) 12日，采购员王民回厂报销差旅费450元，原借500元，余额退回现金。

(12) 14日，仓库保管员交来现金60元，偿还上月欠交赔款。

(13) 14日，以现金160元支付购进材料时的运杂费。

(14) 15日，签发转账支票24 000元，支付所欠供应单位货款。

(15) 16日，销售产品一批，货款计2 600元，增值税338元，款项已收到存入银行。

(16) 17日，以现金490元支付职工退休金。

(17) 20日，以银行存款支付为购货单位代垫运杂费540元。

(18) 21日，接到银行通知，第一季度实际借款利息为3 100元，已用结算户存款划账支付（该企业采用季末结算，按月计提借款利息办法）。

(19) 21日，接到银行通知，第一季度存款利息共计为2 400元。

(20) 23日，购进材料一批，货款97 800元，运杂费200元，全部款项以银行存款支付。材料已验收入库。

(21) 25日，签发转账支票43 000元，预付供应单位购料款。

(22) 27日，收到购货单位交来的现金支票500元，用于暂付存入包装物押金。支票已存入银行。

(23) 28日，将超过库存现金限额的现金2 800元送交银行。

(24) 28日，通过银行支付供应单位购料时加收的包装物押金200元。

(25) 30日，接到银行付款通知，支付本月生产用电费21 000元。

(26) 30日，以银行存款50 000元，预付下季度租入固定资产租金。

(27) 31日，收到购货单位预付的货款5 700元，存入银行。

(28) 31日，以现金支付产品销售费用400元。

[要求] (1) 编制记账凭证，以会计分录格式代替记账凭证格式，并按收、付、转的类型和经济业务顺序编号。

(2) 设置“库存现金日记账”和“银行存款日记账”，根据会计分录登记日记账。

2. 某企业将账簿记录与记账凭证进行核对时，发现下列经济业务的凭证内容或账簿记录有误。

(1) 开出现金支票180元，支付企业行政管理部门的日常零星开支。原编制记账凭证的会计分录为：

借：管理费用　　1 800

　　贷：库存现金　　1 800

(2) 结转本月实际完工产品的生产成本共计4 500元。原编制记账凭证的会计分录为：

借：库存现金　　5 400

　　贷：生产成本　　5 400

(3) 收到购货单位偿还上月所欠货款8 700元，存入银行。原编制记账凭证的会计分录为：

借：银行存款　　7 800

贷：应收账款　　7 800

(4) 结算本月应付职工工资，车间管理人员工资共计 2 000 元，企业行政部门人员工资 4 300 元。原编制记账凭证的会计分录为：

借：生产成本　　2 000

　　管理费用　　4 300

　　贷：应付职工薪酬　　6 300

［**要求**］为上列各项经济业务账簿处理错误，分别采用适当的更正错账方法予以更正。

项目六 清查财产物资

项目导航

加强和规范企业内部控制可以提高企业经营管理水平和风险防范能力，促进企业可持续发展。清查财产物资是企业内部控制的重要组成部分之一，是加强企业管理、促进财产物资有效使用的必要手段，也是提高会计信息质量、保证会计资料真实可靠的前提条件。账簿记录正确，并不能说明其内容真实可靠，还必须根据财产清查的结果对账簿记录加以核实，并在保证账实相符的基础上编制会计报表。

职业能力目标

知识目标： 理解财产清查在会计核算中的作用；了解财产清查的工作环节；熟悉财产清查的账务处理。

技能目标： 能够区分各种财产盘存制度的优缺点；掌握对货币资金、实物、往来款项等资产的清查方法；能够进行财产清查的账务处理。

素质目标： 培养敬业精神、团队合作能力和良好的职业规范意识。

任务一 财产清查概述

任务引领

财产清查是通过对实物、现金的实地盘点和对银行存款、往来款项的核对，来确定各项财产物资和往来款项的实际存量，查明账存与实存是否相符的一种专门方法。

任务要求

了解财产清查的意义，分析在实际工作中造成账实不符的原因，认知财产清查的不同种类，理解财产清查的一般程序。

知识准备

一、财产清查的概念与意义

财产清查是指通过对货币资金、实物资产和往来款项等财产物资进行盘点或核对，确定其实存数，查明账存数与实存数是否相符的一种专门方法。

企业的会计工作，都要通过会计凭证的填制与审核，然后及时地在账簿中进行连续登记。这一过程能保证账簿记录的正确性，也能真实反映企业各项财产的实有数，各项财产的账实应该是一致的。但是，在实际工作中，由于种种原因，账簿记录会发生差错，各项财产的实际结存数也会发生差错，造成账存数与实存数存在差异。差异原因是多方面的，一般有几种情况：

（1）在财产物资收发过程中，计量、检验器具不准确而造成品种、数量或质量上的差错。

（2）各种财产物资在运输、保管过程中，发生自然损耗。

（3）在财产物资发生增减变动时，会计人员没有及时填制凭证登记入账或是计算、登记时出现漏记、重记、多记、少记等错账现象。

（4）规章制度不健全，管理不善或工作人员失职造成财产损坏、变质或短缺。

（5）不法分子贪污盗窃、营私舞弊而发生的财产损失。

（6）因未达账项而引起的账实不符。

（7）自然灾害造成的财产损失。

（8）其他原因造成的财产损失。

加强财产清查，对各种财产物资进行清查、盘点和核对，对于加强企业管理、充分发挥会计的监督作用具有十分重要的意义。具体而言，财产清查的意义主要有：

（1）保证账实相符，提高会计资料的准确性。通过财产清查可以确定各项财产物资的实际结存数，将账面结存数和实际结存数进行核对，可以揭示各项财产物资的溢缺情况，从而及时地调整账面结存数，保证账簿记录真实、可靠。

（2）切实保障各项财产物资的安全、完整。通过财产清查可以查明企业单位财产、商品、物资是否完整，有无缺损、霉变现象，以便堵塞漏洞，改进和健全各种责任制，切实保证财产的安全和完整。

（3）挖掘财产物资的潜力，加速资金周转。通过财产清查可以及时查明各种财产物资的结存和使用情况。如果发现企业有闲置不用的财产物资应及时加以处理，以充分发挥它们的效能；如果发现企业有呆滞积压的财产物资，也应及时加以处理，并分析原因，采取措施，改善经营管理，使得财产物资得到充分合理的使用，加速资金周转，提高企业的经济效益。

（4）保证财经纪律和结算纪律的执行。通过财产清查可以查明单位有关业务人员是否遵守财经纪律和结算纪律，有无贪污盗窃、挪用公款的情况；查明部门资金使用是否合理，是否符合党和国家的方针政策及法规，从而使工作人员更加自觉地遵纪守法，自觉维护和遵守财经纪律。

思政案例

材料仓库失火，
不报损失，虚增利润

二、财产清查的种类

（一）按照清查范围分类

1. 全面清查

全面清查是指对所有的财产进行全面彻底的清查、盘点和核对。全面清查的对象既包括所有权属于本企业的各种财产，也包括所有权不属于本企业，只是由本企业代管的各项财产物资。

全面清查一般在下列情况下进行：

（1）年终决算之前，为确保年终决算会计信息的真实和准确，需要进行一次全面清查；

（2）单位合并、撤销、改变原来隶属关系或采取新的经营方式，中外合资、国内联营以及股份制改制时，需要进行全面清查，以明确经济责任；

（3）开展资产评估、清产核资等活动时，需要进行全面清查；

（4）单位主要负责人调离工作时，需要进行全面清查。

2. 局部清查

局部清查是指根据管理工作的需要只对部分财产物资进行的清查、盘点和核对。局部清查一般是针对重要财产和流动性较大的财产进行。如对库存现金、原材料、产成品以及其他贵重物资进行的清查盘点。

局部清查一般在下列情况下进行：

（1）对于库存现金，每日终了，应由出纳人员自行盘点；

（2）对于银行存款、银行借款，每月至少要同银行核对一次对账单；

（3）对于库存商品、原材料、包装物等存货，年内应轮流盘点或重点抽查；各种贵重物资每月至少应清查盘点一次；

（4）对于债权债务，每年至少要核对一至两次，发现问题及时解决，避免坏账损失；

（5）因遭受自然灾害或发生盗窃事件，以及更换实物保管人时，应对有关财产物资或货币资金进行局部的清查和盘点。

（二）按照清查时间分类

1. 定期清查

定期清查是指根据管理制度的规定或事先计划安排的时间对财产进行的清查、盘点和核对。定期清查一般在年末、半年末、季末、月末结账前进行。定期清查的范围不定，可以是全面清查，也可以是局部清查。

2. 不定期清查

不定期清查，又称临时清查，是指事先并无计划安排，而是根据偶发事件或实际需要临时进行的清查、盘点和核对。不定期清查的范围应根据实际需要确定，可以是全面清查，也可以是局部清查。

不定期清查一般在下列情况下进行：

（1）更换财产物资保管人员和出纳人员时，对其保管的财产物资和现金进行清查、核对，以明确经济责任；

（2）发生自然灾害或意外损失时，要对受损财产进行清查，以查明损失情况；

（3）进行临时性的清产核资时，需要进行不定期清查；

（4）财政、税务、银行以及审计等部门根据需要对本单位进行会计检查，以验证会计核算资料的可靠性。

（三）按照清查的执行系统分类

1. 内部清查

内部清查是指由本单位内部自行组织清查工作小组所进行的财产清查工作。大多数财产清查都是内部清查。

2. 外部清查

外部清查是指由上级主管部门、审计机关、司法部门、注册会计师根据国家有关规定或情况需要对本单位所进行的财产清查。一般来讲，进行外部清查时应有本单位相关人员参加。

三、财产清查的一般程序

思政案例

内部清查不准，动用外部清查

财产清查既是会计核算的一种专门方法，又是财产物资管理的一项重要制度。财产清查是一项复杂细致的工作，它涉及面广、政策性强、工作量大，为了做好财产清查工作，提高工作效率，企业必须有计划、有组织地进行财产清查。

财产清查一般包括以下程序：

（1）建立财产清查组织；

（2）组织清查人员学习有关政策规定，掌握有关法律、法规和相关业务知识，以提高财产清查工作的质量；

（3）确定清查对象、范围，明确清查任务；

（4）制定清查方案，具体安排清查内容、时间、步骤、方法，以及必要的清查前准备；

（5）清查时本着先清查数量、核对有关账簿记录等，后认定质量的原则进行；

（6）填制盘存清单；

（7）根据盘存清单，填制实物、往来账项清查结果报告表。

任务二　清查货币资金

任务引领

企业库存现金的清查，应采用实地盘点的方法。除出纳人员做到日清月结、账款相符外，企业还应组织清查人员对库存现金进行定期或不定期清查，确定库存现金的实存数，并且与现金日记账的账面余额核对，以查明账实是否相符。

任务要求

明确库存现金清查的范围和种类，掌握库存现金清查的方法及其清查结果的账务处理；明确银行存款的清查方法，掌握银行存款的清查步骤。

知识准备

一、库存现金的清查

（一）库存现金的清查范围

库存现金清查的范围包括：

（1）库存现金的实有数额与账面数额是否相符。

（2）库存现金是否按《现金管理暂行条例》的规定用途支出。

（3）库存现金余额是否超过银行所规定的库存现金限额。

（4）有无白条抵库的情况。

（5）有无违反单位其他现金管理制度的情况。

（二）库存现金的清查方法

库存现金的清查，包括人民币和各种外币的清查，主要通过实地盘点的方法来确定现金的实存数，然后以实存数与现金日记账的账面结存余额进行核对，以查明账实是否相符及盈亏情况。

由于现金的收支业务十分频繁，容易出现差错，需要出纳人员每日进行清查和定期及不定期的专门清查。每日业务终了，出纳人员都应将现金日记账的账面余额与现金的实存数进行核对，做到账实相符。在清查小组盘点时，出纳人员必须在场，现钞应逐张查点，还应注意有无违反《现金管理暂行条例》的现象，编制“库存现金盘点报告表”，并由盘点人员和出纳人员签章。现金盘点报告表兼有盘存单和实存账存对比表的作用，是反映现金实有数和调整账簿记录的重要原始凭证。其一般格式见表6-1：

表6-1　现金盘点报告表

单位名称：　　　　　　年　月　日

账存金额	实存金额	账存与实存对比		备注
		盘盈（长款）	盘亏（短款）	
（盘点实际结存）	（现金日记账余额）			

会计机构负责人：　　　　盘点人：（签章）　　　　出纳员：（签章）

国库券、其他金融债券、公司债券、股票等有价证券的清查方法和现金相同。

知识拓展

《现金管理暂行条例》的规定

有下列情况之一的，给予警告或处以罚款：

（1）超出规定范围和限额使用现金的，按超出额的10%～30%处罚。

（2）超出核定的库存现金限额留存现金的，按超出额的10%～30%处罚。

（3）用不符合财务制度规定的凭证顶替库存现金的，按凭证额的10%～30%处罚。

（4）未经批准坐支或者未按开户银行核定坐支额度和使用范围坐支现金的，按坐支金额的10%～30%处罚。

（5）单位之间互相借用现金的，按借用金额的10%～30%处罚。

（三）库存现金清查结果的账务处理

为了反映和监督各单位在财产清查过程中查明的各种财产物资的盘盈、盘亏和毁损情况，企业应当设置和运用“待处理财产损溢”账户。

“待处理财产损溢”账户核算企业各种财产物资的盘盈、盘亏和毁损的发生及处理情况，属于资产类账户。借方登记待处理财产物资的盘亏、毁损数额以及经批准转销的各项财产物资盘盈的数额；贷方登记待处理财产物资的盘盈数额以及经批准转销的各项财产物资盘亏的数额；期末余额在借方，表示尚待批准处理的财产物资的盘亏及毁损数额，期末余额在贷方，表示尚待批准处理的财产物资的盘盈数额（见图 6－1）。该账户设置“待处理固定资产损溢”和“待处理流动资产损溢”两个明细账户。

借方　　　　待处理财产损溢	贷方
（1）登记盘亏、毁损的各项财产物资数额 （2）经批准转销的各项财产物资盘盈的数额	（1）登记盘盈的各项财产物资数额 （2）经批准转销的各项财产物资盘亏数额
期末余额：尚未处理的各种财产物资的净损失	期末余额：尚未处理的各种财产物资的净溢余

图 6－1　“待处理财产损溢”账户

1. 库存现金盘盈的账务处理

库存现金盘盈时，应及时办理库存现金的入账手续，调整库存现金账簿记录，即按盘盈的金额借记“库存现金”账户，贷记“待处理财产损溢——待处理流动资产损溢”账户。

对于盘盈的库存现金，应及时查明原因，按管理权限报经批准后，按盘盈的金额借记“待处理财产损溢——待处理流动资产损溢”账户，属于应支付有关人员或单位的现金，贷记“其他应付款——应付现金溢余（××个人或单位）”账户；属于无法查明原因的现金溢余，根据企业内部管理权限，经批准后，贷记“营业外收入”账户。

2. 库存现金盘亏的账务处理

库存现金盘亏时，应及时办理盘亏的确认手续，调整库存现金账簿记录，即按盘亏的金额借记“待处理财产损溢——待处理流动资产损溢”账户，贷记“库存现金”账户。

对于盘亏的库存现金，应及时查明原因，按管理权限报经批准后，属于应由责任人员赔偿的部分，借记“其他应收款——应收现金短缺款”账户；属于应由保险公司赔偿的部分，借记“其他应收款——应收保险赔款”账户；属于无法查明原因的现金短缺，根据企业内部管理权限，经批准后，借记“管理费用”账户，贷记“待处理财产损溢——待处理流动资产损溢”账户借方的金额贷记本科目。

典型任务操作示范

【典型任务 1】柯鲁丝公司在财产清查中，发现库存现金长款 25 元，其原因无法查明，按管理权限报经批准，列作营业外收入。

库存现金盘盈时，会计分录如下：

借：库存现金　　　　25

　　贷：待处理财产损溢——待处理流动资产损溢　　　　25

报经批准后，会计分录如下：

借：待处理财产损溢——待处理流动资产损溢　　25

　　贷：营业外收入　　25

【典型任务2】柯鲁丝公司在财产清查中，发现库存现金短款22.70元，其原因无法查明，按管理权限报经批准，列作管理费用。

库存现金盘亏时，会计分录如下：

借：待处理财产损溢——待处理流动资产损溢　　22.70

　　贷：库存现金　　22.70

报经批准后，会计分录如下：

借：管理费用　　22.70

　　贷：待处理财产损溢——待处理流动资产损溢　　22.70

二、银行存款的清查

（一）银行存款的清查方法

银行存款的清查是采用与开户银行核对账目的方法进行的，即将本单位银行存款日记账的账簿记录与开户银行转来的对账单逐笔进行核对，来查明银行存款的账面余额与实有数额是否相符。银行存款的清查一般在月末进行。

将截至清查日所有银行存款的收付业务都登记入账后，对发生的错账、漏账应及时查清更正，再与银行的对账单逐笔核对。如果二者余额相符，通常说明没有错误；如果二者余额不相符，原因有两个：一是企业或银行一方或双方记账过程有错误，二是存在未达账项。

未达账项是指企业和银行之间，凭证传递上的时间差，导致一方已登记入账，而另一方尚未接到凭证因而未登记入账的款项。未达账项有以下四种情形：

（1）企业已收，银行未收。企业收到外单位的转账支票，送存银行，对账前银行尚未入账。

（2）企业已付，银行未付。企业已开出转账支票后企业记银行存款减少，而持票人尚未到银行办理转账。

（3）银行已收，企业未收。企业委托银行收到货款，银行已登记入账，企业尚未收到银行的通知，而未入账。

（4）银行已付，企业未付。企业委托银行代付水电费，银行已付款入账，而企业尚未收到银行通知，还未入账。

为了查明银行存款余额的正确数字，同时为了消除未达账项的影响，应当将银行的对账单同企业的银行存款日记账逐笔进行核对。在核对过程中，如有疑问，应请银行提供证明，若发现银行的记录有错账漏账，应及时通知银行查明更正。对于未达账项则应于查明后编制“银行存款余额调节表”，如果双方账目没有发生其他差错，所求得的双方账面余额必定相等，否则，就要进一步检查不符的原因。

（二）银行存款的清查步骤

银行存款的清查按以下四个步骤进行。

（1）将本单位银行存款日记账与银行对账单，以结算凭证的种类、号码和金额为依据，逐日逐笔核对。凡双方都有记录的，用铅笔在金额旁打上记号“√”。

知识拓展

如何核对银行存款日记账与银行对账单？

“银行对账单”作为以银行为会计主体进行记录的账簿，借方反映企业银行存款的减少，贷方反映企业银行存款的增加。因此，对账时应以“银行对账单”的借方发生额与“银行存款日记账”的贷方发生额相核对，以“银行对账单”的贷方发生额与“银行存款日记账”的借方发生额相核对，并将核对相符的各项记录用“√”进行标识。

（2）找出未达账项（即银行存款日记账和银行对账单中没有打“√”的款项）。

（3）将日记账和对账单的月末余额及找出的未达账项填入银行存款余额调节表，并计算出调整后的余额。

（4）将调整平衡的银行存款余额调节表，经主管会计签章后，呈报开户银行。

凡有几个银行户头以及开设有外币存款户头的单位，应分别按存款户头开设银行存款日记账。每月月底，应分别将各户头的银行存款日记账与各户头的银行对账单核对，并分别编制各户头的银行存款余额调节表。银行存款余额调节表的编制是以双方账面余额为基础的，各自分别加上对方已收款入账而己方尚未入账的数额，减去对方已付款入账而己方尚未入账的数额。银行存款余额调节表是为了核对企业与其开户银行双方记录的企业银行存款账面余额而编制的，列示双方未达账项的一种表格。

任务实施

［资料］2020 年 12 月 31 日，柯鲁丝公司银行存款日记账账面余额为 81 778 元，开户银行送来的对账单所列示本企业存款余额 89 332 元，经逐笔核对，发现未达账项如下：

（1）12 月 28 日，企业为支付职工的差旅费开出现金支票一张，计 11 220 元，持票人尚未收到银行取款；

（2）12 月 29 日，企业收到购买单位转账支票一张，计 18 854 元，已开具送款单送存银行，但银行尚未入账；

（3）12 月 30 日，企业经济纠纷案败诉，银行代扣违约金 2 460 元，企业尚未接到通知而未入账；

（4）12 月 31 日，银行计算企业存款利息 17 648 元，已记入企业存款账户，企业尚未接到通知入账。

［要求］编制银行存款余额调节表（见表 6－2）。

表 6－2 银行存款余额调节表

2020 年 12 月 31 日 单位：元

项目	余额	项目	金额
本企业银行存款日记账余额	81 778	银行对账单	89 332
加：银行已收企业未收	17 648	加：企业已收银行未收	18 854
减：银行已付企业未付	2 460	减：企业已付银行未付	11 220
调节后存款余额	96 966	调节后存款余额	96 966

银行存款余额调节表只是企业对账的工具，而不是原始凭证。各单位不能根据表中所列示的未达账项调整企业账簿记录。对于银行已入账而企业未入账的未达账项，必须在收到银行的收、付款通知时，方可进行账务处理。

任务三　清查实物资产

任务引领

企业的实物资产主要包括原材料、在产品、半成品、产成品等存货和固定资产。不同种类的财产物资的实物形态、重量、体积、堆放的方式各不相同，清查的方法也各不相同。存货清查一般每月进行一次，固定资产一般于年底与其他资产一起进行全面清查。

任务要求

掌握两种盘存制度，能够运用清查方法，认知盘存单和实存账存对比表，掌握实物资产清查结果的财务处理。

知识准备

一、财产物资的盘存制度

对于财产物资的清查主要是确定各财产物资的账面结存数量、账面结存金额与各项财产物资的实存数量、实存金额，以确定其账存与实存是否相符，所以对各项财产物资都必须从数量上和质量上进行清查。企业财产物资的数量要靠盘存来确定，实务中用以确定财产物资账面数量的盘存制度包括实地盘存制和永续盘存制。

（一）实地盘存制

1. 概念

实地盘存制是指通过对期末财产物资的实地盘点，确定期末财产物资数量，并据以计算财产物资期末结存额和本期减少额的一种方法。

这种方法用于产品制造企业时，称“以存计耗制”；用于商品流通企业时，又称“以存计销制”。采用实地盘存制，平时根据会计凭证在账簿中只登记财产物资的增加数，不登记减少数，期末根据实地盘点确定财产物资的结存数，从而倒推当月财产物资的减少数，据以登记有关账簿。计算公式为：

本期减少数＝期初账面结存数＋本期增加数－期末实际结存数

期末结存成本＝期末结存数（实地盘点数）×单位成本

本期销售（耗用）成本＝期初结存成本＋本期购进成本－期末结存成本

单位成本可以选用加权平均法、先进先出法、个别计价法等方法中的一种方法计算出来。计价方法一经确定，不得随意变更。

2. 优缺点及适用范围

（1）实地盘存制的优点：平时对财产物资发出和结存数量可以不作详细记录，从而简化了财产物资的明细分类核算工作。

（2）实地盘存制的缺点：1）平时对各项财产物资的收入、发出和结存没有严密的手续，不能及时提供各种财产物资收入、发出和结存的动态信息，不利于进行日常管理和监督；2）期末倒推计算财产物资减少数使财产物资减少数中的成分复杂化，除正常耗用或销售以外，把可能存在的自然损耗、盗窃和浪费等也计入本期耗用或销售成本中，这既不利于对财产物资进行管理，又影响成本计算的正确性；3）不能及时反映财产物资的耗用或销售成本，从而影响成本结转的及时性。

（3）实地盘存制的适用范围：适用于一些价值低、品种杂、进出频繁的商品以及损耗大、数量不稳定的现货商品等。

（二）永续盘存制

1. 概念

永续盘存制是指通过设置财产物资明细账，对各项财产物资的收入、发出数，都必须根据会计凭证逐笔或逐日在有关账簿中进行登记，并随时结算出该项物资的账面余额的一种方法。因此，又称账面盘存制。

采用永续盘存制，需要对每一品种、规格的财产物资开设明细分类账户，通过对财产物资的收发进行明细分类核算，平时逐笔或者逐日在明细账中登记增加数和减少数，并随时结出账面余额。

企业在永续盘存制下计算本期销售或耗用成本和期末结存成本时，计算公式为：

期末账面结存数＝期初账面结存数＋本期增加数－本期减少数

本期销售（耗用）成本＝本期销售（耗用）数量×单位成本

期末账面余额＝期初账面余额＋本期增加额－本期减少额

其单位成本的计价方法与实地盘存制下的方法相同。

2. 优缺点及适用范围

（1）永续盘存制的优点：1）通过设置财产物资明细账，可随时掌握各项财产物资的收入、发出和结存情况，并进行数量和金额的双重控制从而可加强财产物资的日常管理；2）将财产物资明细账的结存数量与实际盘点数进行核对，可及时发现短缺或溢余；3）将财产物资明细账上的结存数，随时与预定的最高和最低限额进行比较，可及时获取财产物资积压或不足的信息。

（2）永续盘存制的缺点：财产物资明细分类核算工作量较大，如果月末一次结转销售（耗用）成本，计算工作过于集中。

（3）永续盘存制的适用范围：在实际工作中，除少数情况外，对财产物资的核算大多采用这种方法。

采用永续盘存制，并不排除对各项财产物资的实物盘点。为了核对各项财产物资账面记录，每年至少应进行一次全面盘点，具体盘点次数视企业内部控制要求而定。

（三）永续盘存制与实地盘存制的比较

1. 永续盘存制与实地盘存制的相同点

（1）两者均要求对财产物资设置数量金额式明细账。

（2）对于财产物资的增加都要求根据有关凭证及时入账。

2. 永续盘存制与实地盘存制的不同点

（1）对于财产物资销售、耗用等减少业务，永续盘存制要求及时登记明细账，实地盘存制则在明细账上不做记录。

（2）永续盘存制下能够随时结计财产物资的账面结存资料，而实地盘存制下平时没有财产物资的账面结存记录。

（3）永续盘存制下可以将账存情况与盘点实际结存进行核对，有利于加强对财产物资的核算和管理。实地盘存制期末先盘点实际结存，然后通过以存计耗的方式计算销售或耗用成本，是一种不完善的财产物资核算和管理制度。

无论永续盘存制还是实地盘存制均需要进行实地盘点，但两者盘点的目的不同，前者是为了达到账实一致，后者是为了倒算发出数。实地盘存制下账实是相符的，而永续盘存制下账面随时反映出的财产物资的结余情况与通过盘点财产物资实际库存数量可能不相符，从而出现财产的长年盘盈、盘亏现象。

二、实物资产的清查方法

不同品种的财产物资，由于其实物形态、体积重量、码放方式等不尽相同，因此采用的清查方法也不相同，常见的清查方法有实地盘点法、技术推算盘点法和抽样盘点法三种。

（一）实地盘点法

实地盘点法是指在财产物资堆放现场逐一清点数量或用计量仪器确定实存数的一种方法。这种方法适用范围较广，要求严格，数字准确可靠，清查质量高，大多数财产物资的清查都使用该种方法，但是工作量大，如果事先能按照财产物资的实物形态进行科学的码放，如五五排列、三三制码放等，都有助于提高盘点的速度。

（二）技术推算盘点法

技术推算盘点法是指利用技术方法，推算财产物资实存数的一种方法。该方法主要适用于那些大量成堆摆放、重量体积较大、价值低廉且难以逐一清点的物资，一般通过量方、计尺等方法确定其实存数量。如露天堆放的原煤，可以用单位体积重量乘以体积求得全部结存数量。

能力提升

盘存单如何填制？

（三）抽样盘点法

抽样盘点法是采取从企业财产物资总体或总量中抽取少量样品，确定其样品的数量，然后计算其总体数量的一种方法，这种方法适用于价值小、数量多、重量较均匀特别是已经包装好的、难以逐一清点数量的财产物资。

为了明确经济责任，进行财产物资盘点时，有关财产物资的保管人员必须在场，并参与盘点工作。各项财产物资盘点结果，应如实登记在盘存单上（见表6－3），并由参与盘点人员和实物保管人员同时签章，作为记录各项财产物资实存数量的书面证明。

表6－3　　盘存单

单位名称：　　　　盘点时间：

财产类别：　　　　存放地点：　　　　编号：

序号	名称	规格	计量单位	实存数量	单价	金额	备注

盘点人（签章）：　　　　实物保管人（签章）：

盘点结束后，将盘存单的实存数额与账面结存数额核对。若发现某些财产物资账实不符，应填制实存账存对比表（见表6－4）（也称盘盈或盘亏报告表），用以确定财产物资盘盈或盘亏的数额。实存账存对比表是财产物资清查的重要书面证明，是调整账簿记录的原始凭证，也是分析差异原因、明确经济责任的重要依据，应严肃认真地填报。

表6－4　　实存账存对比表

单位名称：　　　　年　月　日

序号	名称	规格	计量单位	单价	实存		账存		盘盈		盘亏		备注
					金额	数量	金额	数量	金额	数量	金额	数量	

单位负责人（签章）：　　　　填表人（签章）：

三、实物资产清查结果的账务处理

能力提升

实存账存对比表如何填制？

实物资产清查的结果不外乎两种情形：一种是账实相符；另一种是账实不符，即企业发生了财产物资的盘盈、盘亏和毁损等。当财产物资的实存数大于账存数时，称为盘盈；当实存数小于账存数时，称为盘亏；实存数虽与账存数一致，但实存的财产如有质量问题，不能按正常的财产物资使用的，称为毁损。发生盘盈、盘亏或毁损时，必须以国家有关的政策、法令和制度为依据，严肃认真地做好清查结果的处理工作。

（一）存货清查结果的账务处理

1. 存货盘盈的账务处理

存货盘盈时，应及时办理存货入账手续，调整存货账簿的实存数。盘盈的存货应按其重置成本作为入账价值，借记“原材料”“库存商品”等账户，贷记“待处理财产损溢——待处理流动资产损溢”账户。

对于盘盈的存货，应及时查明原因，是计量差错造成的，按管理权限报经批准后，冲减管理费用，即按其入账价值，借记“待处理财产损溢——待处理流动资产损溢”账户，贷记“管理费用”账户。

2. 存货盘亏的账务处理

存货盘亏时，应按实际盘亏的金额，借记“待处理财产损溢——待处理流动资产损溢”账户，贷记“原材料”“库存商品”等账户。材料、产成品、商品采用计划成本（或售价）核算的，还应同时结转成本差异（或商品进销差价）。涉及增值税的，还应进行相应处理。

对于盘亏的存货，在按管理权限报经批准后，应分别以下情况进行账务处理：

（1）属于自然损耗产生的定额内损耗，经批准后记入“管理费用”账户。

（2）属于计量收发差错和管理不善造成的超定额损耗，能确定过失人的应由过失人负责赔偿，记入“其他应收款”账户；属于保险公司赔偿的，应向保险公司索赔，记入“其他应收款”账户；扣除过失人或保险公司赔款后的净损失，经批准后记入“管理费用”账户。

（3）属于自然灾害及意外事故所造成的非常损失，应将可收回的残料价值，借记“原材料”账户；应向保险公司索赔的款项，借记“其他应收款”账户；应将扣除残料价值及可以收回的保险赔偿和过失人的赔偿后的净损失作为非常损失，借记“营业外支出——非常损失”账户。

（4）属于无法收回的其他损失，在报经批准后，记入“管理费用”账户。

（二）固定资产清查结果的账务处理

1. 固定资产盘盈的账务处理

根据《企业会计准则》的规定，固定资产的盘盈属于前期差错，应按照《企业会计准则第28号——会计政策、会计估计变更和差错更正》的规定进行处理。企业盘盈的固定资产，在按管理权限报经批准前先通过“以前年度损益调整”科目核算，并应按重置成本确定其入账价值，借记“固定资产”账户，贷记“以前年度损益调整”。报经批准后，借记“以前年度损益调整”账户，贷记“利润分配——未分配利润”“盈余公积——法定盈余公积”账户。

2. 固定资产盘亏的账务处理

企业发现固定资产盘亏时，按盘亏固定资产的净值，借记“待处理财产损溢——待处理固定资产损溢”账户，按已计提的折旧额，借记“累计折旧”账户，按固定资产原价，贷记“固定资产”账户。对于盘亏的固定资产，在按管理权限报经批准后，根据盘亏的各种原因分情况进行账务处理。盘亏固定资产的净值记入“营业外支出”账户；属于过失人造成的，应由过失人负责赔偿的记入“其他应收款”账户，属于保险责任范围的，应向保险公司索赔的记入“其他应收款”账户。

典型任务操作示范

【典型任务1】柯鲁丝公司财产物资采用永续盘存制对存货进行日常核算。202×年3月甲材料期初结存数量为2 800千克，单价为50元，成本为140 000元。3月份甲材料收发情况如下：

（1）2 日，购进入库 500 千克，实际采购成本为 25 000 元。

（2）6 日，生产领用 620 千克，实际成本为 31 000 元。

（3）10 日，生产领用 800 千克，实际成本为 40 000 元。

（4）18 日，购进入库 420 千克，实际采购成本为 21 000 元。

（5）24 日，生产领用 1 000 千克，实际成本为 50 000 元。

（6）31 日，在月末对材料进行实地盘点，甲材料实地盘点数量为 1 240 千克。

根据上述资料，登记甲材料明细账。根据 31 日甲材料盘存情况说明甲材料盈亏情况，如有盈亏在明细账中予以登记。

步骤 1：开设甲材料数量金额式明细账，并登记期初余额。

步骤 2：根据本月甲材料收发业务，按照永续盘存制的要求逐笔登记甲材料明细账（见表 6－5）。

表 6－5　　**原材料明细账**

品名及规格：甲材料　　计量单位：千克

202×年		凭证号数	摘要	收入			发出			结存		
月	日			数量	单价	金额	数量	单价	金额	数量	单价	金额
3	1		期初结存							2 800	50	140 000
	2		购入	500	50	25 000				3 300	50	165 000
	6		领用				620	50	31 000	2 680	50	134 000
	10		领用				800	50	40 000	1 880	50	94 000
	18		购入	420	50	21 000				2 300	50	115 000
	24		领用				1 000	50	50 000	1 300	50	65 000
	31		盘亏				60	50	3 000	1 240	50	62 000
	31		本月合计	920	50	46 000	2 480	50	124 000	1 240	50	62 000

【典型任务 2】柯鲁丝公司在财产清查中，盘盈材料一批，按同类材料估计确定其成本为 1 000 元，经查系平时收发计量误差所致，按管理权限报经批准，冲减管理费用。

假定不考虑增值税因素，材料盘盈时，编制会计分录如下：

借：原材料　　1 000

　　贷：待处理财产损溢——待处理流动资产损溢　　1 000

报经批准后，编制会计分录如下：

借：待处理财产损溢——待处理流动资产损溢　　1 000

　　贷：管理费用　　1 000

【典型任务 3】柯鲁丝公司在财产清查中，材料盘亏 2 000 元，经查系平时收发计量误差所致，按管理权限报经批准，列作管理费用。

假定不考虑增值税因素，材料盘亏时，编制会计分录如下：

借：待处理财产损溢——待处理流动资产损溢　　2 000

　　贷：原材料　　2 000

报经批准后，编制会计分录如下：

借：管理费用　　2 000

　　贷：待处理财产损溢——待处理流动资产损溢　　2 000

【典型任务 4】柯鲁丝公司在财产清查中，发现一批库存商品毁损，其成本 8 000 元，经查系保管员保管不慎所致，按管理权限报经批准，由个人赔偿 2 000 元，净损失 6 000 元列作管理费用。

假定不考虑增值税因素，材料毁损时，编制会计分录如下：

借：待处理财产损溢——待处理流动资产损溢　　8 000

　　贷：库存商品　　8 000

报经批准后，编制会计分录如下：

借：其他应收款　　2 000

　　管理费用　　6 000

　　贷：待处理财产损溢——待处理流动资产损溢　　8 000

【典型任务 5】柯鲁丝公司在财产清查中，发现一台未入账的设备，重置成本为 20 000 元（假定与其计税基础不存在差异）。该企业在盘盈固定资产时的会计处理如下：

借：固定资产　　20 000

　　贷：以前年度损益调整　　20 000

【典型任务 6】柯鲁丝公司在财产清查中，发现短缺设备一台，账面原价 50 000 元，已提折旧 10 000 元（若不考虑增值税转型）。

在报经批准前，根据实存账存对比表确定的固定资产盘亏数，编制以下会计分录：

借：待处理财产损溢——待处理固定资产损溢　　40 000

　　累计折旧　　10 000

　　贷：固定资产　　50 000

在批准后，转销固定资产盘亏的分录如下：

借：营业外支出　　40 000

　　贷：待处理财产损溢——待处理固定资产损溢　　40 000

任务实施

仿照以上操作，如果柯鲁丝公司采用实地盘存制对甲材料进行日常核算，该明细账应该如何登记?

任务四　清查往来款项

任务引领

作为企业的会计人员，日常需要定期或不定期对往来款项清查，发现账面与实存不一致时，需要进行相应账务处理。

任务要求

要对往来款项进行清查，需要运用发函询证等方法进行清查，对清查结果填制往来款项清查结果报告表，并进行账务处理。

知识准备

一、往来款项的清查方法

往来款项清查是指对企业生产经营过程中的各种应收、应付款项及预收、预付款项等进行的清查。

往来款项的清查一般采取“函证核对法”进行清查，即派人或以通信的方式，与往来结算单位核实账目。清查单位应在检查本单位各项往来款项正确性的基础上，按每一经济往来单位编制“往来款项对账单”（一般分为上下两联，其中下联为回单联），派人或发函送达各经济往来单位（见表 6-6）。对方经过核对后，应在回单联上加盖公章退回，表示核对相符；如核对不符，对方应在回单联上注明情况，或者另抄账单退回，以便进一步核对，直到相符为止。

表 6-6　　　　往来款项对账单

根据我单位账簿记录，贵公司与我单位的往来款项如下：

单位：元

2020 年 1—12 月 采购（销售）金额	截至 2020 年 12 月 31 日 贵公司欠	截至 2020 年 12 月 31 日 欠贵公司	备注

其他事项：

本函仅为复核账目之用，并非催款结算。若款项在上述日期之后已经付清，仍请及时函复为盼。

（公司盖章）　年　月　日

结论：

1. 数据证明无误 （被询证企业签章）经办人： 日期：　年　月　日	2. 数据不符，请列明不符金额 （被询证企业签章）经办人： 日期：　年　月　日

核查过程中，如有未达账项，双方都应采用调节余额的方法，有必要的话，可编制应收款项或应付款项余额调节表，核对是否相符。往来款项清查结束后，应将清查结果编制往来款项清查结果报告表。对确实无法收回或无法支付的款项应进行核销处理，但应在备

查簿上记录。

二、往来款项清查的账务处理

在财产清查过程中发现的长期未结算的往来款项，应及时清查。对于经查明确实无法支付的应付款项可按规定程序报经批准后，转作营业外收入。

对于无法收回的应收款项则作为坏账损失冲减坏账准备。坏账是指企业无法收回或收回的可能性极小的应收款项。由于发生坏账而产生的损失，称为坏账损失。

企业通常应将符合下列条件之一的应收款项确认为坏账：（1）债务人死亡，以其遗产清偿后仍然无法收回；（2）债务人破产，以其破产财产清偿后仍然无法收回；（3）债务人较长时间内未履行其偿债义务，并有足够的证据表明无法收回或者收回的可能性极小。

企业应当定期于每年年度终了，对应收款项进行全面检查，预计各项应收款项可能发生的坏账准备，对预计不能收回的应收款项应当计提坏账准备。企业只能采用备抵法计提坏账准备。

备抵法是按期估计坏账损失，形成坏账准备，当某一应收账款全部或部分被确认为坏账时，应根据其金额冲减坏账准备，同时转销相应的应收账款金额。采用这种方法，一方面按期估计坏账损失计入管理费用；另一方面设置“坏账准备”科目，待实际发生坏账时冲销坏账准备和应收账款金额，使资产负债表上真实反映应收账款的价值。具体方法有：余额百分比法、销货百分比法、账龄分析法和个别认定法。下面通过例题的形式来系统地掌握坏账准备的业务核算。

典型任务操作示范

【典型任务】柯鲁丝公司采用应收款项余额百分比法计提坏账准备，2018 年末应收账款余额为 800 000 元，坏账准备的提取比例为 4‰。2019 年发生坏账损失 4 000 元，该年末应收账款余额为 980 000 元。2020 年发生坏账损失 3 000 元，上年已冲销的应收账款中有 2 000 元本年度又收回，该年度末应收账款余额为 600 000 元。假设坏账准备科目在 2018 年初余额为 0。

要求：计算各年提取的坏账准备并编制会计分录（要求列出计算过程并做会计分录）。

【任务分析】根据题目的要求知道本题计算的是各年提取的坏账准备并编制相关会计分录。首先应判断坏账准备的提取方法，本题中采用应收款项余额百分比法计提坏账准备，应当立刻反应到采用这种方法计提坏账准备，应当考虑坏账准备的期末余额。明确了解答中应当注意的问题后，以年为顺序计算每年应计提的坏账准备。

（1）2018 年应提坏账准备＝800 000×4‰＝3 200 元。

根据上述计算结果，应做如下会计分录：

借：信用减值损失　　3 200

　　贷：坏账准备　　3 200

2019 年发生坏账损失时，应做如下会计分录：

借：坏账准备　　4 000

　　贷：应收账款　　4 000

（2）2019 年年末计提坏账准备前坏账准备账户的余额为 4 000－3 200＝800 元（借方），而要使坏账准备的余额为 980 000×4‰＝3 920 元（贷方），则 2019 年应提坏账准备＝3 920＋800＝4 720 元（贷方）。

根据上述计算结果，应做如下会计分录：

借：信用减值损失　　4 720
　　贷：坏账准备　　4 720

（3）2020 年发生坏账损失时，应做如下会计分录：

借：坏账准备　　3 000
　　贷：应收账款　　3 000

2020 年收回已冲销的应收账款时，应做如下会计分录：

借：应收账款　　2 000
　　贷：坏账准备　　2 000

借：银行存款　　2 000
　　贷：应收账款　　2 000

2020 年年末计提坏账准备前坏账准备的余额为－800＋4 720－3 000＋2 000＝2 920 元（贷方），而要使坏账准备的余额为 600 000×4‰＝2 400 元（贷方），则应冲销坏账准备 2 920－2 400＝520 元，即 2020 年应提坏账准备－520 元。

根据上述计算结果，应做如下会计分录：

借：坏账准备　　520
　　贷：信用减值损失　　520

会计职业判断能力训练

一、单项选择题

1. 永续盘存制的优点是（　　）。

A. 简化了存货的日常核算工作

B. 有利于加强存货的日常管理

C. 省去了记录存货发出的经济业务

D. 在品种规格多的企业存货明细记录工作量小

2. 在财产清查中发现的存货盘亏，若是属于自然损耗产生的定额内损耗，应于批准时记入（　　）。

A. “其他应收款”账户　　B. “营业外支出”账户

C. “管理费用”账户　　D. “财务费用”账户

3. 在财产清查中发现的存货盘盈，按规定的手续批准后冲减记入（　　）。

A. “营业费用”账户　　B. “营业外收入”账户

C. “管理费用”账户　　D. “财务费用”账户

4. 关于现金盘点报告表，下列说法中正确的是（　　）。

A. 它只起到盘存单的作用

B. 它只起到实存账存对比表的作用

C. 它既起到盘存单的作用，又起到实存账存对比表的作用

D. 以上说法都不对

5. 现金清查的方法是（　　）。

A. 技术测算法　　B. 实地盘点法

C. 外调核对法　　D. 与银行对账单相核对

6. 出纳员在每日业务终了时进行的清查工作属于（　　）。

A. 全面清查和定期清查　　B. 局部清查和不定期清查

C. 全面清查和不定期清查　　D. 局部清查和定期清查

7. 实地盘存制与永续盘存制的主要区别是（　　）。

A. 盘点的方法不同　　B. 盘点的目标不同

C. 盘点的工具不同　　D. 盘亏结果处理不同

8. 一般而言，单位撤销、合并时，要进行（　　）。

A. 定期清查　　B. 全面清查　　C. 局部清查　　D. 不定期清查

9. 对于现金的清查，应将其结果及时填列（　　）。

A. 盘存单　　B. 实存账存对比表

C. 现金盘点报告表　　D. 对账单

10. 银行存款清查的方法是（　　）。

A. 日记账与总账核对　　B. 日记账与收付款凭证核对

C. 日记账与对账单核对　　D. 总分类账与收付款凭证核对

11. 对于大量成堆、难以清点的财产物资，应采用的清查方法是（　　）。

A. 实地盘点法　　B. 抽样盘点法　　C. 查询核对法　　D. 技术推算盘点法

12. 在记账无误的情况下，造成银行对账单和银行存款日记账不一致的原因是（　　）。

A. 应付账款　　B. 应收账款　　C. 未达账项　　D. 外埠存款

13. 下列项目的清查应采用询证核对法的是（　　）。

A. 原材料　　B. 应付账款　　C. 固定资产　　D. 银行存款

14. 对财产物资的收发都有严密的手续，且在账簿中有连续的记载便于确定结存数的制度是（　　）。

A. 实地盘存制　　B. 权责发生制　　C. 永续盘存制　　D. 收付实现制

15. 对于自然灾害造成的存货盘亏，按其净损失经批准后应借记的会计账户是（　　）。

A. 管理费用　　B. 营业外支出

C. 待处理财产损溢　　D. 营业费用

16. 对于数量多、重量均匀的实物财产，可以采用的清查方法是（　　）。

A. 询证核对法　　B. 实地盘点法

C. 技术推算盘点法　　D. 抽样盘存法

二、多项选择题

1. 使企业银行存款日记账余额大于银行对账单余额的未达账项是（　　）。

A. 企业先收款记账而银行未收款未记的款项

B. 银行先收款记账而企业未收款未记的款项

C. 企业和银行同时收款的款项

D. 银行先付款记账而企业未付款未记账的款项

E. 企业先付款记账而银行未付款未记账的款项

2. 财产物资的盘存制度有（　　）。

A. 收付实现制　B. 权责发生制　C. 永续盘存制　D. 实地盘存制

E. 岗位责任制

3. 财产清查按照清查的时间可分为（　　）。

A. 全面清查　B. 局部清查　C. 定期清查　D. 不定期清查

E. 内部清查

4. 企业进行全部清查主要发生的情况有（　　）。

A. 年终决算后　B. 清产核资时　C. 关停并转时　D. 更换现金出纳时

E. 单位主要负责人调离时

5. 财产清查按照清查的执行单位不同，可分为（　　）。

A. 内部清查　B. 局部清查　C. 定期清查　D. 不定期清查

E. 外部清查

6. 在下列哪些情况下可以进行不定期清查？（　　）

A. 更换财产和现金保管人员时

B. 发生自然灾害和意外损失时

C. 会计主体发生改变或隶属关系变动时

D. 财税部门对本单位进行会计检查时

E. 企业关停并转、清产核资、破产清算时

7. 银行存款余额调节表是（　　）。

A. 原始凭证　B. 盘存表的表现形式

C. 只起到对账作用　D. 银行存款清查的方法

E. 调整账面记录的原始依据

8. 常用的实物财产清查方法包括（　　）。

A. 实地盘点法　B. 技术推算盘点法　C. 发函询证法　D. 抽样盘点法

E. 永续盘存法

9. 按清查的范围不同，可将财产清查分为（　　）。

A. 全面清查　B. 局部清查　C. 定期清查　D. 内部清查

E. 外部清查

10. 财产清查的作用是（　　）。

A. 便于宏观管理

B. 保证各项财产物资的安全完整

C. 提高会计资料的质量，保证其真实可靠

D. 有利于改善经营管理，挖掘财产物资潜力

E. 有利于准确地编制收付款凭证

三、判断题

1. 会计部门要在财产清查之前将所有的经济业务登记入账并结出余额，做到账账相符、账证相符，为财产清查提供可靠的依据。（　　）

2. 对在银行存款清查时出现的未达账项，可编制银行存款余额调节表来调整，该表是调节账面余额的原始凭证。（　　）

3. 实地盘存制是指平时根据会计凭证在账簿中登记各种财产的增加数和减少数，在期末时再通过盘点实物来确定各种财产的数量，并据以确定账实是否相符的一种盘存制度。（　　）

4. 未达账项是指在企业和银行之间，由于凭证的传递时间不同，而导致记账时间不一致，即一方已接到有关结算凭证已经登记入账，而另一方尚未接到有关结算凭证而未入账的款项。（　　）

5. 为了反映和监督各单位在财产清查过程中查明的各种资产的盘亏或毁损及报经批准后的转销数额，应设置“待处理财产损溢”账户，该账户属于负债类账户。（　　）

会计职业实践能力训练

业务题一

一、目的

通过本题的练习，要求学生一方面掌握未达账项的基本概念，另一方面学会编制银行存款余额调节表。

二、资料

某企业2020年7月31日的银行存款日记账账面余额为691 600元，而银行对账单上企业存款余额为681 600元，经逐笔核对，发现有以下未达账项：

（1）7月26日企业开出转账支票3 000元，持票人尚未到银行办理转账，银行尚未登账。

（2）7月28日企业委托银行代收款项4 000元，银行已收款入账，但企业未接到银行的收款通知，因而未登记入账。

（3）7月29日，企业送存购货单位签发的转账支票15 000元，企业已登账，银行未登账。

（4）7月30日，银行代企业支付水电费2 000元，企业尚未接到银行的付款通知，故未登记入账。

三、要求

根据以上有关内容，编制银行存款余额调节表，并分析调节后是否需要编制有关会计分录。

业务题二

一、目的

通过本题的练习，使学生能够掌握存货清查的会计处理。

二、资料

X 企业经财产清查，发现盘盈 A 材料 3 200 吨。经查明是计量上的错误所造成的，按计划成本每吨 2 元入账。

三、要求

对 X 企业盘盈的 A 材料做批准前和批准后的账务处理。

业务题三

一、目的

通过本题的练习，使学生能够掌握存货清查的会计处理。

二、资料

Y 企业经财产清查，发现盘亏 B 材料 100 吨，每吨单价 200 元。经查明，属于定额内合理的损耗有 5 吨，计 1 000 元；属于过失造成的损失由责任人赔偿 40 吨，计 8 000 元；属于自然灾害造成的损失为 55 吨，计 11 000 元，但由保险公司赔偿 6 000 元。

三、要求

对 Y 企业盘亏的 B 材料进行批准前和批准后的账务处理。

业务题四

一、目的

通过本题的练习，使学生能够掌握固定资产清查的会计处理。

二、资料

W 企业在财产清查中，发现盘盈机器设备一台，估计原值为 300 000 元，估计已提折旧额为 50 000 元。

三、要求

对 W 企业盘盈的机器设备进行批准前和批准后的账务处理。

业务题五

一、目的

通过本题的练习，使学生能够掌握固定资产清查的会计处理。

二、资料

W 企业在财产清查中，发现盘亏机器设备一台，账面原值为 280 000 元，已提折旧额为 100 000 元。

三、要求

对 W 企业盘亏的机器设备进行批准前和批准后的账务处理。

业务题六

一、目的

通过本题的练习，使学生能够综合地掌握财产盘亏、盘盈的会计处理。

二、资料

某公司在财产清查中，发现如下问题：

（1）一台账外机器，重置完全价值 65 000 元，估计八成新；

（2）盘亏设备一台，账面原价 28 000 元，已提折旧 12 000 元；

（3）甲材料账存 4 500 元，实存 4 300 元，系保管员责任；

（4）乙材料账存 7 500 元，实存 7 850 元，系收发计量不准确造成；

（5）丙材料账存 15 200 元，实存 13 500 元，系自然灾害造成，保险公司应给予 1 000 元赔偿，暂未收到款。

三、要求

对上述经济事项进行相关会计处理（包括批准前和批准后的账务处理）。

业务题七

一、目的

通过本题的练习，使学生能够掌握坏账准备会计处理。

二、资料

宏达公司估计坏账损失率为 3‰，应收账款坏账损失业务资料如下：

（1）2016 年年末应收账款余额为 700 000 元。

（2）2017 年未发生坏账，年末应收账款余额为 800 000 元。

（3）2018 年未发生坏账，年末应收账款余额为 600 000 元。

（4）2019 年发生坏账损失 1 500 元，年末应收账款余额为 500 000 元。

（5）2020 年收回以前确认并转销的坏账损失 1 600 元，年末应收账款余额为 400 000 元。

三、要求

计提每年年末的坏账准备，并做出相应会计分录。

项目七　编制财务报表

项目导航

会计人员经过辛苦的工作，已全部完成了12月份发生的经济业务的记账和算账工作。企业经过一段时间的经营之后，12月末的财务状况如何？12月份的经营成果如何？现在该由会计主管来完成最后一项工作，把一个月来的会计工作提供的会计信息进行汇总并编制报表。那么，需要编制哪些报表？该如何按要求编制？

职业能力目标

知识目标： 了解财务报表的分类和编制要求；理解财务报表的结构及平衡原理；掌握财务报表的基本编制过程。

技能目标： 能够正确编制资产负债表；能够正确编制利润表。

素质目标： 培养规范操作意识，培养坚忍不拔的职业秉性。

任务一　编制资产负债表

任务引领

期末编制财务报表的主要任务之一是编制资产负债表。期末编制资产负债表的任务是根据有关账户的期末余额，运用资产负债表的编制方法，填列资产负债表各项目的年初余额和期末余额，全面反映企业的资产、负债和所有者权益状况。

任务要求

要完成资产负债表的编制工作，必须了解财务报表的基本知识，掌握资产负债表的结构和编制方法。

知识准备

一、编制报表前的准备工作

为了保证会计报表所提供的信息能够满足报表使用者的要求，编制报表前，应做好下列准备工作。

（一）期末账项调整

由于平时对收入、费用等经济业务是按照经济活动发生的实际情况予以确认、记录并入账，在每个会计期间的期末按照权责发生制予以调整，因此账项调整的内容主要是预收、预付、应收、应付等。

（二）全面清查财产物资

清查财产物资主要包括以下几个方面：

（1）结算款项是否存在，是否与债权、债务单位的债权、债务金额一致。

（2）各项存货的实存数与账面数是否一致，是否有报废损失和积压物资等。

（3）各项投资是否存在，是否按照国家统一的会计制度进行确认、计量；各项固定资产的实存数与账面数是否一致，以及需要清查、核实的其他内容。

（三）编制工作底稿

工作底稿，又称工作底表，是将一定会计期间核算所得到的会计资料汇集，为最终取得一定的会计信息而进行调整、试算、分析的表式。编制工作底稿是检查账簿记录是否正确的一种方法。因此，可以把编制工作底稿视为对账、结账的一项内容。编制工作底稿又可以为编制利润表和资产负债表提供必要的资料，也可以把编制工作底稿视为编制报表前的一项重要准备工作。所以，编制工作底稿是会计资料由账簿向报表过渡的一项重要会计核算工作。

（四）对账与结账

在会计工作中，由于种种原因，难免发生记账、计算等差错，也难免出现账实不符的现象。为了确保账簿记录的正确、完整、真实，在有关经济业务入账后，必须进行账簿记录的核对。

二、财务报表概述

财务报表是企业对外提供的综合反映其在某一特定日期财务状况、某一会计期间经营成果和现金流量的书面文件。编制财务报表是会计核算的一种专门方法，也是会计核算的最终环节。

（一）财务报表的构成

《企业会计准则》规定，企业的财务报表由四张主要报表和一个附注构成，即资产负债表、利润表、现金流量表、所有者权益变动表和财务报表附注。四张报表是财务报表的主体，财务报表附注是对财务报表所做的解释，它们都是财务报表不可缺少的组成部分。

（1）资产负债表：是反映企业在某一特定日期的财务状况的财务报表。

(2) 利润表：是反映企业在一定会计期间的经营成果的财务报表。

(3) 现金流量表：是反映企业在一定会计期间的现金和现金等价物的流入和流出的财务报表。

(4) 所有者权益变动表：是反映构成所有者权益的各组成部分当期的增减变动情况的财务报表。

(5) 附注：是对在资产负债表、利润表、现金流量表和所有者权益变动表等报表中列示项目的文字描述或明细资料，以及对未能在这些报表中列示项目的说明等。

(二) 财务报表的分类

1. 按编报期间不同分类

按财务报表编报期间的不同，可以分为中期财务报表和年度财务报表。

(1) 中期财务报表，是指以短于一个完整会计年度的报告期间为基础编制的财务报表，包括月报、季报和半年报等。

(2) 年度财务报表，是指以一个完整的会计年度（自公历 1 月 1 日起至 12 月 31 日止）为基础编制的财务报表。

年度财务报表一般包括资产负债表、利润表、现金流量表、所有者权益变动表和附注等内容。

2. 按编报主体不同分类

按财务报表编报主体的不同，可以分为个别财务报表和合并财务报表。

(1) 个别财务报表，是由企业在自身会计核算基础上对账簿记录进行加工而编制的财务报表，它主要用以反映企业自身的财务状况、经营成果和现金流量情况。

(2) 合并财务报表，是以母公司和子公司组成的企业集团为会计主体，根据母公司和所属子公司的财务报表，由母公司编制的综合反映企业集团财务状况、经营成果及现金流量的财务报表。

(三) 财务报表的编制要求

1. 以持续经营为基础编制

企业应当以持续经营为基础，根据实际发生的交易和事项，按照《企业会计准则——基本准则》和其他各项会计准则的规定进行确认和计量，在此基础上编制财务报表。

企业正式决定或被迫在当期或将在下一个会计期间进行清算或停止营业的，则表明以持续经营为基础编制财务报表不再合理。在这种情况下，企业应当采用其他基础编制财务报表，并在附注中声明财务报表未以持续经营为基础编制的事实，披露未以持续经营为基础编制的原因和财务报表的编制基础。

2. 按正确的会计基础编制

企业除现金流量表按照收付实现制编制外，其他财务报表应当按照权责发生制编制。

3. 至少按年编制财务报表

信息具有很强的时效性，所以企业应按国家会计制度规定的期限及时编制财务报表并及时向有关部门报送。企业至少应当按年编制财务报表。年度财务报表涵盖的期间短于一年的，应当披露年度财务报表的涵盖期间、短于一年的原因以及报表数据不具可比性的事实。一般来说，年报财务报表在每年公历的12月31日编制，半年报财务报表在每年公历的6月30日和12月31日编制，季度报财务报表在每年公历的3月31日、6月30日、9月30日和12月31日分别编制，月报财务报表在公历每个月的最后一天编制。

4. 项目列报遵守重要性原则

重要性是指在合理预期下，财务报表某项目的省略或错报会影响使用者据此做出经济决策的，该项目具有重要性。

5. 保持各个会计期间财务报表项目列报的一致性

财务报表项目的列报应当在各个会计期间保持一致，除会计准则要求改变财务报表项目的列报或企业经营业务的性质发生重大变化后，变更财务报表项目的列报能够提供更可靠、更相关的会计信息外，不得随意变更。

6. 各项目之间的金额不得相互抵销

财务报表中的资产项目和负债项目的金额、收入项目和费用项目的金额、直接计入当期利润的利得项目和损失项目的金额不得相互抵销，一组类似交易形成的利得和损失应当以净额列示，但具有重要性的除外。

知识拓展

职业判断

哪些项目操作不属于抵销？资产或负债项目按扣除备抵项目后的净额列示，不属于抵销。非日常活动产生的利得和损失，以同一交易形成的收益扣减相关费用后的净额列示更能反映交易实质的，不属于抵销。

7. 至少应当提供所有列报项目上一个可比会计期间的比较数据

当期财务报表的列报，至少应当提供所有列报项目上一个可比会计期间的比较数据，以及与理解当期财务报表相关的说明，但其他会计准则另有规定的除外。

8. 应当在财务报表的显著位置披露编报企业的名称等重要信息

如编报企业的名称、资产负债表日或财务报表涵盖的会计期间、人民币金额单位、财务报表是合并财务报表等。

三、资产负债表的编制

（一）资产负债表的结构

能力提升

勾稽关系——编制资产负债表

资产负债表是指反映企业在某一特定日期（月末、季末、半年末、年末）全部财务状况的报表。该表包括资产、负债和所有者权益三个静态会计要素，故称为静态报表。资产负债表以表格的形式，反映企业在某一时点上的资产、负债、所有者权益及它们之间的相互关系。

【要点提示】

（1）根据“资产＝负债＋所有者权益”会计恒等式编制。

（2）属于静态报表、对外报表。

（二）资产负债表的格式

资产负债表由表首、正表和附注三部分组成。表首部分列示报表名称、编制单位、编制日期、货币计量单位等内容；正表是报表的主体，分别列示资产、负债和所有者权益的具体项目；附注是正表内容的补充说明，披露会计政策变更、关联方关系及交易、重要项目的详细分解、或有事项、期后事项等内容。

资产负债表应当按照资产、负债和所有者权益（或者股东权益）分类分项列式。资产负债表的格式一般有账户式和报告式两种。账户式资产负债表和报告式资产负债表只是形式上的差别，在编制基础上基本相同。我国《企业会计准则》规定，企业的资产负债表采用账户式结构。

1. 账户式资产负债表

账户式资产负债表以会计等式“资产＝负债＋所有者权益”为原理，采用左右结构，左边列示资产项目，右边列示负债和所有者权益项目，资产总额等于负债和所有者权益的合计数。账户式资产负债表左方各资产项目按资产的流动性大小排列，流动性大的排在前面，流动性小的排在后面。右方为负债和所有者权益项目，负债项目在上方，所有者权益项目在下方，负债内部各报表项目按求偿权先后顺序排列，先到期的（或需要立即清偿的债务）排在前面，后到期的排在后面。资产负债表格式见表 7－1。

表 7－1　　资产负债表

会企 01 表

编制单位：　　　　年　月　日　　　　单位：元

资　产	期末余额	上年年末余额	负债和所有者权益（或股东权益）	期末余额	上年年末余额
流动资产：			流动负债：		
货币资金			短期借款		
交易性金融资产			交易性金融负债		
衍生金融资产			衍生金融负债		
应收票据			应付票据		
应收账款			应付账款		
应收款项融资			预收款项		
预付款项			合同负债		
其他应收款			应付职工薪酬		
存货			应交税费		
合同资产			其他应付款		
持有待售资产			持有待售负债		
一年内到期的非流动资产			一年内到期的非流动负债		
其他流动资产			其他流动负债		
流动资产合计			流动负债合计		

续前表

资　　产	期末余额	上年年末余额	负债和所有者权益（或股东权益）	期末余额	上年年末余额
非流动资产：			非流动负债：		
债权投资			长期借款		
其他债权投资			应付债券		
长期应收款			其中：优先股		
长期股权投资			永续债		
其他权益工具投资			租赁负债		
其他非流动金融资产			长期应付款		
投资性房地产			预计负债		
固定资产			递延收益		
在建工程			递延所得税负债		
生产性生物资产			其他非流动负债		
油气资产			非流动负债合计		
使用权资产			负债合计		
无形资产			所有者权益（或股东权益）：		
开发支出			实收资本（或股本）		
商誉			其他权益工具		
长期待摊费用			其中：优先股		
递延所得税资产			永续债		
其他非流动资产			资本公积		
非流动资产合计			减：库存股		
			其他综合收益		
			专项储备		
			盈余公积		
			未分配利润		
			所有者权益（或股东权益）合计		
资产总计			负债和所有者权益（或股东权益）总计		

2. 报告式资产负债表

报告式资产负债表从上到下依次列示资产、负债、所有者权益，根据“资产－负债＝所有者权益”进行编制。

（三）资产负债表的编制方法

资产负债表的各项目都有“年初余额”和“期末余额”两栏。“年初余额”栏应按上年年末资产负债表中“期末余额”栏中的数字填列。若本年度资产负债表中规定的各项目的名称和内容与上年度不一致，应对上年年末资产负债表各项的名称和数字按照本年度的规定进行调整后，填入表中的“年初余额”栏。所以，编制资产负债表主要是确定“期末余额”栏内各项目的具体金额。

编制资产负债表所需的数据主要来源于总分类账和明细分类账。资产负债表上的各报表项目与账户有密切的联系，但又不完全相同。资产负债表上的大部分报表项目可以直接根据对应账户余额填列，少数报表项目则需要对相关账户的余额进行分析计算以后才能填列。总的来说，资产负债表的各报表项目的填列方法主要有以下四种。

1. 根据有关总分类账户的期末余额直接填列的项目

资产负债表中的大多数项目都可根据有关总分类账户的期末余额直接填列，如“短期借款”“应付职工薪酬”“应交税费”“其他应付款”“实收资本”“资本公积”“盈余公积”等项目。这类报表项目名称与账户名称完全一致。

2. 根据若干总分类账户的期末余额计算填列的项目

资产负债表中的有些项目，则需要根据若干总分类账户的余额分析计算填列，这类项目主要有“货币资金”“存货”“固定资产”“未分配利润”等。

(1)“货币资金”项目。本项目应根据“库存现金”“银行存款”“其他货币资金”三个总分类账户的期末余额合计数计算填列。

(2)“存货”项目。本项目应根据“在途物资”“原材料”“低值易耗品”“周转材料”“生产成本”“库存商品”“发出商品”“委托加工物资”“委托代销商品”等总分类账户的期末借方余额之和减去“存货跌价准备”“受托代销商品款”总分类账户的期末贷方余额后的净额填列。

(3)“长期股权投资”项目。本项目应根据“长期股权投资”总分类账户期末余额减去“长期股权投资减值准备”总分类账户期末余额后的净额填列。

(4)“固定资产”项目。本项目应根据“固定资产”总分类账户的期末余额，减去“累积折旧”和“固定资产减值准备”及“固定资产清理”总分类账户的期末余额后的净额填列。

(5)“在建工程”项目。本项目应根据“在建工程”总分类账户的期末借方余额减去“在建工程减值准备”总分类账户的期末贷方余额，以及“工程物资”账户的期末余额，减去“工程物资减值准备”账户的期末余额后的金额填列。

(6)“未分配利润”项目。本项目应根据“本年利润”和“利润分配”总分类账户的余额分析计算填列。如为未弥补的亏损，在本项目内以“—”号填列。

(7)“无形资产”项目。本项目应根据“无形资产”总分类账户的期末余额，减去“累积摊销”和“无形资产减值准备”总分类账户的期末余额后的净额填列。

3. 根据有关总分类账户和明细分类账户的期末余额分析填列的项目

(1)“债权投资”项目。本项目应根据“债权投资”账户相关明细科目的期末借方余额减去“债权投资减值准备”账户的期末贷方余额，再减去“将于一年内到期的长期债权投资”后的差额填列。“将于一年内到期的长期债权投资”项目的金额在“一年内到期的非流动资产”项目填列。

(2)“长期待摊费用”项目。本项目应根据“长期待摊费用”账户的期末借方余额减去“将于一年内摊销的长期待摊费用”后的差额填列。“将于一年内摊销的长期待摊费用”

项目的金额在“一年内到期的非流动资产”项目填列。

（3）“应收票据”项目。本项目应根据“应收票据”“所属明细账户中的期末借方余额合计，减去“坏账准备”明细分类账户中有关应收账款计提的坏账准备期末余额后的差额填列。

（4）“应付票据”项目。本项目应根据“应付票据”所属明细账户中的期末贷方余额合计填列。

（5）“长期借款”项目。本项目应根据“长期借款”总账账户的期末贷方余额减去“长期借款”明细分类账户中将于一年内到期的长期借款本息后的差额填列。“将于一年内到期的长期借款本息”项目的金额在“一年内到期的非流动负债”项目填列。

（6）“应付债券”项目。本项目应根据“应付债券”总账账户的期末贷方余额减去“应付债券”明细分类账户中将于一年内到期的债券本息后的差额填列。“将于一年内到期的债券本息”项目的金额在“一年内到期的非流动负债”项目填列。

（7）“长期应付款”项目。本项目应根据“长期应付款”总账余额，减去“未确认融资费用”总账余额，再减去“长期应付款”明细分类账中将在一年内到期的部分。

4. 根据有关明细分类账户的期末余额分析填列的项目

（1）“应付账款”项目。本项目应根据“应付账款”和“预付账款”所属明细账户中的期末贷方余额合计填列。

（2）“预付账款”项目。本项目应根据“应付账款”和“预付账款”所属明细账户中的期末借方余额合计，减去“坏账准备”明细分类账户中有关预付款项计提的坏账准备期末余额后的差额填列。

（3）“应收账款”项目。本项目应分别根据“应收账款”和“预收账款”所属明细账户中的期末借方余额合计，减去“坏账准备”明细分类账户中有关应收账款计提的坏账准备期末余额后的差额填列。

（4）“预收账款”项目。本项目应根据“应收账款”和“预收账款”所属明细账户中的期末贷方余额合计填列。

能力提升

资产负债表项目的编制方法详细介绍

典型任务操作示范

【典型任务】以柯鲁丝公司为例说明一般企业资产负债表某些项目的编制方法。柯鲁丝公司2020年年末有关科目资料见表7-2：

表7-2　柯鲁丝公司2020年12月31日有关账户余额表　单位：元

账户名称	借方余额	贷方余额	账户名称	借方余额	贷方余额
库存现金	70 000		短期借款	235 000	
银行存款	250 000		应付票据	220 000	
其他货币资金	205 000		应付账款	500 000	
交易性金融资产	25 000		预收账款	20 000	
应收票据	35 000		应付职工薪酬	135 000	

续前表

账户名称	借方余额	贷方余额	账户名称	借方余额	贷方余额
应收股利	35 000		应付股利	120 000	
应收利息	10 000		应交税费	45 000	
应收账款	356 000		其他应付款	35 000	
坏账准备		6 000	长期借款	500 000	
预付账款	60 000		实收资本	1 500 000	
其他应收款	10 000		资本公积	89 000	
原材料	350 000		盈余公积	256 000	
库存商品	165 000		利润分配	125 000	
生产成本	185 000				
其他债权投资	350 000				
长期股权投资	140 000	20 000			
长期股权投资减值准备	2 000 000				
固定资产		650 000			
累计折旧	120 000				
在建工程	90 000				
无形资产					
	4 456 000	676 000		3 780 000	

以上资料中有三个账户，经查明应在列表时按规定予以调整：在“应收账款”账户中有明细账贷方余额 10 000 元；在“应付账款”账户中有明细账借方余额 20 000 元；在“预付账款”账户中有明细账贷方余额 5 000 元。

【任务分析】上列资料经归纳分析后填入资产负债表：

（1）将“库存现金”“银行存款”“其他货币资金”账目余额合并列入货币资金项目（70 000＋250 000＋205 000＝525 000），共计 525 000 元。

（2）将坏账准备项目 6 000 元从应收账款项目中减去；将应收账款明细账中的贷方余额 10 000 元列入预收账款项目。计算结果：应收账款项目的账面价值为 360 000 元（356 000－6 000＋10 000＝360 000）；预收账款项目为 30 000 元（20 000＋10 000＝30 000）。

（3）将应付账款明细账中的借方余额 20 000 元列入预付账款项目；将“预付账款”账户明细账中的贷方余额 5 000 元列入应付账款项目。计算结果：预付账款项目的余额为 85 000 元（60 000＋20 000＋5 000＝85 000），应付账款项目的余额为 525 000 元（500 000＋20 000＋5 000＝525 000）。

（4）将“原材料”“库存商品”“生产成本”，即其他存货账户余额合并为存货项目，共计 700 000 元（350 000＋165 000＋185 000＝700 000）。

（5）从“长期股权投资”账户中减去“长期股权投资减值准备”20 000 元，长期股权投资项目的余额为 120 000 元（140 000－20 000＝120 000）。

（6）其余各项目按账户余额表数字直接填入报表。

编制该企业资产负债表（见表 7－3）。

表 7-3　　　　资产负债表　　　　会企 01 表

编制单位：绍兴柯鲁丝纺织品有限公司　　2020 年 12 月 31 日　　单位：元

资产	期末余额	年初余额	负债和所有者权益	期末余额	年初余额
流动资产：	（略）		流动负债：	（略）	
货币资金	525 000		短期借款	235 000	
交易性金融资产	25 000		交易性金融负债	0	
应收票据	35 000		应付票据	220 000	
衍生金融资产	0		衍生金融负债	0	
应收账款	360 000		应付账款	525 000	
预付款项	85 000		预收款项	30 000	
其他应收款	55 000		应付职工薪酬	135 000	
存货	700 000		应交税费	45 000	
一年内到期的非流动资产	0		其他应付款	155 000	
其他流动资产	0		一年内到期的非流动负债	0	
流动资产合计	1 785 000		其他流动负债	0	
非流动资产：			流动负债合计	1 345 000	
其他权益投资	350 000		非流动负债：		
持有至到期投资	0		长期借款	500 000	
长期应收款	0		应付债券		
长期股权投资	120 000		租赁负债		
投资性房地产	0		长期应付款		
固定资产	1 350 000		预计负债		
在建工程	120 000		递延所得税负债		
无形资产	90 000		其他非流动负债		
商誉	0		非流动负债合计	500 000	
长期待摊费用	0		负债合计	1 845 000	
递延所得税资产	0		所有者权益：		
其他非流动资产	0		实收资本（或股本）	1 500 000	
非流动资产合计	2 030 000		资本公积	89 000	
			其他综合收益	0	
			盈余公积	256 000	
			未分配利润	125 000	
			所有者权益合计	1 970 000	
资产总计	3 815 000		负债和所有者权益（或股东权益）总计	3 815 000	

任务实施

仿照以上操作，完成柯鲁丝纺织品有限公司 2020 年 3 月经济业务全部登记入账并结账后，根据总账账户及有关明细账户的期末余额，为柯鲁丝纺织品有限公司编制 2020 年 3 月的资产负债表。

任务二 编制利润表

任务引领

利润表也是重要的财务报表。期末编制利润表的任务是根据有关损益类账户的发生额，运用利润表的编制方法，填列利润表各项目的本期金额和上期金额，全面反映企业的收入、费用状况及其经营成果。

任务要求

要完成利润表填制工作，必须熟悉利润表的结构、格式，掌握利润表数据来源和编制方法。

知识准备

一、利润表的结构

利润表是反映企业在一定会计期间（月度、季度、半年度、年度）的经营成果的财务报表。利润表，又称动态报表，以会计等式“利润＝收入－费用”为原理，以表格的形式，反映企业在某一会计期间的收入、费用、利润及它们之间的关系。

利润表一般由表首和表身两部分组成。表首列示报表的名称、编制单位、编制时间和货币计量单位等；表身是报表的核心部分，列示企业在报告期间的收入、费用和利润的各个项目，并体现“收入－费用＝利润”的利润形成过程。

二、利润表的格式

利润表主要有单步式利润表和多步式利润表两种。我国企业的利润表采用多步式。

（一）单步式利润表

单步式利润表是当期全部收入一次性抵减当期全部支出，计算出当期损益的一种利润表。因其只有一个相减的计算步骤，故称单步式。

（二）多步式利润表

多步式利润表是按照利润的性质，将企业利润的构成内容分别列示，分层次计算出利润的一种利润表。因其计算过程有多个计算步骤，故称多步式，其格式见表7-4。

第一步，以营业收入为基础，计算出营业利润。

营业利润＝营业收入－营业成本－税金及附加－销售费用－管理费用－财务费用－资产减值损失＋其他收益＋投资收益（－投资损失）＋公允价值变动收益（－公允价值变动损失）＋资产处置收益（－资产处置损失）

第二步，以营业利润为基础，计算出利润总额。

利润总额＝营业利润＋营业外收入－营业外支出

第三步，以利润总额为基础，计算出净利润。

净利润＝利润总额－所得税费用

表7-4 **利润表**

会企02表

编报单位：　　　　年　　月　　　　单位：元

项目	本期金额	上期金额
一、营业收入		
减：营业成本		
税金及附加		
销售费用		
管理费用		
研发费用		
财务费用		
其中：利息费用		
利息收入		
加：其他收益		
投资收益（损失以“－”号填列）		
其中：对联营企业和合营企业的投资收益（损失以“－”号填列）		
以摊余成本计量的金融资产终止确认收益（损失以“－”号填列）		
净敞口套期收益（损失以“－”号填列）		
公允价值变动收益（损失以“－”号填列）		
信用减值损失（损失以“－”号填列）		
资产减值损失（损失以“－”号填列）		
资产处置收益（损失以“－”号填列）		
二、营业利润（亏损以“－”号填列）		
加：营业外收入		
减：营业外支出		
三、利润总额（亏损总额以“－”号填列）		
减：所得税费用		

续前表

项目	本期金额	上期金额
四、净利润（净亏损以“－”号填列）		
（一）持续经营净利润（净亏损以“－”号填列）		
（二）终止经营净利润（净亏损以“－”号填列）		
五、其他综合收益的税后金额		
（一）以后不能重分类进损益的其他综合收益		
（二）以后将重分类进损益的其他综合收益		
六、综合收益总额		
七、每股收益		
（一）基本每股收益		
（二）稀释每股收益		

三、利润表的编制方法

利润表的各项目均需填列“本期金额”和“上期金额”两栏数字。“上期金额”栏应根据上期利润表的“本期金额”栏数字填列。如果本期利润表的各项目与上期不一致，应对上期利润表的各项目按本期规定进行调整后再填入本期利润表的“上期金额”栏。“本期金额”栏，除“基本每股收益”和“稀释每股收益”项目外，依据有关损益类账户的本期发生额填列，具体填列方法如下：

（1）“营业收入”项目，反映企业经营活动所取得的收入总额。本项目应根据“主营业务收入”“其他业务收入”等账户的发生额分析填列。

（2）“营业成本”项目，反映企业经营活动发生的实际成本。本项目应根据“主营业务成本”“其他业务成本”等账户的发生额分析填列。

（3）“税金及附加”项目，反映企业经营活动应负担的增值税、消费税、城市维护建设税、资源税和教育费附加等。本项目应根据“税金及附加”账户的发生额分析填列。

（4）“销售费用”项目，反映企业在销售商品和商品流通企业在购入商品等过程中发生的费用。本项目应根据“营业费用”账户的发生额分析填列。

（5）“管理费用”项目，反映企业发生的管理费用。本项目应根据“管理费用”账户的发生额分析填列。

（6）“研发费用”项目，反映企业进行研究与开发过程中发生的费用化支出。本项目应根据“管理费用”科目下的“研发费用”明细科目的发生额分析填列。

（7）“财务费用”项目，反映企业发生的财务费用。本项目应根据“财务费用”账户的发生额分析填列。

（8）“利息费用”项目，反映企业为筹集生产经营所需资金等而发生的筹资费用。本项目应根据“财务费用”科目的相关明细科目的发生额分析填列。

（9）“利息收入”项目，反映企业确认的利息收入。本项目应根据“财务费用”科目的相关明细科目的发生额分析填列。

(10)“其他收益”项目，反映记入其他收益的政府补助等。本项目应根据“其他收益”账户的发生额分析填列。

(11)“投资收益”项目，反映企业以各种方式对外投资所取得的收益。本项目应根据“投资收益”账户的发生额分析填列；如为投资损失，以“一”号填列。

(12)“净敞口套期收益”项目，反映净敞口套期下被套期项目累计公允价值转入当期损益的金额或现金流量套期储备转入当期损益的金额。

(13)“公允价值变动收益”项目，反映企业应当计入当期损益的资产或负债的公允价值变动收益。本项目应根据“公允价值变动损益”账户的发生额分析填列，如果为净损失，本项目以“一”号填列。

(14)“信用减值损失”项目，反映企业按照企业会计准则的要求计提的各项金融工具减值准备所形成的预期信用损失。本项目应根据“信用减值损失”科目的发生额分析填列。

(15)“资产减值损失”项目，反映企业确认的资产减值损失。本项目应根据“资产减值损失”账户的发生额分析填列。

(16)“资产处置收益”项目，反映企业出售划分为持有待售的非流动资产（金融工具、长期股权投资和投资性房地产除外）或处置时确认的处置利得或损失，以及处置未划分为持有待售的固定资产、在建工程、生产性生物资产及无形资产而产生的处置利得或损失。债务重组中因处置非流动资产产生的利得或损失和非货币性资产交换产生的利得或损失也包括在本项目内。本项目应根据“资产处置损益”账户的发生额分析填列；如果为处置损失，以“一”号填列。

(17)“营业利润”项目，反映企业的营业利润，如为亏损，以“一”号填列。

(18)“营业外收入”项目和“营业外支出”项目，反映企业发生的与其生产经营无直接关系的各项收入和支出。这两个项目应分别根据“营业外收入”账户和“营业外支出”账户的发生额分析填列。

(19)“利润总额”项目，反映企业实现的利润总额。如为亏损总额，以“一”号填列。

(20)“所得税费用”项目，反映企业按规定从本期损益中减去的所得税。本项目应根据“所得税”账户的发生额分析填列。

(21)“净利润”账户，反映企业实现的净利润。如为净亏损，以“一”号填列。

从上述具体项目的填列方法分析，利润表的填制方法可归纳为以下两种：

思政案例

提供虚假财务报告，三名被告一致认罪

(1) 根据账户的发生额分析填列。利润表中的大部分项目都可以根据账户的发生额分析填列，如销售费用、税金及附加、管理费用、财务费用、营业外收入、营业外支出、所得税等。

(2) 根据报表项目之间的关系计算填列。利润表中的某些项目需要根据项目之间的关系计算填列，如营业利润、利润总额、净利润等。

需要注意的是，利润表一般分为月报表、半年报表和年报表。半年报表中的“本月数”应根据各有关会计科目的本期发生额直接填列。“本年累计数”栏反映各项目自年初起到本报告期止的累计发生额，应根据上月“利润表”的累计数加上本月“利润表”的本月数之和填列。年度“利润表”的“本月数”栏改为“上年数”栏时，应根据上年“利润表”的数字填列。如果上年“利润表”和本年“利润表”的项目名称和内容不相一致，应将上年的报表项目名称和数字按本年度的规定进行调整，然后填入“上年数”栏。

能力提升

每股收益的计算与列报

典型任务操作示范

【典型任务】以绍兴柯鲁丝纺织品有限公司说明一般企业利润表的编制方法。2020 年度绍兴柯鲁丝纺织品有限公司利润表有关科目的累计发生额见表 7－5（所得税费用不考虑）。

表 7－5　　利润表有关科目累计发生额　　单位：元

科目名称	借方发生额	贷方发生额
主营业务收入		12 500 000
其他业务收入		230 000
投资收益		3 200 000
营业外收入		2 850 000
主营业务成本	8 500 000	
税金及附加	550 000	
其他业务成本	200 000	
销售费用	1 050 000	
管理费用	1 000 000	
财务费用	20 000	
资产减值损失	2 000 000	
营业外支出	1 800 000	
所得税费用		

【任务分析】根据以上账户记录，编制绍兴柯鲁丝纺织品有限公司 2020 年度利润表（见表 7－6）。

表 7－6　　利润表

会企 02 表

编报单位：绍兴柯鲁丝纺织品有限公司　　2020 年 12 月　　单位：元

项目	本年累计数	上年数
一、营业收入	12 730 000	（略）
减：营业成本	8 700 000	
税金及附加	550 000	
销售费用	1 050 000	
管理费用	1 000 000	

续前表

项目	本年累计数	上年数
研发费用		
财务费用	20 000	
其中：利息费用		
利息收入		
资产减值损失	2 000 000	
加：公允价值变动收益（损失以“—”号填列）	0	
投资收益（损失以“—”号填列）		
其中：对联营企业和合并企业的投资收益	3 200 000	
其他收益（损失以“—”号填列）		
资产处置收益（损失以“—”号填列）	2 850 000	
二、营业利润（亏损以“—”号填列）		
加：营业外收入	2 610 000	
减：营业外支出		
三、利润总额（亏损总额以“—”号填列）	1 800 000	
减：所得税费用		
四、净利润（净亏损以“—”号填列）		
五、其他综合收益的税后净额		
（一）以后不能重分类进损益的其他综合收益		
（二）以后将重分类进损益的其他综合收益		
六、综合收益总额		
七、每股收益	3 660 000	
（一）基本每股收益		
（二）稀释每股收益		

任务实施

仿照以上操作，完成柯鲁丝纺织品公司2020年3月经济业务全部登记入账并结账后，根据有关损益类账户的本期发生额编制2020年3月的利润表。

会计职业判断能力训练

一、单项选择题

1. 企业本月利润表中的营业收入为450 000元，营业成本为216 000元，税金及附加为9 000元，管理费用为10 000元，财务费用为5 000元，销售费用为8 000元，则其营业利润为（　　）元。

A. 217 000　　B. 225 000　　C. 234 000　　D. 202 000

2. 下列各项中，（　　）不会影响企业利润总额增减变化。

A. 销售费用　　B. 管理费用

C. 所得税费用　　D. 营业外支出

3. 某公司本会计期间的主营业务收入为 1 700 万元，主营业务成本为 1 190 万元，税金及附加为 170 万元，销售费用为 110 万元，管理费用为 100 万元，财务费用为 19 万元，营业外收入为 16 万元，营业外支出为 25 万元，其他业务收入为 200 万元，其他业务成本为 100 万元，应交所得税按利润总额的 25%计算，其营业利润、利润总额、企业净利润分别为（　　）。

A. 111 万元、232 万元、174 万元

B. 211 万元、202 万元、151.5 万元

C. 356 万元、232 万元、74 万元

D. 111 万元、202 万元、151.5 万元

4. 下列各项中，不会影响营业利润金额的是（　　）。

A. 资产减值损失　　B. 财务费用

C. 投资收益　　D. 营业外收入

5. 某企业本月主营业务收入为 1 000 000 元，其他业务收入为 80 000 元，营业外收入为 90 000 元，主营业务成本为 760 000 元，其他业务成本为 50 000 元，税金及附加为 30 000 元，营业外支出为 75 000 元，管理费用为 40 000 元，销售费用为 30 000 元，财务费用为 15 000 元，所得税费用为 75 000 元。则该企业本月营业利润为（　　）元。

A. 170 000　　B. 155 000　　C. 25 000　　D. 80 000

6. 下列各项中，利润表无法直接反映的是（　　）。

A. 主营业务利润　　B. 营业利润

C. 利润总额　　D. 净利润

7. 下列资产负债表项目中，（　　）直接根据一个总分类账户就能填列。

A. 货币资金　　B. 应收账款

C. 短期借款　　D. 预收款项

8. 在编制报表时由总账余额直接填列报表数据的项目是（　　）。

A. 预计负债　　B. 长期借款

C. 应收账款　　D. 应付账款

9. 编制资产负债表时，根据总账余额和明细账的余额计算填列的项目是（　　）。

A. 应付票据　　B. 短期借款

C. 长期借款　　D. 应收票据

10. 某企业“应付账款”账户月末贷方余额 40 000 元，其中，“应付账款——甲公司”明细账户贷方余额 35 000 元，“应付账款——乙公司”明细账户贷方余额 5 000 元。“预付账款”账户月末贷方余额 30 000 元，其中，“预付账款——A 工厂”明细账户贷方余额 50 000 元，“预付账款——B 工厂”明细账户借方余额 20 000 元。该企业月末资产负债表中“应付账款”账户的金额为（　　）元。

A. 90 000　　B. 30 000　　C. 40 000　　D. 70 000

11. 资产负债表“货币资金”项目不包括（　　）账户的余额。

A. 库存现金　　B. 银行存款

C. 其他货币资金　　D. 交易性金融资产

12. 资产负债表中，直接根据总账账户填列的项目有（　　）。

A. 交易性金融资产、短期借款、应付职工薪酬、应交税费、实收资本、盈余公积

B. 交易性金融资产、应收账款、短期借款、应付职工薪酬、应交税费、实收资本、盈余公积

C. 交易性金融资产、短期借款、应付职工薪酬、应交税费、长期借款、实收资本、盈余公积

D. 交易性金融资产、存货、短期借款、应付账款、应交税费、实收资本、盈余公积

13. 可以提供企业某一日期的负债总额及其结构，表明企业未来需要用多少资产或劳务清偿债务以及清偿时间的报表是（　　）。

A. 资产负债表　　B. 利润表

C. 现金流量　　D. 利润分配表

14. 某企业期末流动资产余额2 388 692元，非流动资产余额5 361 000元，流动负债余额1 937 917元，非流动负债余额1 067 900元，该企业期末所有者权益为（　　）元。

A. 5 811 775　　B. 4 743 875　　C. 6 681 792　　D. 2 355 183

15. 下列各项中，不应列示在资产负债表中的流动资产部分的是（　　）。

A. 货币资金　　B. 应收账款

C. 预付账款　　D. 在建工程

16. 关于资产负债表的格式，下列说法不正确的是（　　）。

A. 资产负债表主要有账户式和报告式

B. 我国的资产负债表采用报告式

C. 账户式资产负债表分为左右两方，左方为资产，右方为负债和所有者权益

D. 负债和所有者权益按照求偿权的先后顺序排列

17. 在资产负债表中，资产是按照（　　）排列的。

A. 清偿时间的先后顺序　　B. 会计人员的填写习惯

C. 金额大小　　D. 流动性大小

二、多项选择题

1. 利润表可以提供不同时期收入、费用和利润的比较数字，这些比较数字应填入的栏次有（　　）。

A. 本期计划数　　B. 本期数　　C. 本年累计数　　D. 上年数

2. 利润表中的“营业成本”项目填列的依据有（　　）。

A. “营业外支出”发生额　　B. “主营业务成本”发生额

C. “其他业务成本”发生额　　D. “税金及附加”发生额

3. 下列资产负债表项目中，（　　）需要根据其明细科目余额计算填列。

A. 应收账款　　B. 应收票据　　C. 应付账款　　D. 货币资金

4. 某企业2020年12月31日应付生产工人薪酬5 000元，应付车间管理人员薪酬

6 000 元，应付厂部管理人员薪酬 3 500 元，则该企业 2020 年 12 月 31 日资产负债表中“应付职工薪酬”项目填列的金额不可能是（　　）。

A. 11 000 元　　B. 14 500 元　　C. 8 500 元　　D. 9 500 元

5. 资产负债表中，“预收款项”项目应根据（　　）总分类账户所属各明细分类账户期末贷方余额合计填列。

A. 预付账款　　B. 应收账款　　C. 应付账款　　D. 预收账款

6. 资产负债表中的“存货”项目反映的内容包括（　　）。

A. 发出商品　　B. 材料成本差异

C. 委托加工物资　　D. 生产成本

7. 下列各项中，（　　）列在资产负债表的左方。

A. 固定资产　　B. 无形资产

C. 长期股权投资　　D. 流动资产

8. （　　）是企业财务报表反映的内容。

A. 某一特定日期财务状况　　B. 某一会计期间经营成果

C. 某一会计期间成本水平　　D. 某一会计期间现金流量

9. 下列有关财务报表的表述中，正确的是（　　）。

A. 财务报表是指企业对外提供的反映企业某一特定日期财务状况和某一会计期间经营成果、现金流量等会计信息的文件

B. 企业财务报表可以为年度、半年度、季度或月度财务报表

C. 财务报表至少应当包括资产负债表、利润表、现金流量表、所有者权益变动表以及附注，即“四表一注”

D. 财务会计报告就是指财务报表

三、判断题

1. 利润表中的大部分项目都可以根据资产负债账户的发生额填列。（　　）

2. 资产负债表和利润表都是根据有关账户的本期发生额填列的。（　　）

3. 利润表可以帮助报表使用者分析企业某一特定日期的经营成果和利润的未来发展趋势。（　　）

4. 利润表是反映企业一定会计期间财务状况的报表。（　　）

5. 资产负债表各项的“期末数”，根据总账和有关明细账的期末余额直接填列。（　　）

6. 未弥补亏损在资产负债表的“未分配利润”项目内以“－”号填列。（　　）

7. 资产负债表中“应收账款”项目，应根据“应收账款”账户所属各明细账户的期末借方余额合计填列。如“预付账款”账户所属有关明细账户有借方余额的，也应包括在本项目内。（　　）

8. 企业的“库存商品”“原材料”“周转材料”账户期末如果有余额应该在资产负债表“存货”项目中反映。（　　）

9. 编制资产负债表的依据是“利润＝收入－费用”。（　　）

10. 账户式结构指的是资产负债表按上下顺序依次排列资产、负债及所有者权益项

目。（ ）

四、名词解释

1. 财务报表 2. 资产负债表 3. 利润表

五、问答题

1. 什么是财务报表？编制财务报表有何意义？
2. 编制财务报表有哪些要求？
3. 试述资产负债表的定义、结构及其作用。
4. 试述利润表的定义、结构和编制方法。

会计职业实践能力训练

业务题一

一、目的

练习资产负债表和利润表的编制。

二、资料

1. 某企业2020年6月底各账户期末余额见表7-7：

表7-7 某企业2020年6月底各账户期末余额 单位：元

账户名称	借方余额	账户名称	贷方余额
现金	350	短期借款	41 000
银行存款	76 700	应付账款	4 050
应收账款	7 000	其他应付款	8 700
其他应收款	750	应付职工薪酬	7 000
原材料	349 800	应付票据	4 100
生产成本	36 000	应交税费	39 670
库存商品	50 400	累计折旧	230 500
长期股权投资	7 500	本年利润	158 765
固定资产	628 500	实收资本	721 000
利润分配	95 785	盈余公积	38 000
合计	1 252 785	合计	1 252 785

2. 相关明细资料如下：

各损益账户累计余额：主营业务收入1 144 900元，主营业务成本944 280元，税金及附加64 320元，销售费用14 600元，其他业务收入35 000元，其他业务成本35 000元，营业外收入800元，营业外支出5 000元，管理费用20 800元，财务费用6 200元。

三、要求

1. 根据资料1、2，编制资产负债表。
2. 根据资料1、2，编制利润表。

业务题二

一、目的

练习资产负债表的编制。

二、资料

1. 已知天阳公司2020年初总资产比年末总资产少100 000元，年末流动资产是年末流动负债的3倍。2020年末的资产负债表见表7-8：

表7-8 资产负债表（简表）

制表单位：天阳公司　　2020年12月31日　　单位：元

资　产	年初数	年末数	负债及所有者权益	年初数	年末数
流动资产：			流动负债：		
货币资金	52 500	47 200	短期借款	20 000	50 000
应收账款	26 500	83 500	应付账款	22 500	65 500
其他应收款	1 000	1 500	应交税费	9 500	6 500
存货	266 000	233 800	流动负债合计	52 000	（　　）
流动资产合计	346 000	366 000	非流动负债：		
非流动资产：			长期借款	180 000	200 000
固定资产	204 000	（　　）	所有者权益：		
			实收资本	300 000	300 000
			盈余公积	18 000	（　　）
			所有者权益合计	318 000	（　　）
资产总计	550 000		负债及所有者权益总计	550 000	（　　）

三、要求

请填写上表括号中的数据。

业务题三

一、目的

练习利润表的编制。

二、资料

天阳公司所得税税率为25%。该公司2020年1—11月各损益类账户的累计发生额和12月底转账前各损益类账户的发生额见表7-9。

表7-9 天阳公司2020年1—11月各损益类账户累计发生额　　单位：元

账户名称	12月发生额		1月至11月累计发生额	
	借方	贷方	借方	贷方
主营业务收入		252 500	2 800 000	5 000 000
主营业务成本	2 600		10 000	

续前表

账户名称	12月发生额		1月至11月累计发生额	
	借方	贷方	借方	贷方
销售费用	1 000		29 000	
税金及附加	7 500		32 500	
其他业务成本	2 000		11 000	
营业外支出	3 000		30 000	
财务费用	4 400		50 000	
管理费用	3 000			
其他业务收入		20 000		
营业外收入		2 500		
投资收益				

三、要求

天阳公司2020年度利润表的下列报表项目金额为：

（1）营业收入（　　　　）元；（2）营业成本（　　　　）元；（3）营业利润（　　　　）元；（4）利润总额（　　　　）元；（5）净利润（　　　　）元。

项目八　选择账务处理程序与管理会计档案

项目导航

日常登记总账工作的主要任务是结合企业具体的账务处理程序，选用不同的方法登记总账。各单位每年形成的凭证、账簿、报表等会计档案，要按照《会计档案管理办法》的规定整理与保管。整理与保管会计档案是会计工作最终环节的主要职业活动。

职业能力目标

知识目标： 分析企业经济业务活动，选择适合本企业的会计核算程序，掌握记账凭证、汇总记账凭证、科目汇总表三种账务处理程序；理解会计档案整理与保管的相关规定。

技能目标： 能够熟练地编制记账凭证，并登记总分类账；能够熟练地编制汇总记账凭证，并登记总分类账；能够熟练地编制科目汇总表，并登记总分类账；能够规范整理与保管会计档案。

素质目标： 培养一丝不苟、规范操作的职业素养。

任务一　选择账务处理程序

任务引领

日常登记总账工作的主要任务是结合企业具体的账务处理程序，选用不同的方法登记总账。可以根据审核无误的记账凭证逐笔登记总账，也可以将一定时期的记账凭证先编制成科目汇总表或汇总记账凭证，再汇总登记总账，并保证账簿登记的规范性和正确性。

任务要求

要完成账簿和报表的编制工作，必须掌握不同账务处理程序的特点、流程。

知识准备

一、账务处理程序的概念和意义

账务处理程序，又称会计核算程序或会计核算形式，是指对会计数据的记录、归类、汇总、陈报的步骤和方法，即从原始凭证的整理、汇总，记账凭证的填制、汇总，日记账、分类账的登记，到会计报表编制的步骤和方法。

在会计工作中，不仅要了解会计凭证的填制、账簿的设置和登记，以及会计报表的编制，还必须明确规定各会计凭证、会计账簿和会计报表之间的关系，使之构成一个有机整体。而不同的账簿组织、记账程序和记账方法的有机结合，就构成了不同的账务处理程序。

一个经济单位由于业务性质、规模大小和经济业务的繁简程度各异，决定了其适用的账务处理程序也不同。为此，科学地组织账务处理程序，对提高会计核算质量和会计工作效率，充分发挥会计的核算和监督职能，具有重要意义。

账务处理程序是做好会计工作的一个重要前提。合理、科学的账务处理程序，不但可以提高会计工作的效率，也能保证会计工作的质量。建立合理的账务处理程序，一般应符合以下四项基本要求：

（1）要与本单位的业务性质、规模和业务的繁简程度相适应。

（2）要能够及时、正确、系统和全面的提供必需的核算资料，满足经营管理的需要。

（3）要在保证核算资料正确、完整的前提下，力求简化核算，提高核算工作的效率，并为逐步采用现代化的核算工具提供条件。

（4）要有利于建立会计工作的岗位责任制，有利于会计人员的分工和协作。

二、账务处理程序的分类

由于会计凭证、会计账簿和财务报表之间的结合方式不同，就形成了不同的账务处理程序，不同的账务处理程序采用不同的方法，具有不同的特点和适用范围。目前，我国各经济单位常用的账务处理程序主要有：记账凭证账务处理程序、科目汇总表账务处理程序、汇总记账凭证账务处理程序等。

不同账务处理程序的主要区别就在于登记总分类账的依据和方法不同。以上三种账务处理程序既有共同点，又有各自的特点。其中，记账凭证账务处理程序是最基本的一种，其他账务处理程序都是由此发展、演变而来的。在实际工作中，各经济单位可根据实际需要选择其中一种账务处理程序，也可将多种账务处理程序的优点结合起来使用，以满足本单位经营管理的需要。

三、记账凭证账务处理程序

（一）记账凭证账务处理程序的设计要求

记账凭证账务处理程序是指对发生的经济业务事项，都要根据原始凭证或汇总原始凭证编制记账凭证，然后直接根据记账凭证逐笔登记总分类账的一种账务处理程序。

在记账凭证账务处理程序下，应当设置现金日记账、银行存款日记账、明细分类账和总分类账。日记账和总分类账一般采用三栏式；明细分类账可以根据需要采用三栏式、数量金额式或多栏式；记账凭证一般使用收款凭证、付款凭证和转账凭证三种格式，也可采用通用记账凭证格式。

（二）记账凭证账务处理程序的基本内容

记账凭证账务处理程序的基本内容见图 8－1。

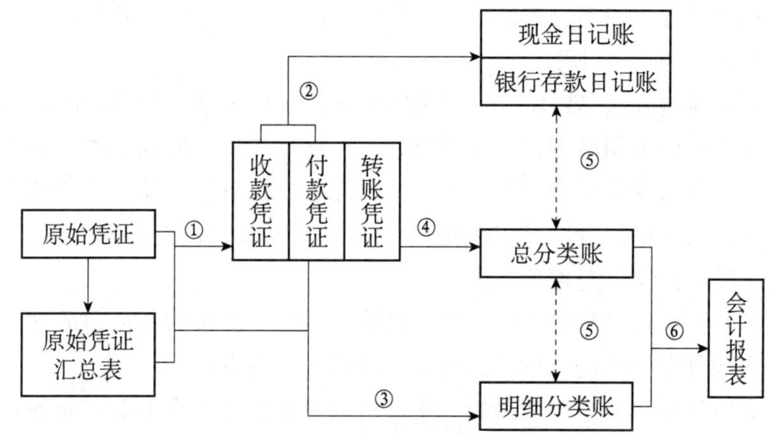

图 8－1　记账凭证账务处理程序

（1）根据原始凭证或原始凭证汇总表填制记账凭证；

（2）根据记账凭证逐笔登记现金日记账和银行存款日记账；

（3）根据原始凭证、原始凭证汇总表或记账凭证逐笔登记各种明细分类账；

（4）根据记账凭证逐笔登记总分类账；

（5）期末，将现金日记账、银行存款日记账的余额，以及各种明细分类账的余额合计数，分别与总分类账中相关账户的余额核对相符；

（6）期末，根据核对无误的总分类账和明细分类账的相关资料，编制会计报表。

（三）记账凭证账务处理程序的特点、优缺点及适用范围

（1）特点：直接根据记账凭证逐笔登记总账，是最基本的账务处理程序。可以使用的记账凭证格式：收款凭证、付款凭证、转账凭证或通用记账凭证。

（2）优点：一是该程序下会计凭证和账簿格式以及账务处理程序简单明了，易于理解和运用；二是由于总分类账是直接根据各种记账凭证逐笔登记的，因此总分类账能比较详细和具体地反映各项经济业务，便于查账。

（3）缺点：存在重复劳动，它将记账凭证同时登记了两次，一次是过入明细账，一次是过入总账，因此，在过账上有两倍工作量，甚至可能过错明细账或总账。

（4）适用范围：一般适用于规模较小、业务量较少的单位。

四、科目汇总表账务处理程序

（一）科目汇总表账务处理程序的设计要求

在科目汇总表账务处理程序下，要求定期将记账凭证按会计科目编制成科目汇总表，然后根据科目汇总表登记总分类账，并定期编制会计报表的一种账务处理程序。

采用科目汇总表账务处理程序时，其账簿设置、各种账簿的格式以及记账凭证的种类和格式基本上与记账凭证账务处理程序相同。但应增设科目汇总表，作为登记总分类账的依据。

（二）科目汇总表的填制方法

科目汇总表，又称记账凭证汇总表，是根据收款凭证、付款凭证和转账凭证或通用记账凭证，按照相同的账户归类，定期汇总计算每一账户的借方发生额和贷方发生额所编制的汇总表，其格式如表8-1所示。

科目汇总表的编制方法是：将一定时期内的全部记账凭证按照相同的科目归类，汇总计算出每一总账科目的本期借方发生额和贷方发生额合计数，填入表内，全部科目的借方发生额合计数应与贷方发生额合计数相等。对现金账户和银行存款账户的借方发生额和贷方发生额，也可以直接根据现金日记账和银行存款日记账的收支合计数填列，而不再根据收款凭证和付款凭证归类汇总填列。

根据科目汇总表登记总分类账时，只需将该表中汇总起来的各科目的本期借、贷方发生额合计数分次或月末一次记入相应总分类账的借方或贷方即可。

科目汇总表可以每月汇总一次编制一张，也可视业务量大小汇总，业务量较多的企业可以每10天或每旬汇总一次，业务量较少的可以半个月或一个月汇总一次。每次汇总都应注明汇总记账凭证的起讫字号，以便检查。编制科目汇总表时，只对各个会计科目的发生额进行汇总，而不包括余额。

表8-1 **汇总收款凭证**

借方科目： 年 月 汇收 号

贷方科目	金额				总账 页数	
	（1）	（2）	（3）	合计	借方	贷方
合计						
附件	（1）自______日至______日______凭证 共______张 （2）自______日至______日______凭证 共______张 （3）自______日至______日______凭证 共______张					

(三) 科目汇总表账务处理程序的基本内容

科目汇总表账务处理程序的基本内容见图 8-2:

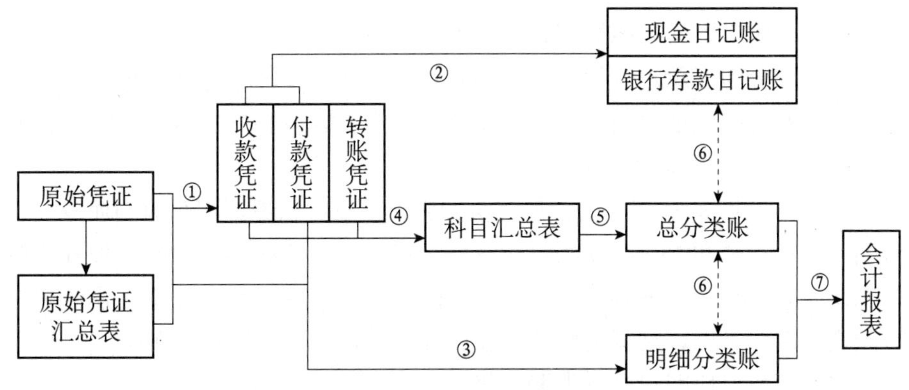

图 8-2 科目汇总表账务处理程序

(1) 根据原始凭证或原始凭证汇总表填制记账凭证;

(2) 根据记账凭证逐笔登记现金日记账和银行存款日记账;

(3) 根据原始凭证、原始凭证汇总表或记账凭证登记各种明细分类账;

(4) 根据记账凭证定期编制科目汇总表;

(5) 月末,根据编制的科目汇总表登记总分类账;

(6) 月末,将现金日记账、银行存款日记账的余额,以及各种明细分类账的余额合计数,分别与总分类账中相关账户的余额核对相符;

(7) 月末,根据核对无误的总分类账和明细分类账的相关资料,编制会计报表。

(四) 科目汇总表账务处理程序的特点、优缺点及适用范围

(1) 特点:定期编制科目汇总表,并根据科目汇总表登记总账。可以采用收款凭证、付款凭证、转账凭证或通用记账凭证。

(2) 优点:根据科目汇总表登记总账,可以简化总分类账的登记工作,减轻登记总分类账的工作量,并可做到试算平衡,便于及时发现差错,从而保证记账工作的质量。

(3) 缺点:由于科目汇总表和总分类账中都不能反映账户对应关系,因而不便于查对账目和分析经济业务的来龙去脉。

(4) 适用范围:一般适用于规模较大、经济业务量较多的单位。

五、汇总记账凭证账务处理程序

(一) 汇总记账凭证账务处理程序的设计要求

汇总记账凭证是一种累积汇总的记账凭证,是对日常会计核算过程中所填制的专用记账凭证,按照凭证的种类分别定期(一般为每隔 5 天或 10 天)进行汇总填制形成的。

汇总记账凭证账务处理程序区别于其他账务处理程序的主要特点是:定期将记账凭证分类编制汇总记账凭证,然后根据汇总记账凭证登记总分类账,并定期编制会计报表的一种账务处理程序,它是在记账凭证核算程序的基础上发展而来的。

采用汇总记账凭证账务处理程序时,其账簿设置、各种账簿的格式以及记账凭证的种

类和格式基本上与记账凭证账务处理程序相同。但应增设汇总记账凭证、汇总收款凭证和汇总转账凭证，以作为登记总分类账的依据。另外，总分类账的账页格式必须增设“对应账户”栏。

（二）汇总记账凭证及其编制方法

汇总记账凭证分为汇总收款凭证、汇总付款凭证和汇总转账凭证三种。它是根据收款凭证、付款凭证和转账凭证定期汇总编制而成，间隔天数视业务量多少而定，一般5天或10天汇总填制一次，每月编制一张。

汇总收款凭证（见表8-2）是根据现金和银行存款收款凭证汇总编制而成的，它汇总了一定时期内库存现金和银行存款的收款业务。编制时，汇总收款凭证应按日常核算工作中填制的专用收款凭证中“库存现金”“银行存款”的借方科目来设置，并按对应的贷方科目进行归类汇总。月末，结算出汇总收款凭证的合计数，分别记入现金、银行存款总分类账的借方以及其各对应账户总分类账的贷方。

表8-2 汇总收款凭证

借方科目：　　　　年　　月　　　　汇收　号

贷方科目	金额				总账　页数	
	(1)	(2)	(3)	合计	借方	贷方
合计						
附件	(1) 自______日至______日______凭证　共______张 (2) 自______日至______日______凭证　共______张 (3) 自______日至______日______凭证　共______张					

知识拓展

汇总收款凭证的编制技巧

为了便于编制汇总收款凭证，平时填制收款凭证时，会计分录的形式最好是“一借一贷”“一借多贷”，不宜“一贷多借”或“多借多贷”。这样，可以避免收款凭证在汇总过程中由于多次重复使用而产生汇总错误，或造成会计账户之间的对应关系变得模糊不清。

汇总付款凭证（见表8-3）是根据现金和银行存款付款凭证汇总编制而成的，它汇总了一定时期内库存现金和银行存款的付款业务。编制时，汇总付款凭证应根据日常核算工作中填制的现金和银行存款付款凭证，分别按“现金”“银行存款”的贷方科目来设置，并按对应借方的科目进行归类汇总。月末，结算出汇总付款凭证的合计数，分别记入现金、银行存款总分类账的贷方以及其各对应账户总分类账的借方。

表 8－3 **汇总付款凭证**

贷方科目： 年 月 汇付 号

借方科目	金额				总账 页数	
	(1)	(2)	(3)	合计	借方	贷方
合计						
附件	(1) 自____日至____日____凭证 共____张 (2) 自____日至____日____凭证 共____张 (3) 自____日至____日____凭证 共____张					

在填制时，若现金和银行存款之间存在相互划转业务，则应按付款凭证进行汇总，以免重复。如将现金存入银行的业务，只须根据现金付款凭证汇总，银行存款收款凭证就不再汇总。

汇总转账凭证是根据转账凭证汇总编制而成的，用来汇总一定时期内转账凭证的一种汇总记账凭证。编制时，汇总转账凭证应根据日常核算工作中所填制的转账凭证中有关账户的贷方科目（如原材料、库存商品）设置，并按对应借方科目进行归类汇总（见表 8－4）。月末，结算出汇总转账凭证的合计数，分别记入该汇总转账凭证所开设的应贷账户总分类账的贷方，及其各对应账户总分类账的借方。

表 8－4 **汇总转账凭证**

贷方科目： 年 月 汇转 号

借方科目	金额				总账 页数	
	(1)	(2)	(3)	合计	借方	贷方
合计						
附件	(1) 自____日至____日____凭证 共____张 (2) 自____日至____日____凭证 共____张 (3) 自____日至____日____凭证 共____张					

知识拓展

汇总转账凭证的编制技巧

为了便于汇总转账凭证的编制，在平时编制转账凭证时，应使账户的对应关系保持一个贷方账户与一个或几个借方账户相对应，尽量避免一个借方账户或几个借方账户与几个贷方账户相对应。即编制的会计分录应为“一借一贷”或“一贷多借”。尽量避免“一借多贷”“多借多贷”的会计分录，否则会给汇总转账凭证的编制带来不便。

（三）汇总记账凭证账务处理程序的基本内容

汇总记账凭证账务处理程序的基本内容见图 8－3：

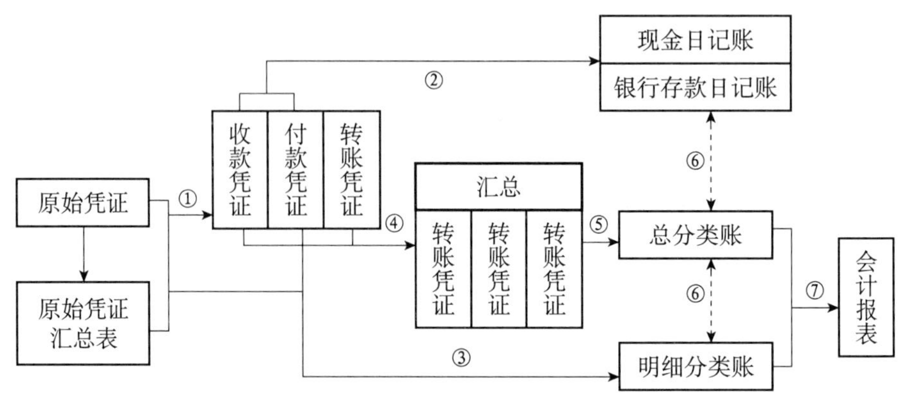

图 8－3　汇总记账凭证账务处理程序

（1）根据原始凭证或原始凭证汇总表填制记账凭证；

（2）根据记账凭证逐笔登记现金日记账和银行存款日记账；

（3）根据原始凭证、原始凭证汇总表或记账凭证登记各种明细分类账；

（4）根据记账凭证定期编制各种汇总记账凭证；

（5）月末，根据编制的汇总记账凭证登记总分类账；

（6）月末，将现金日记账、银行存款日记账的余额，以及各种明细分类账的余额合计数，分别与总分类账中相关账户的余额核对相符；

（7）月末，根据核对无误的总分类账和明细分类账的相关资料，编制会计报表。

（四）汇总记账凭证账务处理程序的特点、优缺点及适用范围

（1）特点：定期编制汇总收款凭证、汇总付款凭证和汇总转账凭证，再根据汇总记账凭证登记总分类账。可以使用的记账凭证格式：收款凭证、付款凭证、转账凭证或通用记账凭证。汇总记账凭证包括：汇总收款凭证、汇总付款凭证、汇总转账凭证。

（2）优点：在汇总记账凭证核算程序下，利用汇总记账凭证，将许多记账凭证汇总起来，月末一次记入总分类账，减轻了登记总分类账的工作量；并且账户的对应关系清晰明了，明确地反映经济业务的来龙去脉，便于查账和对账。

（3）缺点：由于这种账务处理程序的汇总转账凭证，是按每一账户的贷方而不是按业务的性质设置归类汇总的，因而不利于会计工作的合理分工；并且要增加一道填制汇总记账凭证的手续，工作量较大。

（4）适用范围：一般适用于规模较大、经济业务量较多的单位。

典型任务操作示范

【典型任务】 现以柯鲁丝公司 2020 年 12 月经济业务为例，说明科目汇总表账务处理程序下各种记账凭证和科目汇总表的填制方法，日记账、明细分类账及总分类账的登记方法，以及核对账目后报表的编制方法。

1. 资料

柯鲁丝公司2020年11月底各项资料及12月发生经济业务如下：

柯鲁丝公司2020年各账户年初数和11月底余额见表8-5：

表8-5　　**柯鲁丝公司2020年各账户年初数和11月底余额**　　单位：元

账户名称	年初数	期末数	账户名称	年初数	期末数
库存现金	2 000	2 688	短期借款	60 000	60 000
银行存款	46 800	58 800	应付账款	11 900	17 600
应收票据	4 100	19 600	预提费用	1 000	2 500
应收账款	16 000	15 800	应付票据	10 000	20 000
预付账款	20 000	20 000	应付职工薪酬	3 500	4 500
库存商品	35 400	47 900	应交税费	4 799	1 700
原 材 料	40 000	36 000	实收资本	199 000	199 000
待摊费用	7 200	1 200	资本公积	10 997	13 744
固定资产	197 920	197 920	盈余公积	3 924	5 277
累计折旧		65 000	利润分配	4 100	
无形资产	60 200	17 000	本年利润		27 587
合　计	429 690	481 908	合　计	309 220	351 908

其中：

(1) 期末“库存商品”包括：

A产品　240件　单价136元/件　计32 640元

B产品　200件　单价76.30元/件　计15 260元

(2) 期末“原材料”包括：

甲材料　192吨　单价125元/吨　计24 000元

乙材料　240千克　单价50元/千克　计12 000元

(3) 期末“应收票据”为：

易通公司　19 600元

(4) 期末“应收账款”包括：

金龙公司账款　10 000元

华新公司账款　5 800元

(5) 期末“预付账款”为：

预付给东方公司　20 000元

(6) 期末“应付账款”为：

应付宏达公司　17 600元

(7) 其他各账户不分明细科目。

11月利润表见表8-6：

表 8-6 利润表

会企 02 表

编报单位：绍兴柯鲁丝纺织品有限公司 2020 年 11 月 单位：元

项　　目	本月数	本年累计数
一、营业收入	99 420	847 435
减：营业成本	47 000	510 100
税金及附加	16 620	165 200
销售费用	6 800	8 960
管理费用	5 800	89 600
财务费用	1 600	17 200
资产减值损失		
加：公允价值变动净收益		
投资净收益		
二、营业利润	21 600	56 375
加：营业外收入	800	2 500
减：营业外支出	320	17 700
三、利润总额	22 080	41 175
减：所得税费用	7 286	13 588
四、净利润	14 794	27 587
五、每股收益		
（一）基本每股收益		
（二）稀释每股收益		

12 月发生如下经济业务：

（1）1 日，向宏达公司购入甲材料 300 吨，单价 120 元，计 36 000 元，增值税进项税额为 4 680 元，款项未付。

（2）2 日，职工张某出差借支 800 元，以现金支付。

（3）2 日，以银行存款 1 500 元支付甲材料运费。

（4）3 日，甲材料 300 吨按实际成本验收入库。

（5）3 日，开出转账支票，支付上月应缴纳的税费 1 600 元。

（6）3 日，易通公司的应收票据 19 600 元到期，已通过银行收款。

（7）4 日，向万远材料厂购入乙材料 300 千克，单价 50 元，计 15 000 元，增值税进项税额为 1 950 元，价款以银行存款支付，材料按实际成本入账。

（8）4 日，销售给华新公司 A 产品 150 件，单价 300 元，计 45 000 元，销项税金 5 850 元，款项未收。

（9）5 日，收到华新公司前欠货款 5 800 元，已存银行。

（10）6 日，生产领用甲材料 200 吨，共计 25 000 元。其中，生产 A 产品领用 150 吨，金额为 18 750 元；生产 B 产品领用 50 吨，金额为 6 250 元。

（11）7日，生产领用乙材料216千克，共计10 800元。其中100千克用于生产A产品，金额为5 000元；80千克用于生产B产品，金额为4 000元；车间领用乙材料36千克，金额为1 800元。

（12）8日，以银行存款偿付宏达公司账款17 600元。

（13）9日，张某出差回来，报销差旅费750元，交回余款50元。

（14）10日，职工李某报销住院医药费1 900元，以现金支付。

（15）10日，从银行提取现金2 000元备用。

（16）13日，销售给金龙公司B产品100件，价款20 000元，销项税金2 600元，收到对方3个月银行承兑汇票一张。

（17）14日，接银行收款通知，收到金龙公司偿还前欠货款6 000元。

（18）15日，以银行存款支付前欠宏达公司购货款20 000元。

（19）17日，以现金支付行政办公用品费800元。

（20）19日，以银行存款支付销售B产品运费1 000元。

（21）20日，收到华新公司货款30 000元，已存银行。

（22）24日，东方公司发来甲材料100吨，单价125元，价款12 500元，增值税进项税为1 625元，材料已验收入库，材料款已预付。

（23）24日，销售给金龙公司A产品150件，单价300元，计45 000元，增值税销项税5 850元，款项已存银行。

（24）25日，出售乙材料100千克，单价70元，价值7 000元，应交增值税率13%，计910元。款已收到，存入银行。

（25）25日，结转出售乙材料的实际成本5 000元。

（26）27日，以银行存款支付本月水电费1 000元，其中生产耗用800元，行政管理部门耗用200元。

（27）27日，以现金支付罚款1 500元。

（28）29日，计算本月应付工资22 500元，其中，A产品工人工资9 800元，B产品工人工资6 200元，车间管理人员工资3 000元，行政管理人员工资3 500元。

（29）29日，提取本月固定资产折旧费4 800元，其中，生产用固定资产折旧费4 000元，管理用固定资产800元。

（30）29日，从银行提取金22 500元，以备发工资。

（31）30日，发放本月职工工资22 500元。

（32）30日，以银行存款支付第四季度借款利息900元，其中已预提600元。

（33）31日，按生产人员工资比例结转本月制造费用9 600元。

（34）31日，结转完工产品成本，其中，A产品200件，制造成本27 200元；B产品150件，制造成本11 445元。

（35）31日，按主营业务收入的5%计提教育费附加7 000元。

（36）31日，结转已销产品销售成本48 430元，其中，A产品销售成本40 800元，B产品销售成本7 630元。

（37）31日，结转本月损益类科目。

（38）31日，按本月利润总额的33%计算本月应缴纳的所得税并结转。

(39) 31日，按本月税后利润的15%计提盈余公积。

(40) 31日，结转1—12月本年利润。

2. 要求

(1) 根据上述业务编制12月相关记账凭证，记账凭证采用收、付、转三种，按三类编号法顺序编号。

(2) 登记“现金”和“银行存款”日记账。

(3) 登记“应收账款”“预付账款”“其他应收款”“原材料”“生产成本”“库存商品”“管理费用”和“应付账款”明细账。月末要求只做月结，年结省略。

(4) 按照上、中、下旬编制科目汇总表。

(5) 根据科目汇总表登记总分类账，并编制总分类账户本期发生额及余额试算平衡表。

3. 工作过程

(1) 根据柯鲁丝公司12月的经济业务填制记账凭证，为简便起见，以12月1—10日的业务为例，并以表格形式列出会计分录代替记账凭证（见表8-7）。

表8-7　　柯鲁丝公司2020年12月会计分录

2020年		记账凭证号数	摘要	账户名称		金额	
月	日			总账账户	明细账户	借方	贷方
12	1	转账501号	购入甲材料300吨，款未付	物资采购 应交税费 应付账款	甲材料 应交增值税 宏达公司	36 000 4 680	 40 680
	2	现付201号	张某出差借支	其他应收款 现金	张某	800	 800
	2	银付401号	支付甲材料运费	物资采购 银行存款	甲材料	1 500	 1 500
	3	转账502号	甲材料300吨验收入库	原材料 物资采购	甲材料 甲材料	36 000	 36 000
	3	银付402号	支付上月应交税费	应交税费 银行存款		1 600	 1 600
	3	银收301号	应收票据到期，收到款项	银行存款 应收票据		19 600	 19 600
	4	银付403号1/2	购入乙材料300千克	物资采购 应交税费 银行存款	乙材料 应交增值税	15 000 1 950	 16 950
	4	银付403号2/2	乙材料验收入库	原材料 物资采购	乙材料 乙材料	15 000	 15 000
	4	转账503号	销售A产品150件，款未收	应收账款 主营业务收入 应交税费	华新公司 应交增值税	 50 850	 45 000 5 850
	5	银收302号	收到华新公司前欠货款	银行存款 应收账款	 华新公司	5 800	 5 800
	6	转账504号	领用甲材料200吨其中：A产品150吨，B产品50吨	生产成本 原材料	A产品 B产品 甲材料	18 750 6 250	 25 000

续前表

2020年		记账凭证号数	摘要	账户名称		金额	
月	日			总账账户	明细账户	借方	贷方
12	7	转账505号	领用乙材料216千克其中：A产品100千克，B产品80千克，车间36千克	生产成本 制造费用 原材料	A产品 B产品 乙材料	5 000 4 000 1 800	 10 800
	8	银付404号	支付宏达公司账款	应付账款 银行存款	宏达公司	17 600	 17 600
	9	现收101号	张某报销差旅费，交回余款	现金 管理费用 其他应收款	 张某	50 750	 800
	10	现付202号	李某报销医药费	应付福利费 现金		1 900	 1 900
	10	银付405号	提取现金	现金 银行存款		2 000	 2 000

（2）根据审核无误的收款凭证、付款凭证逐日逐笔登记库存现金日记账（见表8-8）和银行存款日记账（见表8-9）。

表8-8　库存现金日记账

2020年		凭证		摘要	对方科目	借方	贷方	余额
月	日	字	号					
12	1			期初余额				2 688
	2	现付	201	张某出差借支	其他应收款		800	1 888
	9	现收	101	张某交回出差余款	其他应收款	50		1 938
	10	现付	202	付职工医药费	应付福利费		1 900	38
	10	银付	405	提取现金	银行存款	2 000		2 038
				本月合计				

表8-9　银行存款日记账

2020年		凭证		摘要	对方科目	借方	贷方	余额
月	日	字	号					
12	1			期初余额				58 800
	2	银付	401	付甲材料运费	物资采购		1 500	57 300
	3	银付	402	付上月税款	应交税费		1 600	55 700
	3	银收	301	收票据款	应收票据	19 600		75 300
	4	银付	403	付乙材料款	物资采购		16 950	58 350
	5	银收	302	收华新公司款	应收账款	5 800		64 150
	8	银付	404	付宏达公司款	应付账款		17 600	46 550
	10	银付	405	提取现金	现金		2 000	44 550
				本月合计				

（3）根据记账凭证、原始凭证和原始凭证汇总表登记相关明细账。在实际工作中，各单位常根据实际需要对有关总账账户设置明细分类账。如对“管理费用”“销售费用”等

费用类账户需按费用项目设置明细分类账；对“应收账款”“应付账款”等账户需按对应单位设置明细分类账。本案例限于篇幅，只列示部分明细账（见表8-10至表8-13）。

表8-10 **原材料明细账**

材料编号：01 计量单位：吨
材料类别： 最高存量：
材料名称及规格：甲材料 最低存量：

2020年		凭证号数	摘　要	收　入			发　出			结　存		
月	日			数量	单价	金额	数量	单价	金额	数量	单价	金额
12	1		期初余额							192	120	23 040
	6	转账502	购入	300	120	36 000				492	120	59 040
	…											
			本月合计									

表8-11 **原材料明细账**

材料编号：02 计量单位：千克
材料类别： 最高存量：
材料名称及规格：乙材料 最低存量：

2020年		凭证号数	摘　要	收　入			发　出			结　存		
月	日			数量	单价	金额	数量	单价	金额	数量	单价	金额
12	1		期初余额							240	50	12 000
	4	银付403	购入	300	50	15 000				540	50	27 000
	7	转账505	领用生产				216	50	10 800	324	50	16 200
	…											
			本月合计									

表8-12 **生产成本明细账**

产品品种：A产品

2020年		凭证号数	摘要	借　方			
月	日			直接材料	直接人工	制造费用	合计
12	6	转账504	耗用甲材料	18 750			18 750
	7	转账505	耗用乙材料	5 000			5 000
	…						
	31		结转完工产品成本				
			本月合计				

表8-13 **生产成本明细账**

产品品种：B产品

2020年		凭证号数	摘要	借　方			
月	日			直接材料	直接人工	制造费用	合计
12	6	转账504	耗用甲材料	6 250			6 250
	7	转账505	耗用乙材料	4 000			4 000
	…						
	31		结转完工产品成本				
			本月合计				

（4）根据记账凭证定期编制科目汇总表，该公司按旬编制一张科目汇总表，汇总结果应显示借、贷方发生额相等，其格式与结果见表8-14。

表8-14　　**柯鲁丝公司科目汇总表**

2020年12月1日至10日　　科汇字第1号

会计科目	1—10日发生额	
	借方	贷方
库存现金	2 050	2 700
银行存款	25 400	40 100
应收账款	52 200	5 800
其他应收款	800	800
应收票据		19 600
物资采购	52 500	51 000
原材料	51 000	35 800
生产成本	34 000	
制造费用	1 800	
应付账款	17 600	41 760
应付职工薪酬	1 900	
应交税费	9 760	7 200
主营业务收入		45 000
管理费用	750	
合　计	249 760	249 760

（5）根据编制的科目汇总表登记总分类账。月末，根据所编制的科目汇总表，登记各有关总分类账，结果见表8-15至表8-28。

表8-15　　**总分类账**

会计科目：库存现金

2020年		凭证号数	摘　要	借　方	贷　方	借或贷	余　额
月	日						
12	1		期初余额			借	2 688
	10		1—10日发生额	2 050	2 700	借	2 038
	…						
			本月合计				

表8-16　　**总分类账**

会计科目：银行存款

2020年		凭证号数	摘　要	借　方	贷　方	借或贷	余　额
月	日						
12	1		期初余额			借	58 800
	10		1—10日发生额	25 400	40 100	借	44 100
	…						
			本月合计				

表 8-17　　总分类账

会计科目：应收票据

2020年		凭证号数	摘　要	借　方	贷　方	借或贷	余　额
月	日						
12	1		期初余额			借	19 600
	10		1—10日发生额		19 600	借	0
	…						
			本月合计				

表 8-18　　总分类账

会计科目：应收账款

2020年		凭证号数	摘　要	借　方	贷　方	借或贷	余　额
月	日						
12	1		期初余额			借	15 800
	10		1—10日发生额	52 200	5 800	借	62 200
	…						
			本月合计				

表 8-19　　总分类账

会计科目：其他应收款

2020年		凭证号数	摘　要	借　方	贷　方	借或贷	余　额
月	日						
12	1		期初余额			借	0
	10		1—10日发生额	800	800	借	0
	…						
			本月合计				

表 8-20　　总分类账

会计科目：原 材 料

2020年		凭证号数	摘　要	借　方	贷　方	借或贷	余　额
月	日						
12	1		期初余额			借	36 000
	10		1—10日发生额	51 000	35 800	借	51 200
	…						
			本月合计				

表 8-21　　总分类账

会计科目：物资采购

2020年		凭证号数	摘　要	借　方	贷　方	借或贷	余　额
月	日						
12	1		期初余额			借	0
	10		1—10日发生额	52 500	51 000	借	1 500
	…						
			本月合计				

表 8-22　　总分类账

会计科目：应付账款

2020 年		凭证号数	摘　要	借　方	贷　方	借或贷	余　额
月	日						
12	1		期初余额			贷	66 280
	10		1—10 日发生额	17 600	41 760	贷	42 120
	…						
			本月合计				

表 8-23　　总分类账

会计科目：应付职工薪酬

2020 年		凭证号数	摘　要	借　方	贷　方	借或贷	余　额
月	日						
12	1		期初余额			贷	4 500
	10		1—10 日发生额	1 900		贷	2 600
	…						
			本月合计				

表 8-24　　总分类账

会计科目：应交税费

2020 年		凭证号数	摘　要	借　方	贷　方	借或贷	余　额
月	日						
12	1		期初余额			贷	1 600
	10		1—10 日发生额	9 760	7 200	借	960
	…						
			本月合计				

表 8-25　　总分类账

会计科目：生产成本

2020 年		凭证号数	摘　要	借　方	贷　方	借或贷	余　额
月	日						
12	1		期初余额			借	0
	10		1—10 日发生额	34 000		借	34 000
	…						
			本月合计				

表 8-26　　总分类账

会计科目：制造费用

2020 年		凭证号数	摘　要	借　方	贷　方	借或贷	余　额
月	日						
12	1		期初余额			借	0
	10		1—10 日发生额	1 800		借	1 800
	…						
			本月合计				

表8-27 **总分类账**

会计科目：主营业务收入

2020年		凭证号数	摘　要	借　方	贷　方	借或贷	余　额
月	日						
12	1		期初余额			贷	0
	10		1—10日发生额		45 000	贷	45 000
	…						
			本月合计				

表8-28 **总分类账**

会计科目：管理费用

2020年		凭证号数	摘　要	借　方	贷　方	借或贷	余　额
月	日						
12	1		期初余额			借	0
	10		1—10日发生额	750		借	750
	…						
			本月合计				

任务实施

仿照以上操作，自己动手，根据柯鲁丝公司2020年12月经济业务完成中旬和下旬的工作要求，编制科目汇总表，根据科目汇总表登记总账。

任务二　管理会计档案

任务引领

每个会计年度结束，对本年度形成的凭证、账簿、报表等会计档案，按照《会计档案管理办法》的规定进行整理与保管。

任务要求

要完成整理与保管会计档案的任务，必须熟悉会计档案整理与保管的要求，掌握会计档案整理与保管的方法。

知识准备

一、会计档案的内容

会计档案是指会计凭证、会计账簿和财务会计报告以及其他会计资料等会计核算的专业材料。它是记录和反映经济业务的重要历史资料和证据，是经济决策者进行经济决策所需要依据的重要资料，同时也是进行会计检查的重要资料。因此，各单位的会计部门对会计档案必须高度重视，严加保管。大中型企业应建立会计档案室，小型企业应设立会计档案柜并指定专人负责。对会计档案应建立严密的保管制度，妥善保管，不得丢失、损坏、抽换或任意销毁。

会计档案的内容是指会计档案的范围，具体包括会计凭证、会计账簿、财务会计报告和其他会计核算资料四个部分。

(1) 会计凭证，包括自制原始凭证、外来原始凭证、原始凭证汇总表、记账凭证、记账凭证汇总表等。

(2) 会计账簿，包括总分类账、各种明细分类账、库存现金日记账、银行存款日记账以及备查账等。

(3) 财务会计报告分为财务指标快报、中期财务会计报告（包括月度、季度、半年度财务会计报告）和年度财务会计报告，具体包括资产负债表、利润表、现金流量表和所有者权益变动表等主要会计报表及其附注等。

(4) 其他会计核算资料是指属于经济业务范畴，与会计核算、会计监督紧密相关，由会计部门负责办理的有关凭证及数据资料，包括银行存款余额调节表、银行对账单、会计档案移交清册、会计档案保管清册和会计档案销毁清册等。

预算、计划、制度等文件材料，不属于会计档案，应当作为文书档案进行管理。

二、会计档案的归档

（一）会计档案的整理与装订

1. 会计凭证的整理与装订

会计凭证一般每月装订一次。会计凭证装订后，应在每本凭证封面上填写好凭证种类、起讫号码、凭证张数，会计主管人员和凭证装订人员在封面上签章；同时，应在凭证封面上编好卷号，按卷号顺序入柜，并应在显露处标明凭证种类编号，以便调阅。

会计人员整理凭证时应该注意的要点：

(1) 确保记账凭证不断号、不跳号。会计人员应按照记账凭证的凭证号、记账日期进行排查，检查记账凭证是否缺失或者跳号。

(2) 检查记账凭证上所载的日期、金额、经济业务与后附的原始凭证是否一一对应，例如，检查记账凭证上所填的附件数与后附的原始凭证的数量是否一致。

(3) 因为原始凭证的纸张面积与记账凭证的纸张面积不可能全部一样，这就需要会计人员在编制记账凭证时，对原始凭证加以适当整理，以便下一步装订成册：1）对于纸张面积大于记账凭证的原始凭证，可按记账凭证的面积尺寸，先自右向左，再自下而上两次折叠。注意应把凭证的左上角或左侧留出来，以便装订后还可以展开阅读。2）对于纸张面积过小的原始凭证，一般不能直接装订，可先按一定次序和类别排列，再粘在一张与记账凭证大小相同的白纸上，粘贴时以胶水为宜。3）对于纸张面积略小于记账凭证的原始凭证，可以用回形针或大头针别在记账凭证后面，待装订凭证时，抽取回形针或大头针。

4）所有汇总装订好的会计凭证都要加具封面。封面应用较为结实、耐磨、韧性较强的牛皮纸等。

能力提升

装订会计凭证

2. 会计账簿的整理与装订

各种会计账簿在年终办理了年度结账后，除跨年度连续使用的账簿外，其他账簿都应及时整理立卷。

账簿装订前，首先按账簿启用表的使用页数核对各个账户是否相符，账页数是否齐全，序号排列是否连续；然后按会计账簿封面、账簿启用表、账户目录、该账簿按页数顺序排列的账页、会计账簿装订封底的顺序装订。

对于活页式账簿，保留已使用过的账页，将账页数填写齐全，去除空白页并撤掉账夹，用质地上好的牛皮纸做封面、封底，装订成册；多栏式活页账、三栏式活页账、数量金额式活页账等不得混装，应按同类业务、同类账页装订在一起；在本账的封面上填写好账目的种类，编好卷号，会计主管人员和装订人（经办人）签章。

账簿装订后，封口要严密，封口处要加盖有关印章；封面应齐全、平整，并注明所属年度及账簿名称、编号。

3. 报表的整理与装订

会计报表是企业重要的财务资料，会计要在每期期末编制会计报表，主要包括资产负债表、利润表和现金流量表。会计应将报表装订成册，并妥善保管。

会计报表装订前应从以下几个方面整理：

（1）整理的报表主要包括资产负债表、利润表和现金流量表，整理前摘除报表上的订书钉、回形针，并按A4纸尺寸对报表封面进行裁剪。

（2）整理时，应将报表的上边、左边分别对其压平，以防止折角。

整理完成后，就可以将报表装订成册了。报表装订的具体方法是：将会计报表封面、整理后的会计报表、会计报表封底从上到下排列并对齐，然后直接装订成册。报表封面内容主要包括企业名称、报表所属期、企业负责人、财务负责人、制表人、编报日期等。

（二）会计档案的整理立卷

各单位每年形成的会计档案，都应由会计机构按照归档的要求，负责整理立卷、装订成册，并编制会计档案保管清册。会计档案的整理要求有以下几点：

（1）分类标准要统一。一般将财务会计资料分成一类会计账簿、二类会计凭证、三类会计报表、四类文字资料及其他会计核算资料。

（2）档案形成要统一。卷册封面、档案卡夹、存放柜和存放序列都要统一。

（3）管理要求要统一。建立会计资料档案簿、会计资料档案目录。会计凭证要装订成册，报表和文字资料应分类立卷，其他零星资料也要按年度排序并装订成册。

（三）会计档案的归档要求

根据《会计档案管理办法》的规定，单位当年形成的会计档案，在会计年度终了后，可暂由本单位会计机构保管一年。期满之后，应由会计机构编制移交清册，移交本单位的档案机构统一保管。未设立档案机构的，应当在会计机构内部指定专人保管，但出纳人员不得兼管会计档案。

三、会计档案的保管

（一）会计档案的保管要求

会计档案是重要的历史资料，必须妥善保管。电算化会计档案的保管还要注意采取防盗、防磁措施。

（二）会计档案的保管期限

会计档案的管理，应严格执行安全和保密制度，严防毁损、散失和泄密。会计档案的保管期限，根据其特点分为永久和定期两类。定期保管期限一般为 10 年和 30 年。会计档案保管期限，从会计年度终了后的第一天算起。各类会计档案的具体保管期限按照《会计档案管理办法》的规定执行。各种会计档案的保管期限见表 8－29、表 8－30。

表 8－29　　企业和其他组织会计档案保管期限表

序号	档案名称	保管期限	备注
一	会计凭证		
1	原始凭证	30 年	
2	记账凭证	30 年	
二	会计账簿		
3	总账	30 年	
4	明细账	30 年	
5	日记账	30 年	
6	固定资产卡片		固定资产报废清理后保管 5 年
7	其他辅助性账簿	30 年	
三	财务会计报告		包括各级主管部门汇总财务报告
8	月度、季度、半年度财务会计报告	10 年	
9	年度财务会计报告	永久	
四	其他会计资料		
10	银行存款余额调节表	10 年	
11	银行对账单	10 年	
12	纳税申报表	10 年	
13	会计档案移交清册	30 年	
14	会计档案保管清册	永久	
15	会计档案销毁清册	永久	
16	会计档案鉴定意见书	永久	

表 8-30　　财政总预算、行政单位、事业单位和税收会计档案保管期限表

序号	档案名称	保管期限			备注
		财务总预算	行政单位事业单位	税收会计	
一	会计凭证				
1	国家金库编送的各种报表及缴库退库凭证	10年		10年	
2	各收入机关编送的报表	10年			
3	行政单位和事业单位的各种会计凭证		30年		包括：原始凭证、记账凭证和传票汇总表
4	财政总预算拨款凭证及其他会计凭证	30年			包括：拨款凭证和其他会计凭证
二	会计账簿类				
5	日记账		30年	30年	
6	总账	30年	30年	30年	
7	税收日记账（总账）			30年	
8	明细分类、分户账或登记簿	30年	30年	30年	
9	行政单位和事业单位固定资产卡片				固定资产报废清理后保管5年
三	财务会计报告				
10	政府综合财务报告	永久			下级财政、本级部门和单位报送的保管2年
11	部门财务报告		永久		所属单位报送的保管2年
12	财政总决算	永久			下级财政、本级部门和单位报送的保管2年
13	部门决算		永久		所属单位报送的保管2年
14	税收年报（决算）			永久	
15	国家金库年报（决算）	10年			
16	基本建设拨、贷款年报（决算）	10年			
17	行政单位和事业单位会计月、季度报表		10年		所属单位报送的保管2年
18	税收会计报表			10年	所属税务机关报送的保管2年
四	其他会计资料				
19	银行存款余额调节表	10年	10年		
20	银行对账单	10年	10年	10年	
21	会计档案移交清册	30年	30年	30年	
22	会计档案保管清册	永久	永久	永久	

续前表

序号	档案名称	保管期限			备注
		财务总预算	行政单位事业单位	税收会计	
23	会计档案销毁清册	永久	永久	永久	
24	会计档案鉴定意见书	永久	永久	永久	

注：税务机关的税务经费会计档案保管期限，按行政单位会计档案保管期限规定办理。

四、会计档案的查阅和复制

会计档案只为本单位使用，各单位保存的会计档案不得借出。如有特殊需要，经本单位负责人批准，可以供查阅或者复制，但应办理登记手续。外单位人员查阅或复制会计档案时，应持有单位正式介绍信，经单位负责人批准后，方可办理查阅或复制手续。本单位内部人员查阅或复制会计档案时，也应经单位负责人批准后，才能办理有关手续。查阅人应认真填写档案查阅、复制登记簿，查阅人姓名和单位、查阅内容和数量、借阅及归还日期等情况都必须填写清楚。查阅或者复制会计档案的人员，严禁在会计档案上涂画、拆封和抽换。各单位应当建立、健全会计档案查阅、复制登记制度，严格查阅、复制和收回手续，以保证会计档案的安全、完整。

五、会计档案的销毁

单位会计档案保管期满需要销毁的，按照《会计档案管理办法》规定程序和办法进行。凭证、账簿和会计报表等会计档案超过规定的保管期限予以销毁时，应经过认真的鉴定，相关人员填写“会计档案销毁清册（报告单）”，详细列明欲销毁会计档案的类别、名称、册数及所属年月等。经会计主管和单位领导审查签字，报经上级主管部门批准后办理销毁。在销毁时，要由会计主管人员或稽核人员负责监督销毁，并在会计档案销毁清册（报告单）上签字。会计档案销毁清册（报告单）要长期保存。电子会计档案的销毁还应当符合国家有关电子档案的规定，并由单位档案管理机构、会计管理机构和信息系统管理机构共同派员监督销毁。

四川：虚假验货，两CPA被判刑和处以罚金

对于保管期满但未结清的债权债务原始凭证和涉及其他未了事项的原始凭证，不得销毁，应单独抽出立卷，由档案机构保管到未了事项完结时为止。单独抽出立卷的会计档案应当在会计档案销毁清册和会计档案保管清册中列明。

正在项目建设期间的建设单位，其保管期满的会计档案不得销毁。

因石油衍生产品交易，总计亏损5.5亿美元

任务实施

承接**【典型任务】**，在柯鲁丝公司2020年经济业务全部核算完毕并出具财务会计报告后，将会计凭证、会计账簿、财务会计报告等会计资料整理归档。

会计职业判断能力训练

一、单项选择题

1. 下列不是常用的账务处理程序的是（　　）。

A. 原始凭证账务处理程序　　B. 记账凭证账务处理程序

C. 汇总记账凭证账务处理程序　　D. 科目汇总表账务处理程序

2. 在下列账务处理程序中，最基本的账务处理程序是（　　）。

A. 日记总账账务处理程序　　B. 记账凭证账务处理程序

C. 科目汇总表账务处理程序　　D. 汇总记账凭证账务处理程序

3. 记账凭证账务处理程序的主要特点是（　　）。

A. 根据各种记账凭证编制汇总记账凭证

B. 根据各种记账凭证逐笔登记总分类账

C. 根据各种记账凭证编制科目汇总表

D. 根据各种记账凭证登记明细分类账

4. 采用记账凭证处理账务程序时，登记总账的依据是（　　）。

A. 原始凭证　　B. 记账凭证　　C. 日记账　　D. 科目汇总表

5. 下列各项中，属于记账凭证账务处理程序的缺点的是（　　）。

A. 不能体现账户之间的对应关系

B. 方法不易掌握

C. 在业务较多的情况下，登记总分类账的工作量大

D. 不便于合理分工

6. 下列各项中，编制科目汇总表的依据是（　　）。

A. 记账凭证　　B. 汇总凭证　　C. 各种总账　　D. 原始凭证汇总表

7. 汇总记账凭证是根据（　　）编制的。

A. 记账凭证　　B. 原始凭证

C. 原始凭证汇总表　　D. 转账凭证

8. 汇总记账凭证与科目汇总表核算组织程序的主要相同点是（　　）。

A. 记账凭证的汇总方法相同　　B. 汇总凭证的格式相同

C. 登记总账的依据相同　　D. 都可以简化登记总分类账的工作量

9. 在科目汇总表账务处理程序中，科目汇总表的作用是（　　）。

A. 反映各科目的期末余额　　B. 作为登记明细账的依据

C. 反映各科目之间的对应关系　　D. 试算平衡

10. 下列不属于汇总记账凭证账务处理程序的步骤的是（　　）。

A. 根据原始凭证填制汇总原始凭证

B. 根据各种记账凭证编制有关汇总记账凭证

C. 根据记账凭证逐笔登记总分类账

D. 根据各汇总记账凭证登记总分类账

11. 为了便于科目汇总表的编制，平时填制转账记账凭证时，应尽可能使账户之间的对应关系保持（　　）。

A. 一借一贷　　B. 一借多贷　　C. 一贷多借　　D. 多借多贷

12. 适用于规模较大、收付款业务多、转账业务少的单位的账务处理程序是（　　）。

A. 汇总记账凭证账务处理程序　　B. 记账凭证账务处理程序

C. 科目汇总表账务处理程序　　D. 通用记账凭证账务处理程序

13. 根据科目汇总表登记总账，在简化总账登记工作的同时也起到了（　　）的作用。

A. 简化报表的编制　　B. 反映账户的对应关系

C. 简化明细账工作　　D. 发生额试算平衡

14. 科目汇总表的汇总范围是（　　）。

A. 全部科目的借、贷方发生额和余额

B. 全部科目的借、贷方余额

C. 全部科目的借、贷方发生额

D. 汇总收款凭证、汇总付款凭证、汇总转账凭证的合计数

15. 科目汇总表的缺点是不能反映出（　　）。

A. 借方发生额　　B. 贷方发生额　　C. 借贷方发生额　　D. 科目对应关系

16. 区分账务处理程序的根本标志是（　　）。

A. 编制汇总原始凭证的依据不同　　B. 编制记账凭证的依据不同

C. 登记总分类账的依据不同　　D. 编制会计报表的依据不同

17. 下列说法中正确的是（　　）。

A. 会计档案销毁清册需要保管 15 年　　B. 银行存款余额调节表需要保管 5 年

C. 固定资产卡片账应保管 15 年　　D. 现金日记账需要保管 30 年

18. 会计档案由单位会计机构负责整理立卷归档，并保管（　　）期满后移交给单位的档案机构，没有专门档案机构的单位，应由会计机构指定专人继续保管。

A. 半年　　B. 1 年　　C. 2 年　　D. 3 年

19. 原始凭证和记账凭证的保管期限为（　　）。

A. 15 年　　B. 25 年　　C. 30 年　　D. 10 年

20. 以下内容不属于会计档案的是（　　）

A. 银行存款日记账 B. 总账　　C. 会计制度文件　　D. 购货发票

二、多项选择题

1. 账务处理程序是对（　　）按照一定的形式和方法相结合的方式。

A. 会计科目　　B. 会计凭证　　C. 会计账簿　　D. 会计报表

2. 我国常用的账务处理程序有（　　）。

A. 记账凭证账务处理程序　　B. 科目汇总表账务处理程序

C. 日记账账务处理程序　　D. 汇总记账凭证账务处理程序

3. 下列各项中，属于企业编制记账凭证依据的有（　　）。

A. 原始凭证　　B. 汇总原始凭证　　C. 汇总记账凭证　　D. 科目汇总表

4. 下列有关记账凭证账务处理程序、汇总记账凭证账务处理程序和科目汇总表账务处理程序的表述中，正确的有（　　）。

A. 登记总分类账的依据不同　　B. 登记总分类账的方法不同

C. 三者完全不同　　D. 三者完全相同

5. 下列各项中，属于记账凭证账务处理程序优点的有（　　）。

A. 简单明了，易于理解

B. 登记总分类账的工作量较小

C. 登记总分类账时耗用的账页少

D. 可以较详细地反映经济业务的发生情况

6. 不同账务处理程序所具有的相同之处有（　　）。

A. 编制记账凭证的直接依据相同　　B. 编制会计报表的直接依据相同

C. 登记明细分类账簿的直接依据相同　　D. 登记总分类账簿的直接依据相同

7. 下列各项中，关于汇总记账凭证账务处理程序的表述中，错误的有（　　）。

A. 明细账与总账无法核对

B. 不能体现账户之间的对应关系

C. 登记总账的工作量大

D. 当转账凭证较多时，汇总转账凭证的编制工作量加大

8. 下列各项中，能够起到简化登记总分类账工作的账务处理程序的有（　　）。

A. 记账凭证账务处理程序　　B. 科目汇总表账务处理程序

C. 汇总记账凭证账务处理程序　　D. 日记总账账务处理程序

9. 关于科目汇总表账务处理程序和汇总记账凭证账务处理程序共同之处的表述中，正确的有（　　）。

A. 都适于规模较大的企业　　B. 可以减少总分类账登记工作量

C. 可以保持会计科目之间对应关系　　D. 可以进行发生额试算平衡

10. 下列各项中，属于科目汇总表账务处理程序优点的有（　　）。

A. 可以做到试算平衡　　B. 易于理解，方便学习

C. 能反映账户之间的对应关系　　D. 减轻了登记总分类账的工作量

11. 各种账务处理程序的基本相同点有（　　）。

A. 填制记账凭证的依据相同　　B. 登记明细账的依据和方法相同

C. 登记总分类账的依据和方法相同　　D. 编制会计报表的依据和方法相同

12. 会计档案包括（　　）。

A. 会计凭证　　B. 会计账簿　　C. 财务会计报告　　D. 其他核算资料

13. 下列会计档案中需要永久保管的有（　　）。

A. 会计档案移交清册　　B. 会计档案保管清册

C. 库存现金和银行存款日记账　　D. 年度决算财务报告

14. 企业下列会计档案中，保管期限为30年的应有（　　）。

A. 固定资产总账　　B. 库存商品明细账　　C. 现金日记账　　D. 长期股权投资总账

15. 关于会计档案的销毁，下列说法正确的是（　　）。

A. 应当由本单位财务会计部门提出销毁意见
B. 应当编制会计档案销毁清册
C. 单位负责人应在销毁清册上签署意见
D. 应当由单位档案机构和会计机构共同派员监督销毁

三、判断题

1. 记账凭证账务处理程序、汇总记账凭证账务处理程序和科目汇总表账务处理程序不存在任何相同之处。(　　)

2. 记账凭证账务处理程序的特点是直接根据汇总记账凭证逐笔登记总分类账和明细分类账，它是最基本的账务处理程序。(　　)

3. 各种账务处理程序的不同之处在于登记明细账的直接依据和方法不同。(　　)

4. 记账凭证账务处理程序适用于各类型的单位。(　　)

5. 记账凭证账务处理程序的缺点之一是总分类账无法较详细地反映经济业务的发生情况。(　　)

6. 记账凭证账务处理程序是根据科目汇总表登记总分类账的一种账务处理程序。(　　)

7. 记账凭证账务处理程序的缺点之一是登记总分类账的工作量较大。(　　)

8. 当年形成的会计档案，在会计年度终了后，可暂由本单位会计机构保管 5 年。(　　)

9. 各单位保存的会计档案原则上不得借出，但如有特殊需要，经本单位负责人批准，可以借出。(　　)

10. 对保管期满的会计档案可以直接销毁。(　　)

会计职业实践能力训练

一、目的

练习记账凭证、汇总记账凭证、科目汇总表核算程序。

某企业 2020 年 11 月有关账户期初余额见表 8 - 31。

表 8 - 31　　账户余额表　　单位：元

账户名称	期初余额	账户名称	期初余额
库存现金	2 000	库存商品	15 000
银行存款	20 000	固定资产	80 000
应收账款	1 000	原材料	60 000
其他应收款	40 000	生产成本	5 000

2020 年 11 月发生如下经济业务：

(1) 2 日，从银行提取现金 4 000 元；

(2) 8 日，生产产品领用材料 3 000 元；

（3）11 日，收到购货单位前欠货款 50 000 元，存入银行；

（4）22 日，以银行存款 2 000 元购买设备一台；

（5）23 日，生产产品 50 件完工入库，成本为 5 000 元；

（6）27 日，采购员出差借款 2 000 元，以现金支付；

（7）30 日，将多余现金 1 000 元送存开户银行。

二、要求

根据上述材料，编制记账凭证，并将记账凭证进行汇总，编制科目汇总表。

第二部分
单项能力训练项目

项目2.1 原始凭证识别

实训目的：能识别原始凭证的种类；能识别原始凭证的经济内容。

实训资料：

表2-1 现金支票

<table>
<tr><td rowspan="4">绍兴市商业银行
现金支票存根
62650001
科　　目
对方科目
出票日期 2020年9月1日
收 款 人
金　　额 ￥10 000.00
用　　途 货款
单位主管　　会计</td><td colspan="2">绍兴市商业银行现金支票　62650001
出票日期 2020年9月1日　付款行名称：天河支行
收款人：陈新梅　出票人账号：323342679856465</td></tr>
<tr><td colspan="2">人民币（大写）壹万元整　|千|百|十|万|千|百|十|元|角|分|
||||￥|1|0|0|0|0|0|0|</td></tr>
<tr><td>用途 货款
上列款项请从
我账户内支付
出票人签章</td><td>科目（借）
对方科目（贷）
付讫日期　年　月　日
出纳　复核　记账</td></tr>
</table>

表2-2 转账支票

<table>
<tr><td rowspan="4">绍兴市商业银行
转账支票存根
62660001
科　　目
对方科目
出票日期 2020年9月2日
收 款 人 浙江东润科技有限公司
金　　额 ￥1 800.00
用　　途 支付会费
单位主管　　会计</td><td colspan="2">绍兴市商业银行转账支票　62660001
出票日期 2020年9月2日　付款行名称：天河支行
收款人：浙江东润科技有限公司　出票人账号：360204758973220</td></tr>
<tr><td colspan="2">人民币（大写）壹仟捌佰元整　|千|百|十|万|千|百|十|元|角|分|
|||||￥|1|8|0|0|0|0|</td></tr>
<tr><td>用途 支付会费
上列款项请从
我账户内支付
出票人签章</td><td>科目（借）
对方科目（贷）
转账日期　年　月　日
出纳　复核　记账</td></tr>
</table>

表2-3 绍兴市商业银行**进账单**（回单或收账通知）①

2020年9月25日　　第　号

<table>
<tr><td rowspan="3">付款人</td><td>全　称</td><td>绍兴人民医院</td><td rowspan="3">收款人</td><td>全　称</td><td>绍兴广深有限公司</td></tr>
<tr><td>账　号</td><td>2411187239872343</td><td>账　号</td><td>243238792461897492298</td></tr>
<tr><td>开户银行</td><td>中行绍兴支行</td><td>开户银行</td><td>商行绍兴支行</td></tr>
<tr><td>人民币（大写）</td><td colspan="2">捌佰元整</td><td colspan="3">千|百|十|万|千|百|十|元|角|分
||||￥|8|0|0|0|0</td></tr>
<tr><td>票据种类</td><td colspan="2">转账支票</td><td colspan="3" rowspan="3">收款人开户行盖章</td></tr>
<tr><td>票据张数</td><td colspan="2">1</td></tr>
<tr><td colspan="3">单位主管　会计　复核</td></tr>
</table>

表 2-4 **托收承付**凭证（承付/支款通知）⑤ 第 123 号

委托日期 2020 年 10 月 15 日 托收号码：32

<table>
<tr><td rowspan="3">付款人</td><td>全　　称</td><td>乐业服饰公司</td><td rowspan="3">收款人</td><td>全　　称</td><td colspan="10">北京天派有限公司</td></tr>
<tr><td>账号或地址</td><td>08323785792387975</td><td>账　　号</td><td colspan="10">325792038757320938</td></tr>
<tr><td>开户银行</td><td>工行河西支行</td><td>开户银行</td><td colspan="10">农行胡杨路支行</td></tr>
<tr><td rowspan="2">托收金额</td><td colspan="4" rowspan="2">人民币（大写）壹万玖仟伍佰元整</td><td>千</td><td>百</td><td>十</td><td>万</td><td>千</td><td>百</td><td>十</td><td>元</td><td>角</td><td>分</td></tr>
<tr><td></td><td></td><td>¥</td><td>1</td><td>9</td><td>5</td><td>0</td><td>0</td><td>0</td><td>0</td></tr>
<tr><td>附　件</td><td colspan="2">商品发运情况</td><td colspan="12">合同名称号码</td></tr>
<tr><td>附件单证张数</td><td colspan="2">已发运</td><td colspan="12">20201015</td></tr>
<tr><td colspan="3">备注：</td><td colspan="12"></td></tr>
</table>

单位主管　　会计　　复核　　记账　　付款人开户银行盖章　　月　　日

表 2-5

浙江增值税专用发票　　N023567126

发票联

开票日期：　　年　　月　　日

<table>
<tr><td>购买方</td><td colspan="5">名　　称：光华机械厂
纳税人识别号：101045913701234
地 址 、电 话：绍兴市深林路 3 号（86356482）
开户行及账号：解放路分理处 613-136</td><td>密码区</td><td colspan="2">（略）</td></tr>
<tr><td colspan="2">货物或应税劳务、服务名称</td><td>规格型号</td><td>单位</td><td>数量</td><td>单价</td><td>金　额</td><td>税率</td><td>税　额</td></tr>
<tr><td colspan="2">甲材料</td><td>31—2</td><td>千克</td><td>1 200</td><td>35.00</td><td>42 000.00</td><td>13%</td><td>5 460.00</td></tr>
<tr><td colspan="2"></td><td></td><td></td><td></td><td></td><td></td><td></td><td></td></tr>
<tr><td colspan="2">合　　计</td><td></td><td></td><td></td><td></td><td>¥42 000.00</td><td></td><td>¥47 460.00</td></tr>
<tr><td colspan="2">价税合计（大写）</td><td colspan="7">⊗肆万柒仟肆佰陆拾元整　　（小写）¥47 460</td></tr>
<tr><td>销售方</td><td colspan="5">名　　称：中兴钢厂
纳税人识别号：234789124056789
地 址 、电 话：北京市大华路 3 号（84657352）
开户行及账号：工商银行海淀分理处 472-162</td><td>备注</td><td colspan="2"></td></tr>
</table>

第三联：发票联　购买方记账凭证

收款人：刘　洪　　复核：张　江　　开票人：石洪波　　销售方：（盖章）中兴钢厂

表 2-6 **验收单（收料单）**

供应单位：北方薄板厂　　收料仓库：3 号库

发票号码：2456　　2020 年 10 月 20 日　　第 0203 号

<table>
<tr><td rowspan="2">材料编号</td><td rowspan="2">材料名称</td><td rowspan="2">规格</td><td rowspan="2">单位</td><td colspan="2">数量</td><td colspan="4">金额</td></tr>
<tr><td>应收</td><td>实收</td><td>单价</td><td>买价</td><td>运费</td><td>成本</td></tr>
<tr><td>4018</td><td>薄板</td><td>31—1</td><td>吨</td><td>10</td><td>10</td><td>1 350</td><td>13 500</td><td>500</td><td>14 000</td></tr>
<tr><td></td><td></td><td></td><td></td><td></td><td></td><td></td><td></td><td></td><td></td></tr>
<tr><td></td><td></td><td></td><td></td><td></td><td></td><td></td><td></td><td></td><td></td></tr>
<tr><td>合　计</td><td>10</td><td>10</td><td>1 350</td><td>13 500</td><td>500</td><td>14 000</td><td></td><td></td><td></td></tr>
</table>

仓库负责人：刘丽　　经办人：赵杰　　收料人：张宝

实训要求： 判断上述六张原始凭证的种类及反映的经济内容。

项目 2.2 原始凭证填制与审核

实训目的：能规范书写原始凭证数字及文字；能准确、规范地填制各种典型的原始凭证及加盖有关印鉴；能审核原始凭证的正误。

实训资料：柯鲁丝公司（开户银行：绍兴商业银行青山支行；账号：62622005；纳税人识别号：913306023553277238）2020 年 10 月发生的部分经济业务如下：

（1）4 日，向银行提取现金 115 000 元，用于发放职工工资。（现金支票）

（2）10 日，收到美思百货（开户银行：绍兴商业银行五西支行；账号：62652312）的转账支票 1 张，金额 115 000 元，财务根据转账支票填制进账单一并送存银行。（进账单）

（3）18 日，向新宇钢铁厂购买甲料 10 000 千克，每千克 10 元，增值税率为 13%。款项采用托收承付结算，收到增值税专用发票，材料验收入库收到验收单。（托收承付结算单据，增值税专用发票，收料单）

实训要求：填制原始凭证并审核正误。

表 2－7

中国商业银行进账单（回单或收账通知）

年　月　日　　　　第　号

<table>
<tr><td rowspan="3">付款人</td><td>全　称</td><td colspan="2"></td><td rowspan="3">收款人</td><td>全　称</td><td colspan="10"></td></tr>
<tr><td>账　号</td><td colspan="2"></td><td>账　号</td><td colspan="10"></td></tr>
<tr><td>开户银行</td><td colspan="2"></td><td>开户银行</td><td colspan="10"></td></tr>
<tr><td colspan="2" rowspan="2">人民币
（大写）</td><td colspan="4" rowspan="2"></td><td>十</td><td>百</td><td>十</td><td>万</td><td>千</td><td>百</td><td>十</td><td>元</td><td>角</td><td>分</td></tr>
<tr><td></td><td></td><td></td><td></td><td></td><td></td><td></td><td></td><td></td><td></td></tr>
<tr><td colspan="2">票据种类</td><td colspan="4"></td><td colspan="10" rowspan="3">收款人开户银行盖章</td></tr>
<tr><td colspan="2">票据张数</td><td colspan="4"></td></tr>
<tr><td colspan="6">单位主管　会计　复核　记账</td></tr>
</table>

此联是收款人开户银行交给收款人的收账通知

表 2－8

收　料　单

供应单位：

材料类别：　　　　年　月　日　　　　收料单编号：12059

收料仓库：原料库

<table>
<tr><td rowspan="3">编号</td><td rowspan="3">名称</td><td rowspan="3">规格</td><td rowspan="3">单位</td><td colspan="2">数量</td><td colspan="5">实际成本</td></tr>
<tr><td rowspan="2">应收</td><td rowspan="2">实收</td><td colspan="2">买价</td><td rowspan="2">运杂费</td><td rowspan="2">其他</td><td rowspan="2">合计</td></tr>
<tr><td>单价</td><td>金额</td></tr>
<tr><td></td><td></td><td></td><td></td><td></td><td></td><td></td><td></td><td></td><td></td><td></td></tr>
<tr><td></td><td></td><td></td><td></td><td></td><td></td><td></td><td></td><td></td><td></td><td></td></tr>
<tr><td></td><td></td><td></td><td></td><td></td><td></td><td></td><td></td><td></td><td></td><td></td></tr>
<tr><td></td><td></td><td></td><td></td><td></td><td></td><td></td><td></td><td></td><td></td><td></td></tr>
<tr><td colspan="6">合计</td><td></td><td></td><td></td><td></td><td></td></tr>
<tr><td>备注</td><td colspan="10"></td></tr>
</table>

采购员：　　检验员：　　记账员：　　保管员：

表 2-9 现金支票

绍兴市商业银行 现金支票存根 62670001 科　　目 对方科目 出票日期　年　月　日 收 款 人 金　　额 用　　途 单位主管　　会计	绍兴市商业银行现金支票　62670001 出票日期　年　月　日　付款行名称： 收款人：　出票人账号：

人民币（大写）	千	百	十	万	千	百	十	元	角	分

用途 上列款项请从 我账户内支付 出票人签章	科目（借） 对方科目（贷） 付讫日期　年　月　日 出纳　复核　记账

表 2-10

浙江增值税专用发票

开票日期：　年　月　日

购买方	名　　称： 纳税人识别号： 地 址 、电 话： 开户行及账号：				密码区	（略）	
货物或应税劳务、服务名称	规格型号	单位	数量	单价	金额	税率	税额
合计							
价税合计（大写）							
销售方	名　　称： 纳税人识别号： 地 址 、电 话：华南市胜利路 128 号 开户行及账号：工行华南市分行西门支行				备注		

第一联 记账联 销售方记账凭证

收款人：　复核：　开票人：　销售方：（章）

表 2-11 转账支票

绍兴市商业银行 现金支票存根 62680001 科　　目 对方科目 出票日期　年　月　日 收 款 人 金　　额 用　　途 单位主管　　会计	绍兴市商业银行转账支票　62680001 出票日期　年　月　日　付款行名称： 收款人：　出票人账号：

人民币（大写）	千	百	十	万	千	百	十	元	角	分

用途 上列款项请从 我账户内支付 出票人签章	科目（借） 对方科目（贷） 付讫日期　年　月　日 出纳　复核　记账

表2－12　　托收承付凭证（付款通知）

年　　月　　日

<table>
<tr><td rowspan="3">收款人</td><td>全　　称</td><td></td><td rowspan="3">汇款人</td><td>全　　称</td><td colspan="9"></td></tr>
<tr><td>账　　号</td><td></td><td>账　　号</td><td colspan="9"></td></tr>
<tr><td>开户银行</td><td></td><td>开户银行</td><td colspan="3"></td><td colspan="2">行号</td><td colspan="4"></td></tr>
<tr><td rowspan="2">金额</td><td colspan="4" rowspan="2">人民币
（大写）</td><td>百</td><td>十</td><td>万</td><td>千</td><td>百</td><td>十</td><td>元</td><td>角</td><td>分</td></tr>
<tr><td></td><td></td><td></td><td></td><td></td><td></td><td></td><td></td><td></td></tr>
<tr><td colspan="3">附件</td><td colspan="2">商品发运情况</td><td colspan="9">合同名称号码</td></tr>
<tr><td colspan="2">附寄单证张数或册数</td><td></td><td colspan="2">货已发出</td><td colspan="9">购销合同0054</td></tr>
<tr><td colspan="3">备注：</td><td colspan="2">款项收妥日期
年　月　日</td><td colspan="9">收款人开户银行盖章
年　月　日</td></tr>
</table>

单位主管：　　　　会计：　　　　复核：　　　　记账：

项目2.3　复式记账

实训目的：能对各项经济业务按六个会计要素进行分类、判断；能运用借贷记账法的基本原理编制会计分录。

实训资料：

1. 某企业相关会计要素项目（见表2－13）。

表2－13　　某企业相关会计要素项目

内　　容	资产	负债	所有者权益
1. 厂房一栋，价值3 600万元。			
2. 机器设备10台，价值1 200万元。			
3. 办公用房一栋，价值1 800万元。			
4. 企业资产中有7 200万元是投资者投入的。			
5. 各种材料价值660万元。			
6. 在产品价值300万元。			
7. 库存产成品价值900万元。			
8. 企业保险柜中有现金12万元。			
9. 银行存款960万元。			
10. 企业资产中有1 200万元是从银行借入的。			
11. 因销售商品而产生450万元的债权未收回。			
12. 因购买商品而产生480万元的债务未支付。			
13. 以前年度未分配利润1 072万元。			
14. 向银行借款（期限9个月）而形成的债务10万元。			
15. 购入准备短期持有的股票25万元。			
16. 欠职工工资10万元。			

续前表

内　　　容	资产	负债	所有者权益
17. 向用户收取包装物押金5万元。			
18. 购入5年期的国库券50万元。			
19. 企业的商标权10万元。			
20. 向销货单位支付预购订金10万元。			
合　　计			

2. 柯鲁丝公司全部账户期初余额（见表2-14）。

表2-14　　　　柯鲁丝公司全部账户期初余额

账户名称	借方余额	账户名称	贷方余额
库存现金	100	短期借款	230 000
银行存款	250 000	应付账款	126 000
应收账款	87 500	应交税费	1 600
库存商品	120 000	实收资本	700 000
固定资产	600 000		

实训要求：（1）根据表2-13中各项目的内容将三者的金额分别填入表中各栏，并加计合计数，确认试算是否平衡。

（2）编制柯鲁丝公司下列业务的会计分录并进行试算平衡。

表2-15　　　　柯鲁丝公司会计分录

业　　　务	分　　　录
1. 从银行提取现金3 000元备用。	
2. 以存款购入材料，价款80 000元，增值税10 400元，材料已验收入库。	
3. 从A公司购入材料，价款50 000元，增值税6 500元，材料已验收入库，货款尚未支付。	
4. 收回B公司前欠购货款46 800元存入银行。	
5. 采购员张明向企业预借差旅费2 000元，企业以现金支付。	
6. 从银行取得6个月期的借款50 000元，存入银行以备使用。	
7. 以银行存款12 000元偿还前欠购料款。	
8. 收到某公司投入的货币资金300 000元，存入银行。	

项目 2.4　记账凭证填制——筹资业务

实训目的： 能够准确判断几种简单的筹资业务类型；能够正确填制筹资业务的记账凭证。

实训资料： 柯鲁丝公司相关业务如下（见表 2-16）：

表 2-16　筹资业务

业　　务	分　　录
1. 收到某公司投入的营业用房一栋，价值 5 000 000 元。	
2. 从银行取得两年期的借款 500 000 元，存入银行。	
3. 由于临时需要，从银行取得三个月期的借款 40 000 元，存入银行。	
4. 收到某公司投入的货币资金 200 000 元，存入银行。	

实训要求： 根据上述业务编制会计分录，并填制记账凭证。

项目 2.5　记账凭证填制——采购业务

实训目的： 能够准确判断几种常见的采购业务；能够正确填制采购业务的记账凭证。

实训资料： 柯鲁丝公司相关业务如下（见表 2-17）：

表 2-17　采购业务

业　　务	分　　录
5. 以存款购入材料，价款 80 000 元，增值税 10 400 元，运费 210 元，材料已验收入库。	
6. 采购员张明向企业预借差旅费 2 000 元，企业以现金支付。	
7. 从 A 公司购入材料，价款 250 000 元，增值税 32 500 元，运费由对方支付，材料已验收入库，货款尚未支付。	
8. 以存款从 B 公司购入材料，价款 150 000 元，增值税 19 500 元，运费 510 元，材料尚未验收入库。	
9. 以银行存款偿还第 7 笔业务所欠 A 公司材料款。	

续前表

业　　务	分　　录
10. 从B公司购入的材料验收入库。（参见第8笔业务）	
11. 采购员张明出差返回，报销差旅费1 800元，交回现金200元。（参见第6笔业务）	

实训要求： 根据上述业务编制会计分录，并填制记账凭证。

项目2.6 记账凭证填制——生产加工业务

实训目的： 能根据材料消耗业务的原始凭证正确编制记账凭证；能根据折旧费用分配表等原始凭证，填制折旧费用分配的记账凭证及其他类似费用的分配凭证；能根据制造费用分配表填制制造费用分配的记账凭证；能根据工资分配表等原始凭证正确填制工资分配等记账凭证；能根据产品入库原始凭证编制记账凭证。

实训资料及要求：

1. 编制下列业务（见表2-18、表2-19）的会计分录：

表2-18　　企业会计业务

业　　务	分　　录
12. 签发现金支票，从银行提取现金1 000元备用。	
13. 以存款购入车间办公用品1 360元，直接投入使用。	
14. 王经理到外市开会，预借差旅费5 000元，企业以现金支票支付。	
15. 领用原材料36 000元，其中：A产品耗用18 000元，B产品耗用12 000元，车间一般耗用4 000元，厂部耗用2 000元。	
16. 以现金购买烟、茶等招待用品200元，用于厂部招待客人。	
17. 以现金支付本年书报费1 200元。	
18. 计算本月工资共26 000元，其中：A产品生产工人工资12 000元，B产品生产工人工资8 000元，车间管理人员工资2 000元，企业管理人员工资4 000元。	

续前表

业　　务	分　　录
19. 按工资总额的14%提取职工福利费。	
20. 签发现金支票，从银行提取现金26 000元备发工资。	
21. 以现金发放工资。	

表2-19 **企业会计业务**

业　　务	分　　录
22. 摊销应由本月负担的书报费100元。	
23. 企业租用外单位的仓库，每年年末支付租金36 000元，应由本月负担的租金为3 000元。	
24. 王经理出差返回，报销差旅费6 300元，企业补付现金1 300元。(参见第14笔业务)	
25. 计算本月应负担的短期借款利息1 300元。	
26. 以银行存款支付水电费14 000元（其中：A产品耗用6 000元，B产品耗用4 000元，车间一般耗用1 000元，厂部耗用3 000元)，增值税1 820元。	
27. 职工王某报销医疗费520元。	
28. 计提本月的固定资产折旧费20 000元，其中：车间固定资产折旧14 000元，厂部固定资产折旧6 000元。	
29. 按生产工人工资比例分配并结转本月制造费用（提示：先登记制造费用明细账，取得制造费用总额，然后再分配)。	
30. 本月完工A产品400件，单位成本80元；B产品全部完工。结转完工产品成本（提示：先登记生产成本明细账)。	

2. 根据本题会计分录，登记“制造费用明细账”（见表2-20）和“生产成本明细账”(见表2-21、表2-22)。

表 2-20 **制造费用明细账**

业务号	借方（费用项目）					贷方	余额
	材料费	人工费	折旧费	办公费	水电费		

表 2-21 **生产成本明细账**

产品名称：

业务号	借方（费用项目）				贷方	余额
	直接材料	直接人工	制造费用	合计		
期初余额	1 540	800	870	3 210		3 210

表 2-22 生产成本明细账

产品名称：

业务号	借方（费用项目）				贷方	余额
	直接材料	直接人工	制造费用	合计		
期初余额	0	0	0	0		0

项目 2.7 记账凭证填制——销售业务

实训目的： 根据产品销售发票等有关原始凭证编制产品销售业务的记账凭证；根据银行收款通知编制收款凭证。

实训资料及要求： 编制如下业务（见表 2-23）的会计分录。

表 2-23 销售业务

业　　务	分　　录
31. 销售 A 产品一批，价款 350 000 元，增值税 45 500 元，货款已存入银行。	
32. 以现金支付上述 A 产品的销售运费 120 元。	
33. 向晨光公司销售 B 产品一批，价款 250 000 元，增值税 32 500 元，货款尚未收回。	
34. 以银行存款支付宣传广告费用 50 000 元。	
35. 收回晨光公司所欠货款存入银行。（参见第 33 笔业务）	

续前表

业　　务	分　　录
36. 结转本月已售产品成本360 000元。	
37. 计算本月应缴纳的销售税金3 000元。	
38. 以存款缴纳销售税金3 000元。	

项目2.8：记账凭证填制——财务成果及分配

实训目的：能编制结转各个损益类账户的记账凭证（各个损益类账户暂时通过T形账进行汇总）；财务成果分配的记账凭证。

实训资料及要求：编制如下业务（见表2-24）的会计分录。

表2-24　　财务成果及分配

业　　务	分　　录
39. 取得罚款收入现金340元。	
40. 以银行存款向灾区捐赠40 000元。	
41. 以银行存款缴纳工商局违法经营罚款3 000元。	
42. 结转本月各收入类账户发生额。（金额需根据第1～41笔业务，汇总计算求得）	
43. 结转本月各费用类账户发生额。（金额需根据第1～41笔业务，汇总计算求得）	
44. 按利润总额的25%计算所得税（假设：利润总额=纳税所得）。	
45. 结转所得税费用。（参见第44笔业务）	
46. 结转税后利润（净利润）。	
47. 按税后利润的10%计提法定公积金，5%计提任意公积金。	
48. 企业决定向投资者分配利润30 000元。	

续前表

业　　务	分　　录
49. 结转已分配利润。	
50. 以存款缴纳所得税金。(参见第 44 笔业务)	

项目 2.9 账簿开设及期初余额登记

实训目的：能开设总账、现金日记账、银行存款日记账、明细分类账、备查簿等；能登记各有关账户的期初余额。

实训资料：

1. 柯鲁丝公司 2020 年 3 月 31 日有关账簿的累计发生额和余额资料如下：

(1) 现金日记账（见表 2－25）和银行存款日记账（见表 2－26）。

表 2－25 现金日记账

2020 年		凭证号数	摘　要	对方科目	借　方	贷　方	余　额
月	日						
3	31		本月累计		150 000.00	100 000.00	50 000.00

表 2－26 银行存款日记账

2020 年		凭证号数	摘　要	结算凭证		对方科目	借　方	贷　方	余　额
月	日			种类	号数				
3	31		本月累计				280 000.00	20 000.00	260 000.00

(2)“原材料”账户期初余额为 180 000 元。其中：A 材料 3 000 千克，每千克 50 元，计 150 000 元；B 材料 1 000 千克，每千克 30 元，计 30 000 元。(先进先出法)

2. 柯鲁丝公司 2020 年 4 月 1—30 日发生下列业务：

(1) 1 日，企业取得借款 50 000 元，存入银行存款户，期限 3 个月。

(2) 4 日，企业取得转账支票存根和增值税专用发票。发票内容：购进 A 材料 5 000 千克，单价 55 元；B 材料 1 000 千克，每千克 32 元。增值税率 13%。

(3) 7 日，企业从银行提取现金 5 000 元。

(4) 11 日，企业取得普通发票一张。业务内容：以现金 550 元购入办公用品直接交付使用。

(5) 20 日，企业取得进账单和增值税专用发票（发票联）。业务内容：销售一批产品收入 80 000 元，增值税率 13%。

（6）30日，企业取得普通发票（记账联）。业务内容：销售废旧材料一批收入现金5 500元。

（7）30日，将现金5 500元存入银行。

（8）30日，张富出差向财会部门借入现金1 500元。

（9）30日，企业以银行存款100 000元归还到期的银行短期借款。

（10）30日，会计部门取得工资结算单，以现金发放工资35 000元。

（11）30日，仓库发出A材料1 500千克，其中：车间一般消耗500千克，厂部一般耗用1 000千克。

（12）30日，仓库发出B材料2 000千克，其中：车间一般耗用1 200千克，行政管理部门一般耗用800千克。

（13）30日，计提本月固定资产折旧4 000元，其中：车间固定资产折旧2 200元，行政管理部门固定资产折旧1 800元。

（14）30日，分配本月份车间管理人员工资11 300元，行政管理部门人员工资23 700元。

（15）30日，按14%的比例计提车间管理人员和行政管理部门人员的职工福利费。

（16）30日，按生产工时（甲产品生产工时5 000小时、乙产品生产工时1 200小时）的比例分配结转本月制造费用。

（17）结转期间费用至本年利润账户。

实训要求：

（1）根据资料填制记账凭证。

（2）登记现金日记账（见表2-27）和银行存款日记账（见表2-28）并结出每日发生额、余额及本月发生额和余额。

（3）登记“原材料——A材料”“原材料——B材料”明细账户，并结出本月发生额和余额，并进行账账核对。

（4）登记“制造费用”（见表2-29）和“管理费用”明细账户（见表2-30），并结出本期发生额及期末余额。

表2-27 **现金日记账**

2020年		凭证号数	摘　要	对方科目	借　方	贷　方	余　额
月	日						

表 2-28 银行存款日记账

2020 年		凭证号数	摘　要	结算凭证		对方科目	借　方	贷　方	余　额
月	日			种类	号数				

表 2-29 制造费用明细分类账

2020 年		凭证号数	摘　要	借						方	贷方	余额
月	日									合计		

表 2-30 管理费用明细分类账

2020 年		凭证号数	摘　要	借							方
月	日										合计

项目 2.10：账簿登记及错账更正

实训目的： 能根据收款凭证和付款凭证序时登现金日记账；能根据收款凭证和付款凭证序时登记银行存款日记账；能根据收款、付款和转账凭证逐笔登记总账；能根据原始凭证和收、付、转凭证逐笔登记各种明细账；能根据各种记账凭证编制科目汇总表并据以登记总账；能对已登记的各种账簿进行对账和结账；能查错账（账账核对、账证核对、账实核对）；能用划线更正法、红字更正法、补充登记法等方法改错账。

实训资料及要求：

某企业在记账后进行账证核对时发现下列错误，请采用适当的更正方法予以更正：

1. 职工李林借支差旅费 2 000 元，开出现金支票。误编记账凭证为：

借：其他应收款　　2 000

　　贷：库存现金　　2 000

2. 结转本月已售产品成本 7 000 元。误编记账凭证为：

借：主营业务成本　　70 000

　　贷：库存商品　　70 000

3. 计算本月短期借款利息 6 500 元。误编记账凭证为：

借：财务费用　　5 600

　　贷：应付利息　　5 600

4. 计算本月应交税费 3 400 元。所编记账凭证为（记账时，“应交税费”账户记录为 4 300 元）：

借：税金及附加　　3 400

　　贷：应交税费　　3 400

项目 2.11：报表编制——资产负债表

实训目的：能理解资产负债表的格式、平衡原理、各个项目数字金额的来源；能正确编制资产负债表。

实训资料及要求：根据项目 2.4 的账户记录，编制资产负债表（见表 2-31）。

表 2-31　　**资产负债表**

会企 01 表

编制单位：　　年　月　日　　单位：元

资　　产	期末余额	上年年末余额	负债和所有者权益（或股东权益）	期末余额	上年年末余额
流动资产：			流动负债：		
货币资金			短期借款		
交易性金融资产			交易性金融负债		
衍生金融资产			衍生金融负债		
应收票据			应付票据		
应收账款			应付账款		
应收款项融资			预收款项		
预付款项			合同负债		
其他应收款			应付职工薪酬		

续前表

资　　产	期末余额	上年年末余额	负债和所有者权益（或股东权益）	期末余额	上年年末余额
存货			应交税费		
合同资产			其他应付款		
持有待售资产			持有待售负债		
一年内到期的非流动资产			一年内到期的非流动负债		
其他流动资产			其他流动负债		
流动资产合计			流动负债合计		
非流动资产：			非流动负债：		
债权投资			长期借款		
其他债权投资			应付债券		
长期应收款			其中：优先股		
长期股权投资			永续债		
其他权益工具投资			租赁负债		
其他非流动金融资产			长期应付款		
投资性房地产			预计负债		
固定资产			递延收益		
在建工程			递延所得税负债		
生产性生物资产			其他非流动负债		
油气资产			非流动负债合计		
使用权资产			负债合计		
无形资产			所有者权益（或股东权益）：		
开发支出			实收资本（或股本）		
商誉			其他权益工具		
长期待摊费用			其中：优先股		
递延所得税资产			永续债		
其他非流动资产			资本公积		
非流动资产合计			减：库存股		
			其他综合收益		
			专项储备		
			盈余公积		
			未分配利润		
			所有者权益（或股东权益）合计		
资产总计			负债和所有者权益（或股东权益）总计		

项目2.12：报表编制——利润表

实训目的：能理解利润表的格式结构、平衡原理、各个项目数字金额的来源；能正确编制利润表。

实训资料及要求：根据项目2.8第42、43、45三笔业务的损益类账户发生额编制利润表（见表2-32）。

表2-32 利润表

会企02表

编制单位： 年 月 单位：元

项目	本期金额	上期金额
一、营业收入		
减：营业成本		
税金及附加		
销售费用		
管理费用		
研发费用		
财务费用		
其中：利息费用		
利息收入		
加：其他收益		
投资收益（损失以“—”号填列）		
其中：对联营企业和合营企业的投资收益（损失以“—”号填列）		
以摊余成本计量的金融资产终止确认收益（损失以“—”号填列）		
净敞口套期收益（损失以“—”号填列）		
公允价值变动收益（损失以“—”号填列）		
信用减值损失（损失以“—”号填列）		
资产减值损失（损失以“—”号填列）		
资产处置收益（损失以“—”号填列）		
二、营业利润（亏损以“—”号填列）		
加：营业外收入		
减：营业外支出		
三、利润总额（亏损总额以“—”号填列）		
减：所得税费用		

续前表

项目	本期金额	上期金额
四、净利润（净亏损以“—”号填列）		
（一）持续经营净利润（净亏损以“—”号填列）		
（二）终止经营净利润（净亏损以“—”号填列）		
五、其他综合收益的税后金额		
（一）以后不能重分类进损益的其他综合收益		
（二）以后将重分类进损益的其他综合收益		
六、综合收益总额		
七、每股收益		
（一）基本每股收益		
（二）稀释每股收益		

第三部分
会计综合能力训练项目

会计综合能力训练项目一

一、模拟企业基本情况

企业名称：绍兴柯鲁丝纺织品有限公司

企业类型：工业企业

注册资本：100 万元人民币

开户银行：中国农业银行股份有限公司绍兴越州支行

账号：19500901040011896

公司地址：浙江省绍兴市

二、模拟企业会计政策简介

1. 该公司存货发出采用先进先出法。

2. 公司采购材料和销售产品的价格均为不含税价格，增值税率为 13%。公司适用的所得税率为 25%。

3. 职工保险费的提取比例为工资总额的 16%。

4. 法定盈余公积提取比例为 10%。应付给投资者的利润按可供投资者分配利润的 10%提取。

三、工作要求

1. 开设账簿，并登记期初余额。

2. 分析原始凭证，编制记账凭证。

3. 根据记账凭证、原始凭证，逐笔登记上述账簿的发生额，并结账。

4. 编制资产负债表（只登记期末余额）、利润表（只登记本期金额）。

5. 整理、装订会计凭证。

四、期初资料、本期业务及其他资料

1. 2020 年 3 月初有关资料如下所示。

账户期初余额表

单位：元

账户名称	借方	贷方
货币资金	241 813.79	
应收账款	290 398.69	
存货	201 585.29	
其中：库存商品	201 585.29	
应付账款		241 608.34
其他应付款		368 336
应交税费	11 375.85	
未分配利润		11 229.28

2020年1—2月损益类账户发生额

单位：元

科目名称	借方发生额	贷方发生额
科目名称	借方发生额	贷方发生额
主营业务收入		538 832.02
主营业务成本	430 320.40	
其他业务成本	0	
税金及附加	619.65	
管理费用	99 604.71	
财务费用	66	

2. 3月发生如下经济业务（以下业务中增值税率按13%处理）。

业务1

电子缴税付款凭证

转账日期：2020年04月05日　　凭证字号：142011012000581482

纳税人全称及纳税人识别号：绍兴柯鲁丝纺织品有限公司913306023553277238896

付款人全称：绍兴柯鲁丝纺织品有限公司

付款人账号：19500901040011896　　征收机关名称：绍兴市地方税务局征税科

付款人开户银行：农行绍兴越州支行　　收款国库（银行）名称：国家金库绍兴市中心支库

小写（合计金额）：95.18　　缴款书交易流水号：442313000019425566

大写（合计金额）：玖拾伍元壹角捌分　　税票号码：23537569

税、费 税号：

税款属期：20200301-20200330

税（费）种名称	实缴金额
增值税	95.18

第1　次打印　　打印日期：20200405

第二联作付款回单（无银行收讫章无效）　　复核周长玉　　记账王香蕊

业务 2

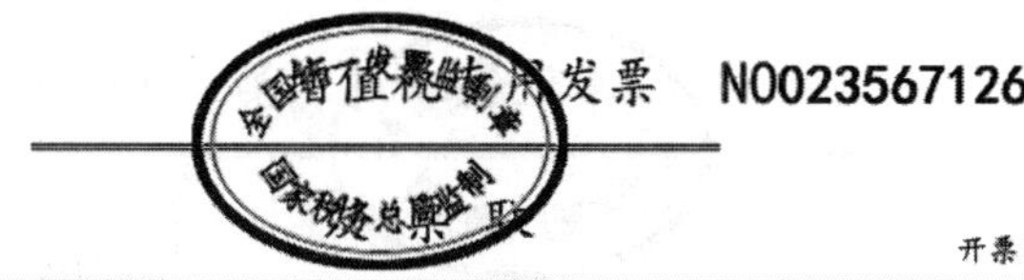

增值税专用发票 N0023567126

开票日期：2020年03月28日

国税函（2014）257号浙江印钞厂

购买方	名称：绍兴柯鲁丝纺织品有限公司 纳税人识别号：913306023553277238896 地址、电话：绍兴市风林西路2500号B区六大道2F2386 159258158 开户行及账号：农行绍兴越州支行19500901040011896			密码区	67/*+3*0/611*++0/+0*/*+3+2/9 *11*+66666**066611*+66666* 1**+216***6000*261*2*4/*547 203994+-42*64151*6915361/3*		
货物或应税劳务、服务名称	规格型号	单位	数量	单价	金额	税率	税额
PANTONE财通色彩指南	FHIPQON	套	1	1067.52	1067.52	13%	138.78
合计					¥ 1067.52		¥ 138.78
价税合计（大写）	⊗壹仟贰佰零陆元叁角整				（小写） ¥ 1206.30		
销售方	名称：爱色丽（上海）色彩科技有限公司 纳税人识别号：91310000669419081J 地址、电话：上海市长宁区福泉北路二期518号二期1座6楼 开户行及账号：花旗银行（中国）有限公司上海分行			备注	s00000593743 爱色丽（上海）色彩科技有限公司 91310000669419081J 发票专用章		

收款人：金盼　　复核：朱慧　　开票人：吴桂梅　　销售方：章

第三联：发票联 购买方记账凭证

业务 3

增值税专用发票 N0000167186

开票日期：2020年01月08日

国税函（2014）257号浙江印钞厂

购买方	名称：绍兴柯鲁丝纺织品有限公司 纳税人识别号：913306023553277238896 地址、电话：绍兴市风林西路2500号B区六大道2F2386 159258158 开户行及账号：农行绍兴越州支行19500901040011896			密码区	67/*+3*0/611*++0/+0*/*+3+2/9 *11*+66666**066611*+66666* 1**+216***6000*261*2*4/*547 203994+-42*64151*6915361/3*		
货物或应税劳务、服务名称	规格型号	单位	数量	单价	金额	税率	税额
棉布染色加工费		米	97	6.8192	661.46	13%	85.99
合计					¥ 661.46		¥ 85.99
价税合计（大写）	⊗柒佰肆拾柒元肆角伍分				（小写） ¥ 747.45		
销售方	名称：杭州航民美时达印染有限公司 纳税人识别号：913301097823905165 地址、电话：黄山区瓜沥镇坎山人民路1号 开户行及账号：中函农业银行执州坎山分理处19083401040004384			备注	杭州航民美时达印染有限公司 913301097823905165 发票专用章		

收款人：李江英　　复核：陆佳佳　　开票人：李江英　　销售方：章

第三联：发票联 购买方记账凭证

业务 4

增值税专用发票 N0021149901

开票日期：2020年02月28日

购买方	名称：绍兴柯鲁丝纺织品有限公司 纳税人识别号：913306023553277238896 地址、电话：绍兴市风林西路2500号B区六大道2F2386 159258158 开户行及账号：农行绍兴越州支行19500901040011896	密码区	67/*+3*0/611*++0/+0*/*+3+2/9 *11*+66666**066611*+66666* 1**+216***6000*261*2*4/*547 203994+-42*64151*6915361/3*

货物或应税劳务、服务名称	规格型号	单位	数量	单价	金额	税率	税额
棉布染色加工费		米	15037.6	11.769907	176991.15	13%	23008.85
合计					￥ 176991.15		￥ 23008.85
价税合计（大写）	⊗贰拾万元整				（小写） ￥ 200000.00		

销售方	名称：浙江佳而美纺织有限公司 纳税人识别号：913301097823905165 地址、电话：黄山区瓜沥镇坎山人民路1号 开户行及账号：中国农业银行执州坎山分理处19083401040004384	备注	浙江佳而美纺织有限公司 913301097823905165 发票专用章

收款人：李江英　　复核：陆佳佳　　开票人：李江英　　销售方：章

国税函（2014）257号浙江印钞厂

第三联：发票联 购买方记账凭证

业务 5

增值税专用发票 N0000174914

开票日期：2020年02月27日

购买方	名称：绍兴柯鲁丝纺织品有限公司 纳税人识别号：913306023553277238896 地址、电话：绍兴市风林西路2500号B区六大道2F2386 159258158 开户行及账号：农行绍兴越州支行19500901040011896	密码区	67/*+3*0/611*++0/+0*/*+3+2/9 *11*+66666**066611*+66666* 1**+216***6000*261*2*4/*547 203994+-42*64151*6915361/3*

货物或应税劳务、服务名称	规格型号	单位	数量	单价	金额	税率	税额
棉布染色加工费		米	5080	1.922596	9766.79	13%	1269.68
合计					￥ 9766.79		￥ 1269.68
价税合计（大写）	⊗壹万壹仟零叁拾陆元肆角柒分				（小写） ￥ 11036.47		

销售方	名称：杭州航民美时达印染有限公司 纳税人识别号：913301097823905165 地址、电话：萧山区瓜沥镇坎山人民路1号0571-82513947 开户行及账号：中国农业银行杭州坎山分理处19083401040004384	备注	杭州航民美时达印染有限公司 913301097823905165 发票专用章

收款人：李江英　　复核：陆佳佳　　开票人：李江英　　销售方：章

国税函（2014）257号浙江印钞厂

第三联：发票联 购买方记账凭证

业务 6

增值税专用发票 N022445874

记 账 联

开票日期：2020年03月02日

购买方	名 称：江苏顺天豪舰贸易有限公司 纳税人识别号：923200007260573480 地址、电话：江苏省南京市雨花台区软件大道21号A幢五层025-5281 开户行及账号：中国银行江苏省分行南京中华路支行479358191201	密码区	67/*+3*0/611*++0/+0*/*+3+2/9 *11*+66666**066611*+66666* 1**+216***6000*261*2*4/*547 203994+-42*64151*6915361/3*

货物或应税劳务、服务名称	规格型号	单位	数量	单价	金额	税率	税额
55%亚麻 45%粘胶 梭织布		米	7478	13.247863	99067.52	13%	12878.78
合 计					￥ 99067.52		￥ 12878.78
价税合计（大写）	⊗壹拾壹万壹仟玖佰肆拾陆元叁角整				（小写） ￥ 111946.30		

销售方	名 称：绍兴柯鲁丝纺织品有限公司 纳税人识别号：91330602355327723889 地址、电话：绍兴市风林西路2500号B区六大道2F2386 1592581589 开户行及账号：农行绍兴越州支行19500901040011896	备注	（印章：绍兴柯鲁丝纺织品有限公司 91330602355327723889 发票专用章）

收款人：周长玉 复核：周长玉 开票人：王香蕊 销售方：章

国税函〔2014〕257号浙江印钞厂

第一联：记账联 销售方记账凭证

增值税专用发票 N022445873

记 账 联

开票日期：2020年03月02日

购买方	名 称：江苏顺天豪舰贸易有限公司 纳税人识别号：923200007260573480 地址、电话：江苏省南京市雨花台区软件大道21号A幢五层025-5281 开户行及账号：中国银行江苏省分行南京中华路支行479358191201	密码区	67/*+3*0/611*++0/+0*/*+3+2/9 *11*+66666**066611*+66666* 1**+216***6000*261*2*4/*547 203994+-42*64151*6915361/3*

货物或应税劳务、服务名称	规格型号	单位	数量	单价	金额	税率	税额
55%亚麻 45%粘胶 梭织布		米	7478	5.931376	44354.83	13%	5766.13
合 计					￥ 44354.83		￥ 5766.13
价税合计（大写）	⊗伍万零壹佰贰拾元玖角陆分				（小写） ￥ 50120.96		

销售方	名 称：绍兴柯鲁丝纺织品有限公司 纳税人识别号：91330602355327723889 地址、电话：绍兴市风林西路2500号B区六大道2F2386 1592581589 开户行及账号：农行绍兴越州支行19500901040011896	备注	（印章：绍兴柯鲁丝纺织品有限公司 91330602355327723889 发票专用章）

收款人：周长玉 复核：周长玉 开票人：王香蕊 销售方：章

国税函〔2014〕257号浙江印钞厂

第一联：记账联 销售方记账凭证

业务 7

增值税专用发票 N022445875

记账联

开票日期：2020年03月02日

购买方		密码区	
名　称：	江苏顺天豪舰贸易有限公司		67/*+3*0/611*++0/+0*/*+3+2/9
纳税人识别号：	923200007260573480		*11*+66666**066611*+66666*
地址、电话：	江苏省南京市雨花台区软件大道21号A幢五层025-528		1**+216***6000*261*2*4/*547
开户行及账号：	中国银行江苏省分行南京中华路支行479358191201		203994+-42*64151*6915361/3*

货物或应税劳务、服务名称	规格型号	单位	数量	单价	金额	税率	税额
55%亚麻 45%粘胶 梭织布		米	7479.3	13.247863	99084.74	13%	12881.02
合　计					¥ 99084.74		¥ 12881.02
价税合计（大写）	⊗壹拾壹万壹仟玖佰陆拾伍元柒角陆分				（小写） ¥ 111965.76		

销售方		备注
名　称：	绍兴柯鲁丝纺织品有限公司	绍兴柯鲁丝纺织品有限公司 913306023553277238896 发票专用章
纳税人识别号：	913306023553277238896	
地址、电话：	绍兴市凤林西路2500号B区六大道2F2386 159258158	
开户行及账号：	农行绍兴越州支行19500901040011896	

收款人：周长玉　　复核：周长玉　　开票人：王香蕊　　销售方：章

国税函（2014）257号浙江印钞厂

第一联：记账联　销售方记账凭证

业务 8

托收凭证（付款通知）　5

委托日期：2020 年 04 月 05 日

业务类型	委托收款（□邮划、□电划）			托收承付（□邮划、☑电划）		
付款人	全称	绍兴柯鲁丝纺织品有限公司	收款人	全称	曲阜恒辉纺织有限公司	
	账号	19500901040011896		账号	1608040709200004225	
	地址	浙江 省绍兴 市县　开户行 农行绍兴越州支行		地址	山东 省曲阜 市县　开户行 中国工商银行曲阜市支	

金额	人民币（大写） 叁拾壹万壹仟元整	千	百	十	万	千	百	十	元	角	分
				3	1	1	0	0	0	0	0

款项内容		托收凭据名称		附寄单证张数	
商品发运情况		合同名称号码			

备注：	款项收妥日期	收款人开户银行签章
复核周长玉　　记账王香蕊	2020 年04 月05 日	中国工商银行曲阜市支行 电子转账专用章　2020 年04 月05 日

此联付款人开户银行给付款人按期付款的通知

业务 9

增值税专用发票 N022445877

开票日期：2020年03月08日

购买方	名称：绍兴市邑欣纺织品有限公司 纳税人识别号：913206003070739113OX 地址、电话：绍兴市越城区（袍江新区）三环路92号车间—2楼东 开户行及账号：中行绍兴市分行397466984699	密码区	67/*+3*0/611*++0/+0*/*+3+2/9 *11*+66666**066611*+66666* 1**+216***6000*261*2*4/*547 203994+-42*64151*6915361/3*

货物或应税劳务、服务名称	规格型号	单位	数量	单价	金额	税率	税额
全棉坯布		米	3950.208	6.068377	23971.35	13%	3116.28
合计					¥ 23971.35		¥ 3116.28
价税合计（大写）	⊗贰万柒仟零捌拾柒元陆角叁分				（小写） ¥ 27087.63		

销售方	名称：绍兴柯鲁丝纺织品有限公司 纳税人识别号：913306023553277238 地址、电话：绍兴市凤林西路2500号B区六大道2F2386 159258158 开户行及账号：农行绍兴越州支行19500901040011896	备注	绍兴柯鲁丝纺织品有限公司 913306023553277238 发票专用章

收款人：周长玉　　复核：周长玉　　开票人：王香蕊　　销售方：（章）

第一联：记账联　销售方记账凭证

国税函（2014）257号浙江印钞厂

托收凭证(付款通知)　　5

委托日期：2020 年04 月05 日

业务类型	委托收款（□邮划、□电划）		托收承付（□邮划、☑电划）	
付款人	全称：绍兴柯鲁丝纺织品有限公司 账号：19500901040011896 地址：浙江省绍兴市县　开户行：农行绍兴越州支行	收款人	全称：青岛即发龙山染织有限公司 账号：3803028309200030588 地址：山东省青岛市县　开户行：中国工商银行青岛市即	
金额	人民币（大写）叁仟贰佰零捌元肆角伍分		千百十万千百十元角分：3 2 0 8 4 5	
款项内容		托收凭据名称		附寄单证张数
商品发运情况		合同名称号码		
备注： 复核周长玉　记账王香蕊	款项收妥日期 2020 年04 月05 日		收款人开户银行签章 中国工商银行青岛市即墨支行 自动回单机专用章 (001) 2020 年04 月05 日	

此联付款人开户银行给付款人按期付款的通知

业务 10

中国农业银行 AGRICULTURAL BANK OF CHINA 征收机关实时批量扣税客户回执

付款方户名： 绍兴柯鲁丝纺织品有限公司
付款方账号： 19500901040011896
付款开户行： 中国农业银行股份有限公司绍兴越州支行
收款方户名： 青岛即发龙山染织有限公司
收款方账号： 3803028309200030588
收款方开户行： 中国工商银行青岛市即墨支行 金额： 3208.45 大写金额： 叁仟贰佰零捌元肆角伍分
入账日期： 20200310

内部成员单位账号：
户名：
付款方账簿编号：
付款方账簿名称：
收款方账簿编号：
收款方账簿名称：
摘要： 转账取款
附言： 货款
打印日期： 20200405 行号： 5009 打印柜员： 页码： 5 印章：

业务 11

中国农业银行 AGRICULTURAL BANK OF CHINA 征收机关实时批量扣税客户回执

付款方户名： 周长玉
付款方账号： 6214030201000175678
付款开户行： 莱商银行股份有限公司菏泽曹县支行
收款方户名： 绍兴柯鲁丝纺织品有限公司
收款方账号： 19500901040011896
收款方开户行： 中国农业银行股份有限公司绍兴越州支行 金额： 120000.00 大写金额： 壹拾贰万元整
入账日期： 20200310

内部成员单位账号： 19500901040011896
户名： 绍兴柯鲁丝纺织品有限公司
付款方账簿编号：
付款方账簿名称：
收款方账簿编号：
收款方账簿名称：
摘要： 转账存款
附言： 转账

打印日期： 20200405 行号： 5009 打印柜员： 页码： 3 印章：

中国农业银行 AGRICULTURAL BANK OF CHINA 征收机关实时批量扣税客户回执

付款方户名： 周长玉
付款方账号： 6214030201000175678
付款开户行：
收款方户名： 绍兴柯鲁丝纺织品有限公司
收款方账号： 19500901040011896
收款方开户行： 中国农业银行股份有限公司绍兴越州支行 金额： 40000.00 大写金额： 肆万元整
入账日期： 20200308

内部成员单位账号： 19500901040011896
户名： 绍兴柯鲁丝纺织品有限公司
付款方账簿编号：
付款方账簿名称：
收款方账簿编号：
收款方账簿名称：
摘要： 柜台转账存款
附言： 转账

打印日期： 20200405 行号： 5009 打印柜员： 页码： 1 印章：

业务 12

进账单（收账通知） 3

2020 年03 月10 日

出票人	全称	青岛即发龙山染织有限公司	收款人	全称	绍兴柯鲁丝纺织品有限公司
	账号	3803028209200020588		账号	19500901040011896
	开户银行	中国工商银行青岛即墨支行		开户银行	农行绍兴越州支行
金额	人民币（大写）	叁仟贰佰零捌元肆角伍分		千百十万千百十元角分	3 2 0 8 4 5
票据种类		票据张数			
票据号码					
		复核 周长玉 记账 王香蕊		收款人开户银行签章	

此联是收款人的开户银行交给收款人的收账通知

业务 13

进账单（收账通知） 3

2020 年03 月10 日

出票人	全称	绍兴市邑欣纺织品有限公司	收款人	全称	绍兴柯鲁丝纺织品有限公司
	账号	397466984699		账号	19500901040011896
	开户银行	中国银行绍兴市分支行		开户银行	农行绍兴越州支行
金额	人民币（大写）	贰万捌仟零肆拾陆元肆角八分		千百十万千百十元角分	2 8 0 4 6 4 8
票据种类		票据张数			
票据号码					
		复核 周长玉 记账 王香蕊		收款人开户银行签章	

此联是收款人的开户银行交给收款人的收账通知

业务 14

浙江增值税专用发票　N025144018

发票联

开票日期：2020年03月10日

购买方	名称：绍兴柯鲁丝纺织品有限公司 纳税人识别号：91330602355327723889 6 地址、电话：绍兴市凤林西路2500号B区第六大道2F2386室15925815896 开户行及账号：中国农业银行股份有限公司绍兴越州支行19500901040011896	密码区	67/*+3*0/611*++0/+0*/*+3+2/9 *11*+66666**066611*+66666* 1**+216***6000*261*2*4/*547 203994+-42*64151*6915361/3*

货物或应税劳务、服务名称	规格型号	单位	数量	单价	金额	税率	税额
收派服务		次	1	283.018867	283.02	6%	17.98
合　计					¥ 283.02		¥ 16.98
价税合计（大写）	叁佰元整				（小写） ¥ 300.00		

销售方	名称：绍兴顺丰速运有限公司 纳税人识别号：91330600670285279B 地址、电话：绍兴市越东南路328号物流中心A区 0575-88900173 开户行及账号：工行绍兴城东新区支行1211018129200020107	备注	S0000059…

收款人：吕刚　　复核：叶丹丹　　开票人：张文静　　销售方：（章）

国税函（2014）257号浙江印钞厂

第三联：发票联　购买方记账凭证

业务 15

增值税专用发票　N0022445878

记账联

开票日期：2020年03月11日

购买方	名称：湖州欣鼎进出口有限公司 纳税人识别号：91330503056854590N 地址、电话：湖州市南区练市镇工业园区新嘉力印染公司内0572-29 开户行及账号：中国建设银行股份有限公司湖州青铜路支行33001649	密码区	67/*+3*0/611*++0/+0*/*+3+2/9 *11*+66666**066611*+66666* 1**+216***6000*261*2*4/*547 203994+-42*64151*6915361/3*

货物或应税劳务、服务名称	规格型号	单位	数量	单价	金额	税率	税额
棉布		米	7519.111	10.598291	79689.73	13%	10359.66
合　计					¥ 79689.73		¥ 10359.66
价税合计（大写）	⊗玖万零肆拾玖元叁角玖分				（小写） ¥ 90049.39		

销售方	名称：绍兴柯鲁丝纺织品有限公司 纳税人识别号：91330602355327723889 6 地址、电话：绍兴市凤林西路2500号B区六大道2F2386 15925815 开户行及账号：农行绍兴越州支行19500901040011896	备注	

收款人：周长玉　　复核：周长玉　　开票人：王香蕊　　销售方：章

国税函（2014）257号浙江印钞厂

第一联：记账联　销售方记账凭证

业务 16

中国农业银行 AGRICULTURAL BANK OF CHINA 征收机关实时批量扣税客户回执

付款方户名：绍兴柯鲁丝纺织品有限公司
付款方账号：19500901040011896
付款开户行：中国农业银行股份有限公司绍兴越州支行
收款方户名：国家金库绍兴市中心支库
收款方账号：2560
收款方开户行：1112000000　　金额：1710.11　　大写金额：壹仟柒佰壹拾元壹角壹分
入账日期：20200312

内部成员单位账号：
户名：
付款方账簿编号：
付款方账簿名称：
收款方账簿编号：
收款方账簿名称：
摘要：转账取款
附言：实时扣税请求（3001）
打印日期：20200405　行号：5009　打印柜员：　页码：1

业务 17

中国农业银行 AGRICULTURAL BANK OF CHINA 征收机关实时批量扣税客户回执

付款方户名：绍兴柯鲁丝纺织品有限公司
付款方账号：19500901040011896
付款开户行：中国农业银行股份有限公司绍兴越州支行
收款方户名：国家金库绍兴市中心支库
收款方账号：2560
收款方开户行：1112000000　　金额：249.30　　大写金额：贰佰肆拾玖元叁角整
入账日期：20200312

内部成员单位账号：
户名：
付款方账簿编号：
付款方账簿名称：
收款方账簿编号：
收款方账簿名称：
摘要：转账取款
附言：实时扣税请求（3001）

打印日期：20200405　行号：5009　打印柜员：　页码：2

业务 18

进账单（收账通知） 3

2020 年03 月01 日

出票人			收款人		
	全称	镇江唐人制衣有限公司		全称	绍兴柯鲁丝纺织品有限公司
	账号	11040309000041043		账号	19500901040011896
	开户银行	中国工商银行股份有限公司句容支行		开户银行	农行绍兴越州支行

金额	人民币（大写）	拾壹万陆仟肆佰肆拾元伍角伍分	千	百	十	万	千	百	十	元	角	分
					1	1	6	4	4	0	5	5

票据种类		票据张数	
票据号码			

复核 周长玉 记账 王香蕊

收款人开户银行签章

此联是收款人开户银行交给收款人的收账通知

进账单（收账通知） 3

2020 年03 月01 日

出票人			收款人		
	全称	镇江唐人制衣有限公司		全称	绍兴柯鲁丝纺织品有限公司
	账号	11040309000041043		账号	19500901040011896
	开户银行	中国工商银行股份有限公司句容支行		开户银行	农行绍兴越州支行

金额	人民币（大写）	叁拾肆万玖仟壹佰柒拾玖元陆角	千	百	十	万	千	百	十	元	角	分
					3	4	9	1	7	9	6	0

票据种类		票据张数	
票据号码			

复核 周长玉 记账 王香蕊

收款人开户银行签章

此联是收款人开户银行交给收款人的收账通知

业务 19

中国农业银行 AGRICULTURAL BANK OF CHINA 征收机关实时批量扣税客户回执

付款方户名： 绍兴柯鲁丝纺织品有限公司

付款方账号： 19500901040011896

付款开户行： 中国农业银行股份有限公司绍兴越州支行

收款方户名：

收款方账号： 19500901940050310

收款方开户行： 5009 金额： 20.00 大写金额： 贰拾元整

入账日期： 20200317

内部成员单位账号：

户名：

付款方账簿编号：

付款方账簿名称：

收款方账簿编号：

收款方账簿名称：

摘要： 转账取款

附言： 短信费

打印日期： 20200405 行号： 5009 打印柜员： 页码： 4

业务 20

增值税专用发票 N0022445881

记 账 联

开票日期：2020年03月17日

国税函（2014）257号浙江印钞厂

购买方	名 称：射阳伟业服饰有限公司 纳税人识别号：91320924MA1MG7XJOC 地址、电话：射阳县兴桥镇新桥街兴西组0515-82700000 开户行及账号：工行盐城射阳幸福大道支行1109630609100006573	密码区	67/*+3*0/611*++0/+0*/*+3+2/9 *11*+66666**066611*+66666* 1**+216***6000*261*2*4/*547 203994+-42*64151*6915361/3*

货物或应税劳务、服务名称	规格型号	单位	数量	单价	金额	税率	税额
全棉帆布		米	4566	12.222223	55806.67	13%	7254.87
合 计					¥ 55806.67		¥ 7254.87
价税合计（大写）	⊗陆万叁仟零陆拾壹元伍角肆分				（小写） ¥ 63061.54		

销售方	名 称：绍兴柯鲁丝纺织品有限公司 纳税人识别号：913306023553277238896 地址、电话：绍兴市风林西路2500号B区六大道2F2386 15925815 开户行及账号：农行绍兴越州支行19500901040011896	备注	绍兴柯鲁丝纺织品有限公司 913306023553277238896 发票专用章

收款人：周长玉　　复核：周长玉　　开票人：王香蕊　　销售方：章

第一联：记账联 销售方记账凭证

增值税专用发票 N0022445882

记 账 联

开票日期：2020年03月17日

国税函（2014）257号浙江印钞厂

购买方	名 称：射阳伟业服饰有限公司 纳税人识别号：91320924MA1MG7XJOC 地址、电话：射阳县兴桥镇新桥街兴西组0515-82700000 开户行及账号：工行盐城射阳幸福大道支行1109630609100006573	密码区	67/*+3*0/611*++0/+0*/*+3+2/9 *11*+66666**066611*+66666* 1**+216***6000*261*2*4/*547 203994+-42*64151*6915361/3*

货物或应税劳务、服务名称	规格型号	单位	数量	单价	金额	税率	税额
棉布		米	721.34	13.675216	9864.48	13%	1282.38
棉布		米	224.6	13.676046	3071.64	13%	399.31
合 计					¥ 12936.12		¥ 1681.69
价税合计（大写）	⊗壹万肆仟陆佰壹拾柒元捌角壹分				（小写） ¥ 14617.81		

销售方	名 称：绍兴柯鲁丝纺织品有限公司 纳税人识别号：913306023553277238896 地址、电话：绍兴市风林西路2500号B区六大道2F2386 15925815 开户行及账号：农行绍兴越州支行19500901040011896	备注	绍兴柯鲁丝纺织品有限公司 913306023553277238896 发票专用章

收款人：周长玉　　复核：周长玉　　开票人：王香蕊　　销售方：章

第一联：记账联 销售方记账凭证

业务 21

增值税专用发票 N0009268671

开票日期：2020年03月19日

购买方	名称：绍兴柯鲁丝纺织品有限公司 纳税人识别号：913306023553277238896 地址、电话：绍兴市风林西路2500号B区六大道2F2386 15925815 开户行及账号：农行绍兴越州支行19500901040011896	密码区	67/*+3*0/611*++0/+0*/*+3+2/9 *11*+66666**066611*+66666* 1**+216***6000*261*2*4/*547 203994+-42*64151*6915361/3*

货物或应税劳务、服务名称	规格型号	单位	数量	单价	金额	税率	税额
亚麻粘布		米	6578.948	12.991452	85470.09	13%	11111.11
合计					¥ 85470.09		¥ 11111.11
价税合计（大写）	⊗玖万陆仟伍佰捌拾壹元贰角整				（小写） ¥ 96581.20		

销售方	名称：曲阜恒辉纺织有限公司 纳税人识别号：91370881570451524J 地址、电话：曲阜市王庄镇前王村南0537-4493899 开户行及账号：中国工商银行曲阜市支行1608040709200004225	备注	曲阜恒辉纺织有限公司 91370881570451524J 发票专用章

收款人：赫淑华　复核：刘芳　开票人：赫淑华　销售方：章

国税函（2014）257号浙江印钞厂

第三联：发票联 购买方记账凭证

增值税专用发票 N0009268673

开票日期：2020年03月19日

购买方	名称：绍兴柯鲁丝纺织品有限公司 纳税人识别号：913306023553277238 地址、电话：绍兴市风林西路2500号B区六大道2F2386 159258158 开户行及账号：农行绍兴越州支行19500901040011896	密码区	67/*+3*0/611*++0/+0*/*+3+2/9 *11*+66666**066611*+66666* 1**+216***6000*261*2*4/*547 203994+-42*64151*6915361/3*

货物或应税劳务、服务名称	规格型号	单位	数量	单价	金额	税率	税额
亚麻粘布		米	2705.2	11.794873	31907.49	13%	4147.97
合计					¥ 31907.49		¥ 4147.97
价税合计（大写）	⊗叁万陆仟零伍拾伍元肆角陆分				（小写） ¥ 36055.46		

销售方	名称：曲阜恒辉纺织有限公司 纳税人识别号：91370881570451524J 地址、电话：曲阜市王庄镇前王村南0537-4493899 开户行及账号：中国工商银行曲阜市支行1608040709200004225	备注	曲阜恒辉纺织有限公司 91370881570451524J 发票专用章

收款人：赫淑华　复核：刘芳　开票人：赫淑华　销售方：章

国税函（2014）257号浙江印钞厂

第三联：发票联 购买方记账凭证

N0009268670

开票日期：2020年03月19日

购买方	名称：绍兴柯鲁丝纺织品有限公司 纳税人识别号：913306023553277238 地址、电话：绍兴市凤林西路2500号B区六大道2F2386 159258158 开户行及账号：农行绍兴越州支行19500901040011896	密码区	67/*+3*0/611*++0/+0*/*+3+2/9 *11*+66666**066611*+66666* 1**+216***6000*261*2*4/*547 203994+-42*64151*6915361/3*

货物或应税劳务、服务名称	规格型号	单位	数量	单价	金额	税率	税额
亚麻粘布		米	3830	9.442548	36164.96	13%	4701.44
亚麻粘布		米	4518.88	12.991458	58706.84	13%	7631.89
合计					¥ 94871.8		¥ 12333.33
价税合计（大写）	⊗壹拾万零柒仟贰佰零伍元壹角叁分				（小写） ¥ 107205.13		

销售方	名称：曲阜恒辉纺织有限公司 纳税人识别号：91370881570451524J 地址、电话：曲阜市王庄镇前王村南0537-4493899 开户行及账号：中国工商银行曲阜市支行1608040709200004225	备注	（印章：曲阜恒辉纺织有限公司 91370881570451524J 发票专用章）

收款人：赫淑华　　复核：刘芳　　开票人：赫淑华　　销售方：章

国税函（2014）257号浙江印钞厂

第三联：发票联　购买方记账凭证

业务22

中国农业银行 AGRICULTURAL BANK OF CHINA　征收机关实时批量扣税客户回执

付款方户名：
付款方账号：
付款开户行：
收款方户名：绍兴柯鲁丝纺织品有限公司
收款方账号：19500901040011896
收款方开户行：中国农业银行股份有限公司绍兴越州支行　　金额：137.68　　大写金额：壹佰叁拾柒元陆角捌分
入账日期：20200321

内部成员单位账号：
户名：
付款方账簿编号：
付款方账簿名称：
收款方账簿编号：
收款方账簿名称：
摘要：结息周期20161221-2
附言：批量结息

打印日期：20200405　行号：5009　打印柜员：　页码：1　回

业务23

托收凭证(付款通知) 5

委托日期:2020 年04 月05 日

业务类型	委托收款(□邮划、□电划)				托收承付(□邮划、■电划)			
付款人	全称	绍兴柯鲁丝纺织品有限公司		收款人	全称	淄博大染坊丝绸集团有限公司		
	账号	19500901040011896			账号	37305060218120015043		
	地址	浙江 省绍兴 市县	开户行 农行绍兴越州支行		地址	山东 省淄博 市县	开户行 交通银行淄博分行周村	
金额	人民币（大写）	陆万肆仟玖佰叁拾肆元叁角一分					千百十万千百十元角分	6 4 9 3 4 3 1
款项内容	加工费	托收凭据名称		附寄单证张数				
商品发运情况		合同名称号码						
备注： 复核周长玉 记账王香蕊		款项收妥日期 2020 年04 月05 日		收款人开户银行签章 2020 年04 月05 日				

此联付款人开户银行给付款人按期付款的通知

业务24

浙江增值税专用发票 N000527326

开票日期:2020年03月22日

购买方	名称：绍兴柯鲁丝纺织品有限公司 纳税人识别号：913306023553277238 地址、电话：绍兴市凤林西路2500号B区六大道2F2386 159258158 开户行及账号：农行绍兴越州支行19500901040011896	密码区	67/*+3*0/611*++0/+0*/*+3+2/9 *11*+66666**066611*+66666* 1**+216***6000*261*2*4/*547 203994+-42*64151*6915361/3*				
货物或应税劳务、服务名称	规格型号	单位	数量	单价	金额	税率	税额
加工费	32*32+40D/120*68	米	26014.9	2.094017	54475.64	13%	7081.83
加工费	32*32+40D/120*68	米	427	1.196581	510.94	13%	66.42
样品		米	30	17.094	512.82	13%	66.67
合计					￥ 55499.4		￥ 7214.92
价税合计（大写）	⊗陆万贰仟柒佰壹拾肆元叁角贰分				（小写） ￥ 62714.32		
销售方	名称：淄博大染坊丝绸集团有限公司 纳税人识别号：91370306771020704J 地址、电话：周村区周隆路1666号0533-6812806 开户行及账号：交通银行淄博分行周村支行33730506020181200150 4	备注	淄博大染坊丝绸集团有限公司 91370306771020704J 发票专用章				

收款人：张勇 复核：张宗海 开票人：管茜莹 销售方：章

国税函（2014）257号浙江印钞厂

第三联：发票联 购买方记账凭证

业务 25

托收凭证(收款通知) 5

委托日期：2020 年 03 月 23 日

业务类型	委托收款(□邮划、□电划)			托收承付(□邮划、☑电划)		
付款人	全称	绍兴柯鲁丝纺织品有限公司	收款人	全称	滨州魏桥科技工业园有限公司	
	账号	19500901040011896		账号	37001835908050000176	
	地址	浙江 省绍兴 市县 开户行 农行绍兴越州支行		地址	山东 省滨州 市县 开户行 中国建设银行滨州支行	
金额	人民币(大写)	贰拾万壹仟零拾柒元零伍分			千百十万千百十元角分	¥2 0 1 0 1 7 0 5
款项内容	货款	托收凭据名称		附寄单证张数		
商品发运情况		合同名称号码				
备注： 复核 记账		款项收妥日期 2020 年 03 月 23 日		收款人开户银行签章 2020 年 03 月 23 日		

此联付款人开户银行给付款人按期付款的通知

业务 26

浙江增值税专用发票 N022445883

记账联

开票日期：2020年03月23日

购买方	名称：建德市锐进轻纺有限公司 纳税人识别号：9133018258322374XX 地址、电话：建德市乾潭镇黄立垟（工业功能区0571-64115569） 开户行及账号：建德市农村信用合作联社乾潭信用社20100008705220	密码区	67/*+3*0/611*++0/+0*/*+3+2/9 *11*+66666**066611*+66666* 1**+216***6000*261*2*4/*547 203994+-42*64151*6915361/3*

货物或应税劳务、服务名称	规格型号	单位	数量	单价	金额	税率	税额
棉布		米	11169.47	8.71795	97374.88	13%	12658.73
合 计					¥ 97374.88		¥ 12658.73
价税合计(大写)	⊗壹拾壹万零叁拾叁元陆角壹分				（小写） ¥ 110033.61		

销售方	名称：绍兴柯鲁丝纺织品有限公司 纳税人识别号：913306023553277238896 地址、电话：绍兴市凤林西路2500号B区六大道2F2386 159258158 开户行及账号：农行绍兴越州支行19500901040011896	备注	

收款人：周长玉 复核：周长玉 开票人：王香蕊 销售方：章

第一联：记账联 销售方记账凭证

N022445884

开票日期：2020年03月23日

购买方	名称：建德市锐进轻纺有限公司 纳税人识别号：9133018258322374XX 地址、电话：建德市乾潭镇黄立垟（工业功能区0571-64115569） 开户行及账号：建德市农村信用合作联社乾潭信用社20100008705220			密码区	67/*+3*0/611*++0/+0*/*+3+2/9 *11*+66666**066611*+66666* 1**+216***6000*261*2*4/*547 203994+-42*64151*6915361/3*		
货物或应税劳务、服务名称	规格型号	单位	数量	单价	金额	税率	税额
棉布		米	9803.9216	8.71795	85470.10	13%	11111.11
合　计					¥ 85470.1		¥ 11111.11
价税合计（大写）	⊗玖万陆仟伍佰捌拾壹元贰角壹分				（小写） ¥ 96581.21		
销售方	名称：绍兴柯鲁丝纺织品有限公司 纳税人识别号：91330602355327723889б 地址、电话：绍兴市凤林西路2500号B区六大道2F2386 159258158 开户行及账号：农行绍兴越州支行19500901040011896			备注	绍兴柯鲁丝纺织品有限公司 91330602355327723889б 发票专用章		

收款人：周长玉　　复核：周长玉　　开票人：王香蕊　　销售方：章

第一联：记账联　销售方记账凭证

国税函〔2014〕257号浙江印钞厂

业务27

N001844991

开票日期：2020年03月24日

购买方	名称：绍兴柯鲁丝纺织品有限公司 纳税人识别号：913306023553277238 地址、电话：绍兴市凤林西路2500号B区第六大道2F2386室15925815896 开户行及账号：中国农业银行股份有限公司绍兴越州支行1950090104			密码区	67/*+3*0/611*++0/+0*/*+3+2/9 *11*+66666**066611*+66666* 1**+216***6000*261*2*4/*547 203994+-42*64151*6915361/3*		
货物或应税劳务、服务名称	规格型号	单位	数量	单价	金额	税率	税额
棉布	一等品	米	26250	10.619469	278761.06	13%	36238.94
合　计					¥ 278761.06		¥36238.94
价税合计（大写）	叁拾壹万伍仟元整				（小写） ¥ 315000.00		
销售方	名称：淮阳恒安实业有限公司 纳税人识别号：91411626660900477Y 地址、电话：淮阳县工业园区 0394-2882285 开户行及账号：中国建设银行股份有限公司淮阳支行4100155791005321			备注	淮阳恒安实业有限公司 91411626660900477Y 发票专用章		

收款人：石俊峰　　复核：王会军　　开票人：卫峰　　销售方：章

第三联：发票联　购买方记账凭证

国税函〔2014〕257号浙江印钞厂

托收凭证(付款通知) 5

委托日期:2020 年03 月22 日

业务类型	委托收款(□ 邮划、 □ 电划)			托收承付(□ 邮划、 ☑ 电划)		
付款人	全称	绍兴柯鲁丝纺织品有限公司	收款人	全称	淮阳恒安实业有限公司	
	账号	19500901040011896		账号	41001557910050210971	
	地址	浙江 省绍兴 市县 开户行 农行绍兴越州支行		地址	河南 省淮阳 市县 开户行 中国建设银行淮阳支行	
金额	人民币(大写)	叁拾壹万伍仟元整			千百十万千百十元角分	¥ 3 1 5 0 0 0 0 0
款项内容	货款	托收凭据名称		附寄单证张数		
商品发运情况		合同名称号码				
备注: 复核周长玉 记账王香蕊		款项收妥日期 2020 年03 月22 日		收款人开户银行签章 2020 年03 月22 日		

此联付款人开户银行给付款人按期付款的通知

业务28

增值税专用发票 N022445885

开票日期:2020年03月24日

购买方	名称: 湖州欣鼎进出口有限公司 纳税人识别号: 91330503056854590N 地址、电话: 湖州市南浔区练市镇工业园区新嘉力印染公司内0512- 开户行及账号: 中国建设银行股份有限公司湖州青铜路支行33001649	密码区	67/*+3*0/611*++0/+0*/*+3+2/9 *11*+66666**066611*+66666* 1**+216***6000*261*2*4/*547 203994+-42*64151*6915361/3*				
货物或应税劳务、服务名称	规格型号	单位	数量	单价	金额	税率	税额
棉布		米	8000	11.367521	90940.17	13%	11822.22
合计					¥ 90940.17		¥ 11822.22
价税合计(大写)	⊗壹拾万零贰仟柒佰陆拾贰元叁角玖分				(小写) ¥ 102762.39		
销售方	名称: 绍兴柯鲁丝纺织品有限公司 纳税人识别号: 91330602355327723889 6 地址、电话: 绍兴市凤林西路2500号B区六大道2F2386 15925815 开户行及账号: 农行绍兴越州支行19500901040011896	备注					

收款人: 周长玉 复核: 周长玉 开票人: 王香蕊 销售方: 章

第一联:记账联 销售方记账凭证

国税函(2014)257号浙江印钞厂

N022445886

开票日期：2020年03月24日

购买方	名称：湖州欣鼎进出口有限公司 纳税人识别号：91330503056854590N 地址、电话：湖州市南浔区练市镇工业园区新嘉力印染公司内0512- 开户行及账号：中国建设银行股份有限公司湖州青铜路支行330016497	密码区	67/*+3*0/611*++0/+0*/*+3+2/9 *11*+66666**066611*+66666* 1**+216***6000*261*2*4/*547 203994+-42*64151*6915361/3*				
货物或应税劳务、服务名称	规格型号	单位	数量	单价	金额	税率	税额
棉布		米	8000	11.367521	90940.17	13%	11822.22
合计					￥ 90940.17		￥ 11822.22
价税合计（大写）	⊗壹拾万零贰仟柒佰陆拾贰元叁角玖分				（小写） ￥ 102762.39		
销售方	名称：绍兴柯鲁丝纺织品有限公司 纳税人识别号：91330602355327723896 地址、电话：绍兴市凤林西路2500号B区六大道2F2386 15925815 开户行及账号：农行绍兴越州支行19500901040011896	备注	（绍兴柯鲁丝纺织品有限公司 91330602355327723896 发票专用章）				

收款人：周长玉　　复核：周长玉　　开票人：王香蕊　　销售方：章

国税函〔2014〕257号浙江印钞厂

第一联：记账联　销售方记账凭证

业务29

N021209312

开票日期：2020年03月27日

购买方	名称：绍兴柯鲁丝纺织品有限公司 纳税人识别号：91330602355327723896 地址、电话：绍兴市凤林西路2500号B区六大道2F2386 15925815 开户行及账号：农行绍兴越州支行19500901040011896	密码区	67/*+3*0/611*++0/+0*/*+3+2/9 *11*+66666**066611*+66666* 1**+216***6000*261*2*4/*547 203994+-42*64151*6915361/3*				
货物或应税劳务、服务名称	规格型号	单位	数量	单价	金额	税率	税额
棉布		米	26952	9.572661	258002.37	13%	33540.31
合计					￥ 258002.37		￥ 33540.31
价税合计（大写）	⊗贰拾玖万壹仟伍佰肆拾贰元陆角捌分				（小写） ￥ 291542.68		
销售方	名称：浙江佳而美纺织有限公司 纳税人识别号：91330781779356990E 地址、电话：兰溪市永昌街道红店头0579-88389306 开户行及账号：中国工商银行兰溪市支行1208050009200132565	备注	（浙江佳而美纺织有限公司 91330781779356990E 发票专用章）				

收款人：徐君　　复核：姚冠生　　开票人：余佳丽　　销售方：章

国税函〔2014〕257号浙江印钞厂

第三联：发票联　购买方记账凭证

业务 30

进账单（收账通知） 3

2020 年03 月27 日

出票人	全称	江苏苏美达轻纺科技产业有限公司	收款人	全称	绍兴柯鲁丝纺织品有限公司
	账号	GJ01-01-0517-01		账号	19500901040011896
	开户银行	交通银行北京市分行		开户银行	农行绍兴越州支行
金额	人民币（大写）	伍万陆仟贰佰叁拾玖元贰角		千百十万千百十元角分	5 6 2 3 9 2 0
票据种类		票据张数			
票据号码					
	复核 周长玉 记账 王香蕊			收款人开户银行签章	

此联是收款人的开户银行交给收款人的收账通知

业务 31

进账单（收账通知） 3

2020 年03 月28 日

出票人	全称	建德市锐进纺织有限公司	收款人	全称	绍兴柯鲁丝纺织品有限公司
	账号	201000087052282		账号	19500901040011896
	开户银行	建德市农村信用合作联社		开户银行	农行绍兴越州支行
金额	人民币（大写）	叁拾贰万捌仟陆佰零柒元伍角		千百十万千百十元角分	3 2 8 6 0 7 5 0
票据种类		票据张数			
票据号码					
	复核 周长玉 记账 王香蕊			收款人开户银行签章	

此联是收款人的开户银行交给收款人的收账通知

进账单（收账通知） 3

2020 年03 月28 日

出票人	全称	建德市锐进纺织有限公司	收款人	全称	绍兴柯鲁丝纺织品有限公司
	账号	201000087052282		账号	19500901040011896
	开户银行	建德市农村信用合作联社		开户银行	农行绍兴越州支行
金额	人民币（大写）	贰拾壹万叁仟玖佰贰拾捌元陆角壹分		千百十万千百十元角分	2 1 3 9 2 8 6 1
票据种类		票据张数			
票据号码					
	复核 周长玉 记账 王香蕊			收款人开户银行签章	

此联是收款人的开户银行交给收款人的收账通知

业务 32

增值税专用发票 N013182761

记 账 联

开票日期：2020年03月27日

购买方		密码区	
名 称：	湖州欣鼎进出口有限公司		67/*+3*0/611*++0/+0*/*+3+2/9
纳税人识别号：	91330503056854590N		*11*+66666**066611*+66666*
地址、电话：	湖州市南浔区练市镇工业园区新嘉力印染公司内0572-:		1**+216***6000*261*2*4/*547
开户行及账号：	中国建设银行股份有限公司湖州青铜路支行33001649i		203994+-42*64151*6915361/3*

货物或应税劳务、服务名称	规格型号	单位	数量	单价	金额	税率	税额
棉布		米	8000	11.367521	90940.17	13%	11822.22
合 计					¥ 90940.17		¥ 11822.22
价税合计（大写）	⊗壹拾万零贰仟柒佰陆拾贰元叁角玖分				（小写） ¥ 102762.39		

销售方		备注	
名 称：	绍兴柯鲁丝纺织品有限公司		绍兴柯鲁丝纺织品有限公司 913306023553277238896 发票专用章
纳税人识别号：	913306023553277238896		
地址、电话：	绍兴市风林西路2500号B区六大道2F2386 159258158!		
开户行及账号：	农行绍兴越州支行19500901040011896		

收款人： 复核： 开票人： 销售方：章

国税函（2014）257号浙江印钞厂

第一联：记账联 销售方记账凭证

增值税专用发票 N013182762

记 账 联

开票日期：2020年03月27日

购买方		密码区	
名 称：	湖州欣鼎进出口有限公司		67/*+3*0/611*++0/+0*/*+3+2/9
纳税人识别号：	91330503056854590N		*11*+66666**066611*+66666*
地址、电话：	湖州市南浔区练市镇工业园区新嘉力印染公司内0572-:		1**+216***6000*261*2*4/*547
开户行及账号：	中国建设银行股份有限公司湖州青铜路支行33001649i		203994+-42*64151*6915361/3*

货物或应税劳务、服务名称	规格型号	单位	数量	单价	金额	税率	税额
棉布		米	8000	11.367521	90940.17	13%	11822.22
合 计					¥ 90940.17		¥ 11822.22
价税合计（大写）	⊗壹拾万零贰仟柒佰陆拾贰元叁角玖分				（小写） ¥ 102762.39		

销售方		备注	
名 称：	绍兴柯鲁丝纺织品有限公司		绍兴柯鲁丝纺织品有限公司 913306023553277238896 发票专用章
纳税人识别号：	913306023553277238896		
地址、电话：	绍兴市风林西路2500号B区六大道2F2386 159258158!		
开户行及账号：	农行绍兴越州支行19500901040011896		

收款人： 复核： 开票人： 销售方：章

国税函（2014）257号浙江印钞厂

第一联：记账联 销售方记账凭证

增值税专用发票 N013182763

记账联

开票日期：2020年03月27日

购买方	名称：湖州欣鼎进出口有限公司 纳税人识别号：91330503056854590N 地址、电话：湖州市南浔区练市镇工业园区新嘉力印染公司内0572- 开户行及账号：中国建设银行股份有限公司湖州青铜路支行330016497				密码区	67/*+3*0/611*++0/+0*/*+3+2/9 *11*+66666**066611*+66666* 1**+216***6000*261*2*4/*547 203994+-42*64151*6915361/3*		
货物或应税劳务、服务名称	规格型号	单位	数量	单价	金额	税率	税额	
棉布		米	8000	11.367521	90940.17	13%	11822.22	
合计					¥ 90940.17		¥ 11822.22	
价税合计（大写）	⊗壹拾万零贰仟柒佰陆拾贰元叁角玖分				（小写） ¥ 102762.39			
销售方	名称：绍兴柯鲁丝纺织品有限公司 纳税人识别号：91330602355327723889 地址、电话：绍兴市凤林西路2500号B区六大道2F2386 159258158 开户行及账号：农行绍兴越州支行19500901040011896				备注	绍兴柯鲁丝纺织品有限公司 913306023553277238896 发票专用章		

收款人： 复核： 开票人： 销售方：章

第一联：记账联 销售方记账凭证

业务 33

进账单（收账通知） 3

2020 年03 月07 日

出票人	全称	江苏顺天豪舰贸易有限公司	收款人	全称	绍兴柯鲁丝纺织品有限公司
	账号	479358191201		账号	19500901040011896
	开户银行	中国银行股份有限公司江苏省分行		开户银行	农行绍兴越州支行
金额	人民币（大写）	伍万贰仟伍佰叁拾壹元贰角捌分		千百十万千百十元角分	5 2 5 3 1 2 8
票据种类		票据张数			
票据号码					
	复核 周长玉 记账 王香蕊			收款人开户银行签章	中国农业银行越州支行 自动回单机专用章

此联是收款人的开户银行交给收款人的收账通知

进账单（收账通知） 3

2020 年03 月17 日

出票人	全称	江苏顺天豪舰贸易有限公司	收款人	全称	绍兴柯鲁丝纺织品有限公司
	账号	479358191201		账号	19500901040011896
	开户银行	中国银行股份有限公司江苏省分行		开户银行	农行绍兴越州支行
金额	人民币（大写）	贰拾叁万壹仟捌佰叁拾捌元壹角伍分		千百十万千百十元角分	2 3 1 8 3 8 1 5
票据种类		票据张数			
票据号码					
	复核 周长玉 记账 王香蕊			收款人开户银行签章	中国农业银行越州支行 自动回单机专用章

此联是收款人的开户银行交给收款人的收账通知

国税函（2014）257号浙江印钞厂

进账单（收账通知） 3

2020 年03 月17 日

出票人	全　称	江苏顺天豪舰贸易有限公司	收款人	全　称	绍兴柯鲁丝纺织品有限公司
	账　号	479358191201		账　号	19500901040011896
	开户银行	中国银行股份有限公司江苏省分行		开户银行	农行绍兴越州支行
金额	人民币（大写）	伍万壹仟捌佰玖拾伍元壹角伍分		千百十万千百十元角分	5 1 8 9 5 1 5
票据种类		票据张数			
票据号码					
		复核　周长玉　　记账　王香蕊		收款人开户银行签章	中国农业银行越州支行 自动回单机专用章

此联是收款人开户银行交给收款人的收账通知

进账单（收账通知） 3

2020 年03 月27 日

出票人	全　称	江苏顺天豪舰贸易有限公司	收款人	全　称	绍兴柯鲁丝纺织品有限公司
	账　号	479358191201		账　号	19500901040011896
	开户银行	中国银行股份有限公司江苏省分行		开户银行	农行绍兴越州支行
金额	人民币（大写）	壹万伍仟壹佰叁拾伍元零伍分		千百十万千百十元角分	1 5 1 3 5 0 5
票据种类		票据张数			
票据号码					
		复核　周长玉　　记账　王香蕊		收款人开户银行签章	中国农业银行越州支行 自动回单机专用章

此联是收款人开户银行交给收款人的收账通知

进账单（收账通知） 3

2020 年03 月28 日

出票人	全　称	江苏顺天豪舰贸易有限公司	收款人	全　称	绍兴柯鲁丝纺织品有限公司
	账　号	479358191201		账　号	19500901040011896
	开户银行	中国银行股份有限公司江苏省分行		开户银行	农行绍兴越州支行
金额	人民币（大写）	陆万伍仟贰佰玖拾叁元八角整		千百十万千百十元角分	6 5 2 9 3 8 0
票据种类		票据张数			
票据号码					
		复核　周长玉　　记账　王香蕊		收款人开户银行签章	中国农业银行越州支行 自动回单机专用章

此联是收款人开户银行交给收款人的收账通知

业务34

托收凭证(付款通知) 5

委托日期:2020 年03 月22 日

业务类型	委托收款(□邮划、□电划)			托收承付(□邮划、☑电划)		
付款人	全称	绍兴柯鲁丝纺织品有限公司	收款人	全称	浙江佳而美纺织有限公司	
	账号	19500901040011896		账号	1280050009200132565	
	地址	浙江 省绍兴 市县 开户行 农行绍兴越州支行		地址	浙江 省兰溪 市县 开户行 中国工商银行兰溪支行	
金额	人民币(大写)	贰拾万元整			千百十万千百十元角分	2 0 0 0 0 0 0 0
款项内容	货款	托收凭据名称		附寄单证张数		
商品发运情况		合同名称号码				
备注: 复核周长玉 记账王香蕊		款项收妥日期 2020 年03 月22 日		收款人开户银行签章 2020 年03 月22 日		

此联付款人开户银行给付款人按期付款的通知

托收凭证(付款通知) 5

委托日期:2020 年03 月29 日

业务类型	委托收款(□邮划、□电划)			托收承付(□邮划、☑电划)		
付款人	全称	绍兴柯鲁丝纺织品有限公司	收款人	全称	浙江佳而美纺织有限公司	
	账号	19500901040011896		账号	1280050009200132565	
	地址	浙江 省绍兴 市县 开户行 农行绍兴越州支行		地址	浙江 省兰溪 市县 开户行 中国工商银行兰溪支行	
金额	人民币(大写)	贰拾肆万捌仟零贰拾贰元柒角			千百十万千百十元角分	2 4 8 0 2 2 7 0
款项内容	货款	托收凭据名称		附寄单证张数		
商品发运情况		合同名称号码				
备注: 复核周长玉 记账王香蕊		款项收妥日期 2020 年03 月29 日		收款人开户银行签章 2020 年03 月29 日		

此联付款人开户银行给付款人按期付款的通知

托收凭证(付款通知) 5

委托日期:2020 年03 月10 日

业务类型	委托收款(□邮划、□电划)			托收承付(□邮划、☑电划)		
付款人	全称	绍兴柯鲁丝纺织品有限公司	收款人	全称	浙江佳而美纺织有限公司	
	账号	19500901040011896		账号	1280050009200132565	
	地址	浙江 省绍兴 市县 开户行 农行绍兴越州支行		地址	浙江 省兰溪 市县 开户行 中国工商银行兰溪支行	
金额	人民币(大写)	肆拾肆万贰仟肆佰伍拾陆元贰角柒分			千百十万千百十元角分	4 4 2 4 5 6 2 7
款项内容	货款	托收凭据名称		附寄单证张数		
商品发运情况		合同名称号码				
备注: 复核周长玉 记账王香蕊		款项收妥日期 2020 年03 月10 日		收款人开户银行签章 2020 年03 月 日		

此联付款人开户银行给付款人按期付款的通知

业务 35

托收凭证(付款通知)　　5

委托日期:2020 年03 月29 日

业务类型	委托收款(□邮划、□电划)			托收承付(□邮划、☑电划)		
付款人	全称	绍兴柯鲁丝纺织品有限公司	收款人	全称	南阳纺织集团有限公司	
	账号	19500901040011896		账号	16798191940002751	
	地址	浙江 省绍兴 市县　开户行 农行绍兴越州支行		地址	河南 省南阳 市县　开户行 中国农业银行南阳支行	
金额	人民币（大写）	贰拾叁万玖仟贰佰捌拾叁元捌角伍分			千 百 十 万 千 百 十 元 角 分	2 3 9 2 8 3 8 5
款项内容	货款	托收凭据名称		附寄单证张数		
商品发运情况		合同名称号码				
备注： 复核周长玉　记账王香蕊		款项收妥日期 2020 年03 月29 日		收款人开户银行签章 2020 年03 月29 日		

此联付款人开户银行给付款人按期付款的通知

（印章：中国农业银行南阳支行 自动回单机专用章 (001)）

业务 36

托收凭证(付款通知)　　5

委托日期:2020 年03 月29 日

业务类型	委托收款(□邮划、□电划)			托收承付(□邮划、☑电划)		
付款人	全称	绍兴柯鲁丝纺织品有限公司	收款人	全称	杭州航民美时达印染有限公司	
	账号	19500901040011896		账号	19083401040004384	
	地址	浙江 省绍兴 市县　开户行 农行绍兴越州支行		地址	浙江 省杭州 市县　开户行 中国农业银行杭州支行	
金额	人民币（大写）	壹万壹仟肆佰贰拾柒元壹角肆分			千 百 十 万 千 百 十 元 角 分	1 1 4 2 7 1 4
款项内容	货款	托收凭据名称		附寄单证张数		
商品发运情况		合同名称号码				
备注： 复核周长玉　记账王香蕊		款项收妥日期 2020 年03 月29 日		收款人开户银行签章 2020 年03 月29 日		

此联付款人开户银行给付款人按期付款的通知

（印章：中国农业银行杭州支行 自动回单机专用章 (001)）

业务 37

托收凭证(付款通知)　　5

委托日期:2020 年03 月30 日

业务类型	委托收款(□邮划、□电划)			托收承付(□邮划、☑电划)		
付款人	全称	绍兴柯鲁丝纺织品有限公司	收款人	全称	青岛新棉桥电子商务股份有限公司	
	账号	19500901040011896		账号	22472120771678299	
	地址	浙江 省绍兴 市县　开户行 农行绍兴越州支行		地址	浙江 省杭州 市县　开户行 中国农业银行杭州支行	
金额	人民币（大写）	叁仟元整			千 百 十 万 千 百 十 元 角 分	3 0 0 0 0 0
款项内容	货款	托收凭据名称		附寄单证张数		
商品发运情况		合同名称号码				
备注： 复核周长玉　记账王香蕊		款项收妥日期 2020 年03 月30 日		收款人开户银行签章 2020 年03 月30 日		

此联付款人开户银行给付款人按期付款的通知

（印章：中国农业银行杭州支行 自动回单机专用章 (001)）

业务 38

差旅费报销单

报销日期	2020 年 03 月 30 日			预算科目			专项名称			预算项目		
部门				出差人	周长玉			出差事由				
出发		到达		交通费			住宿费			其他费用		
日期	地点	日期	地点	交通工具	单据张数	金额	天数	单据张数	金额	项目	单据	金额
										行李费		
										市内车费	14	3852.4
										出租		
										手续费		
										出差补贴		
										节约奖励		
合计												
报销总额	人民币（大写）	叁仟捌佰伍拾贰元肆角整								预借款		
	人民币（小写）	3852.40				补领不足				归还多余		

主管： 审核： 报销人： 部门：

差旅费报销单

报销日期	2020 年 04 月 01 日			预算科目			专项名称			预算项目		
部门				出差人	周长玉			出差事由				
出发		到达		交通费			住宿费			其他费用		
日期	地点	日期	地点	交通工具	单据张数	金额	天数	单据张数	金额	项目	单据	金额
2020 年 02 月 01 日		2020 年 03 月 31 日		汽车	19	234.00				行李费		
										市内车费		
										出租		
										手续费		
										出差补贴	5	3540.00
										节约奖励		
合计												
报销总额	人民币（大写）	叁仟柒佰柒拾肆元整								预借款		
	人民币（小写）	3774.00				补领不足				归还多余		

主管： 审核： 报销人： 部门：

差旅费报销单

报销日期	2020 年 04 月 01 日			预算科目			专项名称			预算项目		
部门				出差人	周长玉			出差事由				
出发		到达		交通费			住宿费			其他费用		
日期	地点	日期	地点	交通工具	单据张数	金额	天数	单据张数	金额	项目	单据	金额
2020 年 02 月 01 日		2020 年 03 月 31 日								行李费		
										市内车费		
										出租		
										手续费		
										出差补贴	5	1571.00
										节约奖励		
合计												
报销总额	人民币（大写）	壹仟伍佰柒拾壹元整								预借款		
	人民币（小写）	1571.00				补领不足				归还多余		

主管： 审核： 报销人： 部门：

差旅费报销单

报销日期	2020年04月01日			预算科目		专项名称				预算项目		
部门				出差人	周长玉		出差事由					
出发		到达		交通费			住宿费			其他费用		
日期	地点	日期	地点	交通工具	单据张数	金额	天数	单据张数	金额	项目	单据	金额
2020年02月01日		2020年03月31日		汽车	30	1513.5				行李费		
										市内车费	8	3430
										出租		
										手续费		
										出差补贴	5	2330.00
										节约奖励		
合计						1513.5						5760
报销总额	人民币（大写）	柒仟贰佰柒拾叁元伍角整								预借款		
	人民币（小写）	7273.5				补领不足				归还多余		

主管：　　　　审核：　　　　报销人：　　　　部门：

业务39

中国农业银行 AGRICULTURAL BANK OF CHINA 征收机关实时批量扣税客户回执

付款方户名：湖州欣鼎进出口有限公司
付款方账号：33001649137053001731
付款开户行：中国建设银行股份有限公司湖州支行
收款方户名：绍兴柯鲁丝纺织品有限公司
收款方账号：19500901040011896
收款方开户行：中国农业银行股份有限公司绍兴越州支行　　金额：300000.00　　大写金额：叁拾万元整
入账日期：20200331

内部成员单位账号：19500901040011896
户名：绍兴柯鲁丝纺织品有限公司
付款方账簿编号：
付款方账簿名称：
收款方账簿编号：
收款方账簿名称：
摘要：转账存款
附言：货款

打印日期：20200405　　行号：5009　　打印柜员：　　页码：1

中国农业银行 AGRICULTURAL BANK OF CHINA **征收机关实时批量扣税客户回执**

付款方户名：湖州欣鼎进出口有限公司
付款方账号：33001649137053001731
付款开户行：中国建设银行股份有限公司湖州支行
收款方户名：绍兴柯鲁丝纺织品有限公司
收款方账号：19500901040011896
收款方开户行：中国农业银行股份有限公司绍兴越州支行　金额：300000.00　大写金额：叁拾万元整
入账日期：20200310

内部成员单位账号：19500901040011896
户名：绍兴柯鲁丝纺织品有限公司
付款方账簿编号：
付款方账簿名称：
收款方账簿编号：
收款方账簿名称：
摘要：转账存款
附言：货款

打印日期：20200405　行号：5009　打印柜员：　页码：2

业务 40

中国农业银行 AGRICULTURAL BANK OF CHINA **征收机关实时批量扣税客户回执**

付款方户名：绍兴柯鲁丝纺织品有限公司
付款方账号：19500901040011896
付款开户行：中国农业银行股份有限公司绍兴越州支行
收款方户名：
收款方账号：224721207716
收款方开户行：　金额：5.00　大写金额：伍元整
入账日期：20200330

内部成员单位账号：
户名：
付款方账簿编号：
付款方账簿名称：
收款方账簿编号：
收款方账簿名称：
摘要：转账
附言：企业网银交易手续费

打印日期：20200405　行号：5009　打印柜员：　页码：1

中国农业银行 AGRICULTURAL BANK OF CHINA 征收机关实时批量扣税客户回执

付款方户名： 绍兴柯鲁丝纺织品有限公司
付款方账号： 19500901040011896
付款开户行： 中国农业银行股份有限公司绍兴越州支行
收款方户名： 南阳纺织集团有限公司
收款方账号： 16708101040002751
收款方开户行： 中国农业银行股份有限公司南阳支行　金额： 15.00　大写金额： 壹拾伍元整
入账日期： 20200329

内部成员单位账号：
户名：
付款方账簿编号：
付款方账簿名称：
收款方账簿编号：
收款方账簿名称：
摘要： 转账
附言： 企业网银交易手续费

打印日期： 20200405　行号： 5009　打印柜员：　页码： 2

中国农业银行 AGRICULTURAL BANK OF CHINA 征收机关实时批量扣税客户回执

付款方户名： 绍兴柯鲁丝纺织品有限公司
付款方账号： 19500901040011896
付款开户行： 中国农业银行股份有限公司绍兴越州支行
收款方户名：
收款方账号： 1208050009200132565
收款方开户行：　金额： 15.00　大写金额： 壹拾伍元整
入账日期： 20200329

内部成员单位账号：
户名：
付款方账簿编号：
付款方账簿名称：
收款方账簿编号：
收款方账簿名称：
摘要： 转账
附言： 企业网银交易手续费

打印日期： 20200405　行号： 5009　打印柜员：　页码： 3

中国农业银行 AGRICULTURAL BANK OF CHINA 征收机关实时批量扣税客户回执

付款方户名：绍兴柯鲁丝纺织品有限公司
付款方账号：19500901040011896
付款开户行：中国农业银行股份有限公司绍兴越州支行
收款方户名：杭州航民美时达印染有限公司
收款方账号：19083401040004384
收款方开户行：中国农业银行股份有限公司杭州支行　　金额：10.00　　大写金额：壹拾元整
入账日期：20200329

内部成员单位账号：
户名：
付款方账簿编号：
付款方账簿名称：
收款方账簿编号：
收款方账簿名称：
摘要：转账
附言：企业网银交易手续费

打印日期：20200405　　行号：5009　　打印柜员：　　页码：1

中国农业银行 AGRICULTURAL BANK OF CHINA 征收机关实时批量扣税客户回执

付款方户名：绍兴柯鲁丝纺织品有限公司
付款方账号：19500901040011896
付款开户行：中国农业银行股份有限公司绍兴越州支行
收款方户名：
收款方账号：37001835908050000176
收款方开户行：　　金额：15.00　　大写金额：壹拾伍元整
入账日期：20200323

内部成员单位账号：
户名：
付款方账簿编号：
付款方账簿名称：
收款方账簿编号：
收款方账簿名称：
摘要：转账
附言：企业网银交易手续费

打印日期：20200405　　行号：5009　　打印柜员：　　页码：1

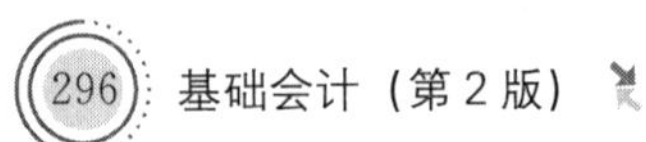

中国农业银行 AGRICULTURAL BANK OF CHINA **征收机关实时批量扣税客户回执**

付款方户名： 绍兴柯鲁丝纺织品有限公司
付款方账号： 19500901040011896
付款开户行： 中国农业银行股份有限公司绍兴越州支行
收款方户名：
收款方账号： 373050602018120015043
收款方开户行： 金额： 10.00 大写金额： 壹拾元整
入账日期： 20200322

内部成员单位账号：
户名：
付款方账簿编号：
付款方账簿名称：
收款方账簿编号：
收款方账簿名称：
摘要： 转账
附言： 企业网银交易手续费

打印日期： 20200405 行号： 5009 打印柜员： 页码： 1

中国农业银行 AGRICULTURAL BANK OF CHINA **征收机关实时批量扣税客户回执**

付款方户名： 绍兴柯鲁丝纺织品有限公司
付款方账号： 19500901040011896
付款开户行： 中国农业银行股份有限公司绍兴越州支行
收款方户名：
收款方账号： 41001557910050210971
收款方开户行： 金额： 10.00 大写金额： 壹拾元整
入账日期： 20200322

内部成员单位账号：
户名：
付款方账簿编号：
付款方账簿名称：
收款方账簿编号：
收款方账簿名称：
摘要： 转账
附言： 企业网银交易手续费

电子转账专用章

打印日期： 20200405 行号： 5009 打印柜员： 页码： 2

中国农业银行 AGRICULTURAL BANK OF CHINA 征收机关实时批量扣税客户回执

付款方户名：绍兴柯鲁丝纺织品有限公司
付款方账号：19500901040011896
付款开户行：中国农业银行股份有限公司绍兴越州支行
收款方户名：
收款方账号：1208050009200132565
收款方开户行：　　金额：15.00　　大写金额：壹拾伍元整
入账日期：20200317

内部成员单位账号：
户名：
付款方账簿编号：
付款方账簿名称：
收款方账簿编号：
收款方账簿名称：
摘要：转账
附言：企业网银交易手续费
打印日期：20200405　　行号：5009　　打印柜员：　　页码：2

中国农业银行 AGRICULTURAL BANK OF CHINA 征收机关实时批量扣税客户回执

付款方户名：绍兴柯鲁丝纺织品有限公司
付款方账号：19500901040011896
付款开户行：中国农业银行股份有限公司绍兴越州支行
收款方户名：
收款方账号：1208050009200132565
收款方开户行：　　金额：15.00　　大写金额：壹拾伍元整
入账日期：20200310

内部成员单位账号：
户名：
付款方账簿编号：
付款方账簿名称：
收款方账簿编号：
收款方账簿名称：
摘要：转账
附言：企业网银交易手续费
打印日期：20200405　　行号：5009　　打印柜员：　　页码：1

中国农业银行 AGRICULTURAL BANK OF CHINA 征收机关实时批量扣税客户回执

付款方户名： 绍兴柯鲁丝纺织品有限公司
付款方账号： 19500901040011896
付款开户行： 中国农业银行股份有限公司绍兴越州支行
收款方户名：
收款方账号： 3803028309200030588
收款方开户行： 金额： 5.00 大写金额： 伍元整
入账日期： 20200310

内部成员单位账号：
户名：
付款方账簿编号：
付款方账簿名称：
收款方账簿编号：
收款方账簿名称：
摘要： 转账
附言： 企业网银交易手续费

打印日期： 20200405 行号： 5009 打印柜员： 页码： 2

中国农业银行 AGRICULTURAL BANK OF CHINA 征收机关实时批量扣税客户回执

付款方户名： 绍兴柯鲁丝纺织品有限公司
付款方账号： 19500901040011896
付款开户行： 中国农业银行股份有限公司绍兴越州支行
收款方户名：
收款方账号： 1608040709200004225
收款方开户行： 金额： 15.00 大写金额： 壹拾伍元整
入账日期： 20200308

内部成员单位账号：
户名：
付款方账簿编号：
付款方账簿名称：
收款方账簿编号：
收款方账簿名称：
摘要： 转账
附言： 企业网银交易手续费

打印日期： 20200405 行号： 5009 打印柜员： 页码： 1

业务 41

社会保险费缴费申报表

地税编码：330602355327723　　税款所属日期：2020 年 03 月 01 日至 2020 年 03 月 31 日　　金额单位：元（列至角分）

缴费单位名称	绍兴柯鲁丝纺织品有限公司	单位地址	绍兴市凤林西路2500号B区第六大道	联系电话	
缴费银行	中国农业银行	缴费账号	500901040011896	登记注册类型	私营有限责任有限公司

费种	征收品目	缴费基数	费率	应缴税额	抵缴税额	本期应交税额	缴费人数
1	2	3	4	5=3*4	6	7=5-6	8
企业职工基本养老保	职工基本养老保险（单位缴费）	5246.00	0.140000	734.44	0.00	734.44	2
企业职工基本养老保	职工基本养老保险（个人缴费）	5246.00	0.080000	419.68	0.00	419.68	2
失业保险基金收入	失业保险（单位缴费）	4310.00	0.010000	43.10	0.00	43.10	2
失业保险基金收入	失业保险（个人缴费）	4310.00	0.005000	21.55	0.00	21.55	2
基本医疗保险基金收	职工基本医疗保险（单位缴费）	8620.00	0.050000	431.00	0.00	431.00	2
工伤保险基金收入	工伤保险	8620.00	0.002000	17.24	0.00	17.24	2
生育保险基金收入	生育保险	8620.00	0.005000	43.10	0.00	43.10	2
合计	—	—	—			1710.11	
销售（营业）收入	1052456.60	本期实发工资额		14200.00	职工人数		2

缴费人申明	授权人申明	代理人申明
本单位(公司、个人)所申报的社会保险费款真实、准确，如有虚假内容，愿承担法律责任。 法人代表（业主）签名： 年　月　日	我(单位)现授权 为本缴费人的代理申报人，任何与申报有关的往来文件，都可寄此代理机构。 委托代理合同号： 授权人： 年　月　日	本申报表是按照社会保险费有关规定填报，我确认其真实、合法。 代理人（签章）： 经办人： 年　月　日
税务机关受理人：	受理日期：　年　月　日	备注：

填表人签名：　　填表日期：　　打印鉴证码：

业务 42

印花税纳税申报（报告）表

纳税所属期限：自 2020－03－01 至 2020－03－31　　填表日期：2020－04－12　　金额单位：元至角分

纳税人识别号：913306023553277238896

纳税人信息	纳税人名称	绍兴柯鲁丝纺织有限公司		纳税人分类		单位个人		
	登记注册类型	私营有限责任公司		所属行业		纺织品、针织机及原料批发		
	身份证件类型	居民身份证		身份证件号码		372922196911129105		
	联系方式	15925815896						
应税凭证名称	计税金额价格	核定征收		适用税率	本期应纳税额	本期已缴税额	本期减免税额		本期应补（退）税额
		核定依据	核定比例				减免性质代码	减免额	
货物运输合同（按运输费用万分之五贴花）	0.00	0.00	0.00%	0.50%	0.00	0.00	*	0.00	0.00

<table>
<tr><td>资金账簿</td><td>0.00</td><td>0.00</td><td>0.00%</td><td>0.50%</td><td>0.00</td><td>0.00</td><td>*</td><td>0.00</td><td>0.00</td></tr>
<tr><td>购销合同</td><td>1 052 456.60</td><td>0.00</td><td>0.00%</td><td>0.30%</td><td>315.70</td><td>0.00</td><td>*</td><td>0.00</td><td>315.70</td></tr>
<tr><td>合计</td><td>*</td><td>*</td><td>*</td><td>*</td><td>315.70</td><td>0.00</td><td>*</td><td>0.00</td><td>315.70</td></tr>
<tr><td colspan="10">以下由纳税人填写：</td></tr>
<tr><td>纳税人声明</td><td colspan="9">此纳税申报表是根据《中华人民共和国印花税暂行条例》和国家有关税收规定填报的，是真实的、可靠的、完整的。</td></tr>
<tr><td>纳税人签章</td><td colspan="2"></td><td>代理人签章</td><td colspan="2"></td><td colspan="2">受理人身份证号</td><td colspan="2"></td></tr>
<tr><td colspan="10">以下由税务机关填写：</td></tr>
<tr><td>受理人</td><td colspan="2"></td><td>受理日期</td><td colspan="2">年　月　日</td><td colspan="2">受理税务机关签章</td><td colspan="2"></td></tr>
</table>

会计综合能力训练项目二

实训要求：根据业务及资料编制记账凭证；审核记账凭证登记指定明细账；科目汇总并按科目汇总表登记总账；对账结账。

实训内容：

1. 编制记账凭证；
2. 根据记账凭证编制科目汇总表；
3. 根据科目汇总表登记总分类账；
4. 登记应付账款、短期借款、原材料、银行存款日记账、管理费用明细账。

实训资料：

艾桑公司 2020 年 6 月 1 日资产、负债及所有者权益状况如下：

资　产	金　额（元）	负债及所有者权益	金　额（元）
库存现金	600	短期借款	30 000
银行存款	35 000	应付账款	15 000
应收账款	21 000	实收资本	180 000
原材料	43 400		
固定资产	125 000		
合　计	225 000	合　计	225 000

艾桑公司 2020 年 6 月发生下列各项经济业务：

1. 6 月 1 日，向海河工厂购入甲种材料 6 000 千克，每千克 2 元，增值税 1 560 元，运费 600 元，以银行存款支付。

2. 6 月 2 日，向海河工厂购入的甲种材料已运到，并验收入库，按其实际采购成本入账。

3. 6 月 2 日，已接到银行收款通知，收到上月销售产品的货款 8 000 元，存入企业银行存款户。

4. 6 月 3 日，企业收到投资单位投入的新机器设备一套价值 40 000 元。

5. 6 月 4 日，出售给徐州工厂 A 产品 500 件，每件售价 100 元，应交增值税 6 500

元，款项收到并存入银行存款户。

6. 6月5日，开出付款凭证，以银行存款10 000元，偿还前欠长江工厂材料款。

7. 6月5日，企业上月销售产品收到的商业汇票一张，票面金额10 000元，现已到期，银行通知款项已收到并存入银行存款户。

8. 6月6日，仓库发出下列材料用于A产品生产：

甲种材料	10 000千克	每千克2.10元	计21 000元
乙种材料	5 000千克	每千克1.80元	计9 000元
合　　计			30 000元

9. 6月7日，向跃进工厂购入乙种材料20 000千克，每千克1.8元，增值税4 680元，材料已运到并验收入库，按其实际成本入账。企业当即开出并承兑商业汇票一张。

10. 6月8日，向银行申请取得短期借款100 000元，存入银行存款户。

11. 6月9日，出售给红光工厂A产品800件，每件售价100元，应交增值税10 400元，款项尚未收到。

12. 6月10日，向银行提取现金15 000元，准备发放工资。

13. 6月10日，以现金发放本月职工工资15 000元。

14. 6月11日，采购员陈伟报销差旅费450元，交回多余现金50元。

15. 6月12日，厂部行政管理部门购买办公用品300元，以现金支付。

16. 6月13日，接银行收款通知，本月售给红光工厂A产品货款93 600元，收到并存入银行存款户。

17. 6月16日，出售给红光工厂A产品600件，每件售价100元，应交增值税7 800元，当即收到红光工厂签发的期限一个月、票面金额70 200元的商业汇票一张。

18. 6月17日，以银行存款12 000元购入新机器一台。

19. 6月18日，以银行存款8 000支付A产品销售费用。

20. 6月19日，以银行存款3 000元支付向灾区捐赠款。

21. 6月21日，以银行存款3 000元支付上月城市维护建设税2 100元、教育费附加900元。

22. 6月25日，接银行收款通知，收到投资分得利润6 000元，存入银行。

23. 6月30日，按规定本月应提取固定资产折旧10 000元，其中：车间用固定资产应计提折旧额6 400元，厂部行政管理部门应提固定资产折旧额3 600元。

24. 6月30日，分配结转本月职工工资15 000元，其中：A产品生产工人工资10 000元，车间管理人员工资1 500元，厂部管理部门人员工资3 500元。

25. 6月30日，计提本月职工福利费2 100元，其中，按生产工人工资比例提取1 400元，按车间管理人员工资比例提取210元，按厂部行政管理人员工资比例提取490元。

26. 6月30日，将本月发生的制造费用8 110元，结转到“生产成本”账户。

27. 6月30日，结转本月完工入库A产品生产总成本90 000元（完工数量1 500件，单位成本60元）。

28. 6月30日，结转本月销售发出A产品的生产成本114 000元（售出数量1 900件，单位成本60元）。

29. 6月30日，将本月实现的主营业务收入190 000元（销售数量1 900件，单位售价 100 元)，转入“本年利润”账户。

30. 6 月 30 日，将本月销售 A 产品的主营业务成本 114 000 元，转入“本年利润”账户。

31. 6 月 30 日，计算结转本月应缴纳的城市维护建设税 6 650 元、教育费附加 2 850 元。

32. 6 月 30 日，将本月发生的销售费用 8 000 元，转入“本年利润”账户。

33. 6 月 30 日，将本月的税金及附加 9 500 元，转入“本年利润”账户。

34. 6 月 30 日结转本月损益。

35. 6 月 30 日，按本月实现利润的 25%，计算本月应缴纳的所得税。

36. 6 月 30 日，月末将所得税费用转入本年利润。

37. 6 月 30 日，按税后利润的 10%计算并提取法定盈余公积。

38. 6 月 30 日，按税后利润的 50%计算应付投资者利润。

参考文献

[1] 中华人民共和国财政部．企业会计准则（2021年版）[M]．上海：立信会计出版社，2021.

[2] 中华人民共和国财政部．企业会计准则应用指南（2021年版）[M]．上海：立信会计出版社，2021.

[3] 企业会计准则编审委员会．企业会计准则案例讲解（2021年版）[M]．上海：立信会计出版社，2021.

[4] 赵书和．会计学[M]．天津：南开大学出版社，2018.

[5] 中国会计网，http：//www. canet. com. cn/.

[6] 最新企业会计准则应用指南，http：//search. mof. gov. cn/was5/web/search.

[7] 财政部会计司，http：//kjs. mof. gov. cn/.

[8] 中国会计学会法规资料库，http：//www. asc. net. cn/Learning/Regulation. aspx.

信息反馈表

尊敬的老师:

您好！为了更好地为您的教学、科研服务，我们希望通过这张反馈表来获取您更多的建议和意见，以进一步完善我们的工作。

请您填好下表后以电子邮件、信件或传真的形式反馈给我们，十分感谢!

一、您使用的我社教材情况

您使用的我社教材名称			
您所讲授的课程		学生人数	
您希望获得哪些相关教学资源			
您对本书有哪些建议			

二、您目前使用的教材及计划编写的教材

您目前使用的教材	书名	作者	出版社
您计划编写的教材	书名	预计交稿时间	本校开课学生数量

三、请留下您的联系方式，以便我们为您赠送样书（限1本）

您的通信地址			
您的姓名		联系电话	
电子邮箱（必填）			

我们的联系方式:

地　址：苏州工业园区仁爱路158号中国人民大学苏州校区修远楼

电　话：0512-68839320　　　传　真：0512-68839316

网　址：www.crup.com.cn　　　邮　编：215123

图书在版编目（CIP）数据

基础会计/李阳霄，胡苗忠主编. --2版. --北京：中国人民大学出版社，2021.7

21世纪高职高专规划教材. 会计系列

ISBN 978-7-300-29471-1

Ⅰ.①基… Ⅱ.①李… ②胡… Ⅲ.①会计学-高等职业教育-教材 Ⅳ.①F230

中国版本图书馆CIP数据核字（2021）第110282号

浙江省普通高校“十三五”新形态教材

21世纪高职高专规划教材·会计系列

基础会计（第2版）

主　编　李阳霄　胡苗忠

Jichu Kuaiji

出版发行	中国人民大学出版社		
社　　址	北京中关村大街31号	**邮政编码**	100080
电　　话	010－62511242（总编室）		010－62511770（质管部）
	010－82501766（邮购部）		010－62514148（门市部）
	010－62515195（发行公司）		010－62515275（盗版举报）
网　　址	http://www.crup.com.cn		
经　　销	新华书店		
印　　刷	北京玺诚印务有限公司	**版　　次**	2019年1月第1版
规　　格	185 mm×260 mm　16开本		2021年7月第2版
印　　张	19.75　插页1	**印　　次**	2021年7月第1次印刷
字　　数	450 000	**定　　价**	48.00元